新时代中国社会建设系列教材

总主编 宋贵伦

U0853801

社会组织建设概论

刘 林 周 玲 张会莹 主编

中国人民大学出版社
·北京·

图书在版编目（CIP）数据

社会组织建设概论/刘林，周玲，张会莹主编．北京：中国人民大学出版社，2025.1．--（新时代中国社会建设系列教材/宋贵伦总主编）．-- ISBN 978-7-300-33315-1

Ⅰ．C916.1

中国国家版本馆 CIP 数据核字第 20249FY341 号

新时代中国社会建设系列教材
总主编　宋贵伦
社会组织建设概论
刘　林　周　玲　张会莹　主编
Shehui Zuzhi Jianshe Gailun

出版发行	中国人民大学出版社		
社　　址	北京中关村大街 31 号	邮政编码	100080
电　　话	010－62511242（总编室）		010－62511770（质管部）
	010－82501766（邮购部）		010－62514148（门市部）
	010－62515195（发行公司）		010－62515275（盗版举报）
网　　址	http://www.crup.com.cn		
经　　销	新华书店		
印　　刷	北京瑞禾彩色印刷有限公司		
开　　本	787 mm×1092 mm　1/16	版　　次	2025 年 1 月第 1 版
印　　张	15.75 插页 1	印　　次	2025 年 1 月第 1 次印刷
字　　数	279 000	定　　价	55.00 元

总　序

Preface

2016 年，习近平总书记在全国高校思想政治工作会议上指出："要加快构建中国特色哲学社会科学学科体系和教材体系，推出更多高水平教材，创新学术话语体系，建立科学权威、公开透明的哲学社会科学成果评价体系，努力构建全方位、全领域、全要素的哲学社会科学体系。"① 2020 年，在经济社会领域专家座谈会上，习近平总书记又发出了"不断发展中国特色社会主义政治经济学、社会学"的号召。自党的十六届四中全会明确提出加强社会建设以来，特别是党的十八大以来，中国特色社会建设理论与实践取得了新的大发展，为开创相关学科体系和教材体系建设新局面奠定了坚实基础。为响应习近平总书记和党中央号召，应中国人民大学出版社之约，自 2021 年以来，我们组织了几个研究团队，编写了这套新时代中国社会建设教材。现就教材编写工作的几个重点问题作如下简要介绍。

一、 编写依据

本套社会建设教材虽是对中国社会建设的初步探索，但有深厚的文化、实践、理论、政策基础作支撑。换句话说，本套教材所反映的中国社会建设现代化理论体系，是由文化之维、实践之维、理论之维、政策之维四个维度构成的。

（1）文化之维。中华民族有关注民生、重视社会的优秀思想文化传统。从孔子到孙中山，从毛泽东到习近平，这个思想文化传统既一脉相承又与时俱进。毛泽东曾经指出："从孔夫子到孙中山，我们应当给以总结，承继这一份珍贵的遗产。"② 他还曾经有个简明归纳："孔子的有教无类，孟子的民贵君轻，荀子的人定胜天，屈原的批判君恶，司马迁的颂扬反抗，王充、范缜、柳宗元、张载、王夫之的古代唯物论，关汉卿、施耐庵、吴承恩、曹雪芹的民主文学，孙中山的民主革命，诸人情况不同，许多人并无教育专著，然而上举那些，不能不影响对人民的教育，谈中国教

---

① 习近平．习近平谈治国理政：第 2 卷．北京：外文出版社，2017：378.

② 毛泽东．毛泽东选集：第 2 卷．2 版．北京：人民出版社，1991：534.

育史，应当提到他们。”[1] 这里虽然是就中国教育发展史而言的，但又不仅局限于此，寥寥数语已勾勒出中华优秀传统文化思想脉络，即民主性、人民性、社会性的主线。习近平总书记明确指出，“在五千多年中华文明深厚基础上开辟和发展中国特色社会主义，把马克思主义基本原理同中国具体实际、同中华优秀传统文化相结合是必由之路”，“这是我们在探索中国特色社会主义道路中得出的规律性认识”，“是我们取得成功的最大法宝”[2]。显而易见，从毛泽东的为人民服务、邓小平的群众拥护标准、江泽民的“代表中国最广大人民的根本利益”、胡锦涛的“权为民所用、情为民所系、利为民所谋”，到习近平的以人民为中心的发展思想，始终贯穿了人民至上、社会情怀这条文化思想根脉。中国社会建设有深厚的优秀思想文化积淀。这套教材以文化为根，对中国社会文化发展底蕴进行了充分反映。

（2）实践之维。习近平总书记指出：“中国共产党一经诞生，就把为中国人民谋幸福、为中华民族谋复兴确立为自己的初心使命。”[3] 回顾建党百年光辉历程，中国共产党之所以有力量、创辉煌，是因为始终与人民在一起，始终依靠全社会共同奋斗，始终重视加强社会建设。让人民生活更美好、让社会发展更进步，是中国共产党的不懈追求。在新民主主义革命时期，党依靠人民团结、全社会共同奋斗，打败了强大的敌人，实现了民族独立、人民解放，为实现中华民族伟大复兴创造了根本社会条件。在社会主义革命和建设时期，党依靠人民团结、全社会共同奋斗，实现了人民当家作主、社会发展进步，为实现中华民族伟大复兴奠定了根本政治前提和制度基础。在改革开放和社会主义现代化建设新时期，党依靠人民团结、全社会共同奋斗，使人民摆脱贫困、尽快富裕了起来，为实现中华民族伟大复兴提供了充满新的活力的体制保障和快速发展的物质条件。党的十八大以来，中国特色社会主义进入新时代。党进一步依靠人民团结、全社会共同奋斗，实现了全面建成小康社会的第一个百年奋斗目标，正向着全面建成社会主义现代化强国的第二个百年奋斗目标迈进。在接续奋斗的道路上，中国共产党带领全国各族人民不断创造社会建设的伟大成就。中国社会建设有坚实的实践基础。这套教材以实践为基，对中国社会建设创新实践进行了全面总结。

（3）理论之维。社会建设概念最早是在 100 多年前由孙中山先生提出的。他在 1917 年撰写的《建国方略》之三《民权初步》（社会建设）中提出了社会建设的概

---

① 中共中央文献研究室．毛泽东文集：第 7 卷．北京：人民出版社，1999：398.

② 《求是》杂志发表习近平总书记重要文章 在文化传承发展座谈会上的讲话．人民日报，2023－09－01.

③ 习近平．在庆祝中国共产党成立 100 周年大会上的讲话．北京：人民出版社，2021：3.

念，其核心思想是“教国民行民权”。继孙中山先生之后，1933年，我国著名社会学家孙本文博士创办过名为《社会建设》的刊物，他还在1935年出版《社会学原理》一书，其中第28章第3节为“社会建设与社会指导”，提出“依社会环境的需要与人民的愿望而从事的各种社会事业，谓之社会建设”。近100年来，中国社会学界在借鉴西方社会学理论和研究中国社会实践的过程中，在社会建设理论方面，也有许多有益探索和贡献。然而，社会建设概念推而广之并形成理论体系，归功于中国共产党。社会建设理论体系是对中国共产党100多年来推动社会发展的理论总结，特别是对改革开放以来社会主义现代化建设理论的丰富发展。2004年，党的十六届四中全会第一次在党的文献中明确提出加强社会建设。2006年党的十六届六中全会、2007年党的十七大对加强社会建设进一步作了全面论述。党的十八大以来，以习近平同志为核心的党中央站在推进国家治理体系和治理能力现代化的新高度，进一步丰富和发展了社会建设理论，初步形成了中国社会建设现代化理论体系。中国社会建设有坚实的理论基础。这套教材以理论为魂，对党的有关理论进行了深入研究。

（4）政策之维。毛泽东曾经指出“政策和策略是党的生命”[①]。基层领导干部也常说，抓工作一靠政策引导，二靠典型引路。社会建设也是如此。首先，从中央层面来说，自党的十六届四中全会提出加强社会建设以来，特别是党的十八大以来，围绕保障和改善民生、加强和创新社会治理，党中央提出了一系列方针政策，推出了一系列先进典型经验。其次，从地方工作来说，21世纪初以来，上海、北京、广东、浙江等地成立了社会建设工作机构，近些年全国广泛开展了市域社会治理现代化试点工作，积累了各具特色的社会建设经验。比如，笔者2007年至2018年担任北京市委社会工委书记、北京市社会建设办公室主任11年，2018年以来在国家高端智库从事社会建设研究与教学也近5年，是我国社会建设的实践亲历者、理论探索者。这些年，笔者具体主持起草了北京市一系列社会建设相关政策文件，向中央有关部门提交了一系列社会建设咨政报告。中国社会建设现代化理论体系与实践路径是在学习贯彻党的一系列方针政策、总结推广全国一系列先进典型经验过程中形成的。这套教材以政策为据，对党的有关方针政策进行了系统梳理。

二、 体系构架

中国社会建设现代化理论体系构架可以从不同角度概括。中国社会建设现代化

---

① 毛泽东．毛泽东选集：第4卷．2版．北京：人民出版社，1991：1298.

理论与实践，是在构建中国特色社会主义总体布局和推进我国社会主义现代化过程中提出并发展的。理论体系应该主要从这个大视角去理解和把握。因而，本套教材将社会建设定义为：社会建设是中国特色社会主义“五位一体”总体布局的重要组成部分，是旨在完善社会服务、创新社会治理、协调社会关系、营造社会环境、动员社会参与、保障社会运行的建设性共同行动和协调性发展过程，其目标是不断增强广大人民群众的获得感、幸福感和安全感。推进中国社会建设现代化，就是要推进中国社会服务、社会治理、社会关系、社会环境、社会动员、社会运行六大体系和能力建设现代化。

（1）完善社会服务。主要包括完善基本公共服务、生活服务和公益慈善服务三个方面，需要在党的领导下政府、市场、社会“三位一体”形成合力、协同推进。

（2）创新社会治理。主要包括健全社会治理制度、完善社会治理体系、推进市域社会治理现代化、完善基层社会治理平台、建设社会治理共同体、提升社会治理效能六个方面重点内容。

（3）协调社会关系。主要有四个方面内容：第一，加强社会利益协调机制建设，畅通群众诉求表达、利益协调、权益保障渠道，切实维护广大人民利益。第二，加强社会矛盾调解机制建设，完善社会矛盾多元调解体系，加强系统治理、依法治理、综合治理、源头治理，切实维护社会公平正义。第三，加强社会风险防范机制建设，加强社情民意调查研究，搞好社会风险评估与防控，提高应急处置能力和公共安全治理水平。第四，深入广泛开展社会和谐创建活动，创建和谐家庭、和谐社区（村镇）、和谐单位，铸牢中华民族共同体意识，为构建人类命运共同体贡献力量。

（4）营造社会环境。主要目标是创造文明的政治环境、公平的市场环境、公正的法治环境、优质的服务环境、开放的外部环境，主要任务是健全社会制度体系、完善社会政策体系、构筑社会法治体系、营造社会文化氛围、引导社会舆论导向、构建社会稳定秩序。

（5）动员社会参与。主要包括三个方面内容：第一，加强民主协商体系和能力建设。第二，加强社会协同体系和能力建设。第三，加强动员公众参与体系和能力建设。

（6）保障社会运行。主要是健全四个运行机制：一是全域性城乡一体的运行机制。二是全面性整体覆盖的运行机制。三是全程性衔接贯通的运行机制。四是全员性共同参与的运行机制。

加强社会建设，要树立系统观念。上述六个方面是推进中国社会建设现代化的系统设计，可称为“系统社会建设理论”。这是一个初步探索，也是编写这套教材的总体依据。

三、 总体设计

这套教材首批共推出五本，是一个“1＋4”的总体设计，即一本综合性教材《社会建设概论》，四本专题性教材，包括《社区建设概论》《社会组织建设概论》《志愿服务概论》《社会心理服务概论》，有点有面、点面结合。先编写这五本教材，既考虑到了重要性、迫切性，也考虑到了现实性、可行性。社会建设是中国特色社会主义“五位一体”总体布局的重要组成部分，虽已具备了一定的理论基础和实践基础，但目前全国高校相关教材建设仍然处于空白，迫切需要加强。这套教材，由笔者担任总主编，负责总体策划、协调组织和具体把关，由北京师范大学社会学院、北京市社会建设促进会会同中国人民大学出版社组织编写出版。

（1）关于《社会建设概论》。建设和发展中国特色社会主义社会学，重中之重的任务是建设和发展中国社会建设学。加强社会建设学科建设和教材建设意义重大，且条件日渐成熟。这本教材在这套教材中处于统领地位，其内容除“导论”外，共分为六章，按照社会服务、社会治理、社会关系、社会环境、社会动员、社会运行之“社会建设六大体系”构架编写，由笔者担任主编，编写团队骨干为北京师范大学社会学院专家学者。北京师范大学已将其列为“十四五”期间高等教育领域教材建设首批重点项目。

（2）关于《社区建设概论》。社区建设无疑是社会建设重中之重的内容。相对而言，该教材编写条件最成熟，无论是国内还是国外，无论是理论还是实践，都已有许多成果，但也迫切需要从推进中国社会建设现代化高度进一步总结提升。基于此，该教材从以下14个方面设计并展开论述：1）社区党的组织建设。2）社区自治组织建设。3）社区社会组织建设。4）社区服务体系建设。5）社区教育体系建设。6）社区协商体系建设。7）社区应急体系建设。8）社区动员与志愿服务体系建设。9）社区为老体系建设。10）社区业主与社区物业治理。11）社区环境建设。12）社区文化建设。13）智慧社区建设。14）完整社区建设。这本教材由北京联合大学城乡基层社会治理研究院院长、北京市社会建设促进会副会长杨积堂教授主编，编写团队骨干为北京联合大学专家学者。

（3）关于《社会组织建设概论》。社会组织建设是社会建设的另一个重要内容。

社会组织建设研究的基础比较好，但站在中国式现代化建设高度进行相关教材建设、学科建设，任务仍艰巨繁重。该教材基于社会组织建设中国特色、时代特征、规律特性进行研究编写。全书分为八章，分别是：第一章，社会组织概述；第二章，社会组织理论；第三章，社会组织的党建引领与使命战略；第四章，社会组织法律规范；第五章，社会组织的内部治理；第六章，社会组织的项目、品牌与筹资；第七章，社会组织监测与评估；第八章，社会组织创新发展。这本教材由全国政协委员、北京城市学院校长、北京市社会建设促进会常务副会长刘林教授和周玲副教授、张会莹副教授主编，编写团队骨干为北京城市学院专家学者。

（4）关于《志愿服务概论》。习近平总书记指出："志愿服务是社会文明进步的重要标志。"① 志愿服务作为社会建设的重要组成部分，地位作用非常重要。改革开放以来，我国志愿服务事业蓬勃发展，取得了明显成效。但总体来说，理论研究滞后于实践发展。2022 年初，笔者当选北京志愿服务发展研究会新一届会长后，明确提出了围绕"新时代志愿服务体系建设及实现路径"进行研究的目标任务，并获批北京市哲学社会科学研究重大课题立项。这个课题研究方向与党的二十大提出的"完善志愿服务制度和工作体系"的要求高度契合，使我们很受鼓舞。这本教材按照"新时代志愿服务十大体系"主体结构进行设计：1）志愿服务组织体系。2）志愿服务队伍体系。3）社区治理志愿服务体系。4）城市治理志愿服务体系。5）大型活动志愿服务体系。6）专业志愿服务体系。7）应急志愿服务体系。8）志愿服务国际合作体系。9）志愿服务保障体系。10）志愿服务评价体系。这本教材由笔者和北京志愿服务发展研究会十几位专家学者、业务骨干共同编写，他们均多年在首都高校和科研机构从事志愿服务理论与实践研究。该教材被北京师范大学列为"十四五"期间高等教育领域教材建设第二批重点项目。

（5）关于《社会心理服务概论》。习近平总书记在党的十九大报告中指出："加强社会心理服务体系建设，培育自尊自信、理性平和、积极向上的社会心态。"② 这是新时代加强社会建设的重大任务。社会心理是传统学科，但在社会心理服务体系建设理论与实践研究方面才刚刚起步。为贯彻落实党的十九大精神，2019 年底，笔者主持承担了国家社科基金重大项目"国家治理现代化背景下的社会心理服务体系研究"，该教材是项目研究成果的转化成果。该教材构架除绪论外分为四个板块、九大体系：第一板块是第一章（社会心理服务制度体系），第二板块是第二章（社会心

---

① 习近平．致中国志愿服务联合会第二届会员代表大会的贺信．新华网，2019－07－24.

② 习近平．习近平著作选读：第 2 卷．北京：人民出版社，2023：40.

理服务主体培育体系），第三板块是第三至九章（个体社会心理服务体系、群体社会心理服务体系、公众社会心理服务体系、社区社会心理服务体系、应急社会心理服务体系、社会心理环境服务体系），第四板块为第十章（社会心理服务评估体系）。该教材由笔者和北京林业大学人文社会科学学院副院长、心理学专家杨智辉教授主编，编写团队由北京师范大学、清华大学、北京林业大学、中国政法大学、首都师范大学、首都经贸大学、北京联合大学、北京市社会心理指导中心等单位专家学者构成。该教材也被北京师范大学列为“十四五”期间高等教育领域教材建设首批重点项目。

总之，本套教材力求达到学术前沿性、理论创新性、实践指导性、教学适用性相统一，但这都是初步探索和尝试，以期抛砖引玉，期待有更好更多的精品力作问世，共同为中国特色社会建设学科体系和教材体系创建贡献力量。

是为本套教材总序。

宋贵伦

2023 年 8 月 8 日于北师大

前　言

Foreword

改革开放以来，我国社会组织发展不断加速。尤其是党的十八大以来，以习近平同志为核心的党中央高度重视社会组织工作。党的十八届三中全会提出“激发社会组织活力”，党的十九届三中全会提出“推进社会组织改革”“激发群团组织和社会组织活力”，党的十九届四中全会提出“发挥群团组织、社会组织作用”，《中华人民共和国国民经济和社会发展第十四个五年规划和2035年远景目标纲要》提出“发挥群团组织和社会组织在社会治理中的作用”，这些党与国家的重要政策举措为新时代社会组织健康有序发展提供了根本遵循与有力保障。

在党的有力领导与政策的大力支持下，截至2022年底，我国社会组织登记总数已超过89万家，吸纳各类就业人员超过1 000万人。社会组织已经成为社会主义现代化建设的重要力量，也是国家治理体系和治理能力现代化的有机组成部分。进入新的历史发展阶段，大力推进我国社会组织的高质量发展与建设，对于全面建设社会主义现代化国家、全面推进中华民族伟大复兴具有重要意义。

围绕着社会组织高质量发展与建设，本书将理论与实践有机结合，基于国内外关于社会组织的丰富研究成果与实践经验，旨在构建起一个理解与开展高质量建设社会组织的完整体系。全书共分为八章：第一章为社会组织概述，首先阐述了社会组织的概念与类型、功能与价值，其次介绍了我国社会组织的发展历程，最后分析了社会组织最新的国际化趋势；第二章为社会组织理论，分别对社会组织存在理论、治理理论与中国社会组织发展理论进行了全面介绍；第三章为社会组织的党建引领与使命战略，梳理了社会组织党建引领的发展历程、工作规范与创新实践，并对社会组织的使命与战略进行了阐述和说明；第四章为社会组织法律规范，系统介绍了我国社会组织法律体系的演进过程及现状，对社会组织业务活动法律规范进行了详细介绍；第五章为社会组织的内部治理，从内部治理的结构和机制与社会组织的财务管理两个维度呈现了社会组织的治理体系；第六章为社会组织的项目、品牌与筹资，主要聚焦于社会组织如何设计与实施公益项目、如何进行品牌规划，以及如何开展资源筹集活动以创造社会价值；第七章为社会组织监测与评估，在介绍社会组织监测与评估的概念与发展历程之后，全面介绍了来自政府部门、社会组织自己与第三方的监测与评估；第八章为社会组织创新发展，对社会组织重要的发展趋势——社会企业与影响力投资、技术公益进行了全面阐述与分析。

立足新发展阶段，在党的二十大精神指引下，推动社会组织高质量发展是重要的历史性任务，社会各界需要以高度的使命感与责任感，坚持和加强党对社会组织的全面领导，坚持积极引导发展与严格依法管理相结合，着力加强长效机制建设，乘势而上、再接再厉，在新的起点上全面提升社会组织培育和发展建设的整体效能，广泛激发社会组织活力，充分发挥社会组织服务国家、服务社会、服务群众的积极作用。

本书由刘林、周玲与张会莹主编，第一章作者为周玲、张会莹与王丹，第二章作者为王丹，第三章作者为胡勇慧、张世霞，第四章作者为陆璇、蒋雪玮，第五章作者为李宏伟、马烨，第六章作者为张世霞、马烨，第七章作者为陆建娣，第八章作者为周玲、刘钊与张强。

目　录

Contents

第一章　社会组织概述

第二章　社会组织理论

第三章　社会组织的党建引领与使命战略

第四章　社会组织法律规范

第五章　社会组织的内部治理

第六章　社会组织的项目、品牌与筹资

第七章　社会组织监测与评估

第八章　社会组织创新发展

第一章 社会组织概述

学习目标

1. 了解和理解社会组织的概念、主要类型及特点；
2. 掌握我国社会组织的注册规范，理解社会组织的功能和价值；
3. 理解我国社会组织的主要发展阶段及各阶段特征；
4. 掌握社会组织国际化、国际非政府组织的定义和标准；
5. 了解我国社会组织国际化发展历程；
6. 了解社会组织国际化的基本路径，学会分析社会组织国际化的影响因素。

第一节 社会组织的概念与类型

一、组织的概念

组织是人类历史上最伟大的发明之一。迄今为止，人类社会进步过程中所取得的伟大成果，在很大程度上都得益于组织活动①。

随着人类社会的发展，已经诞生了各种类型的组织，包括家庭、家族、宗族、联邦、国家、企业、非营利组织等，同时组织也在经历内在结构和核心特征的不断变化，即从最初基于血缘纽带和私人关系的“公社”形式转变为基于契约的“合作”形式。正是由于其目标具体化和结构形式化的高度结合，才使组织有别于其他的集合体。

在现实生活中，组织无形却无处不在。大到政府、学校、军队、企业，小到身边的社区居委会和志愿者团队，这些都是组织。从理论上说，组织是人类社会发展

① 麻宝斌．公共组织理论与管理［M］．北京：科学出版社，2015：前言．

和运作的基石，是社会的重要组成部分，也是人存在和发展的重要平台和保障。正可谓，人无往不在组织之中。

从词源来看，在我国古代，组织是编织的意思，指将麻丝制成布帛。《吕氏春秋集释·先己》中高诱注："夫组织之匠成文于手"，另有"饬国人树桑麻，习组织"之说，反映了当时男耕女织的生产方式，可以理解为组合的过程和联合而成的整体。在西方，组织一词来源于希腊文"organon"，意思是工具、手段。后来，随着社会的不断进步和各学科的持续发展，组织一词的内涵不断拓展和延伸。1873年斯宾塞将组织一词引入社会科学，并将组织看作已经组合的系统或社会，提出社会有机体这一概念①。

不同于生物体内的组织往往基于先天性的遗传基因，从人类社会领域里来理解组织，组织是人类的合作过程与系统，是为实现某一共同目标所产生的行动和关系的组合。组织往往具有人为性和目标导向，即以人的意志和选择为核心。

二、社会组织的概念与特征

（一）社会组织与民间组织、非营利组织、非政府组织、公益组织、慈善组织

对社会组织的理解和概念界定可以从不同层面进行。从最广义层面而言，社会组织可以理解为由人构成、在社会中存在的各类关系与行动的总和。对应人们在公共管理、市场、公益慈善三维度的需求，主要存在政府部门、企业和社会组织三类社会组织，政府部门和企业也可以理解为一类社会组织。从中观层面而言，只要是出于公益目的所形成的人们关系与行动的集合就是社会组织，可以正式登记注册，也可以不履行登记手续，可以长期存在，也可以是短期、阶段性的存在。从狭义层面而言，社会组织指的只是经各级民政部门登记注册、具有公益慈善性质的社会团体、基金会、社会服务机构。

目前在全国人大及其常委会颁布的法律与民政部诸多政策文件里虽然多次使用了社会组织一词，但并未对其进行具体的概念界定，其原因在于国务院纳入立法计划的"社会组织登记管理条例"尚未正式通过并实施，一旦该条例生效，社会组织的概念将会有一个行政法规级别的定义。

国内外关于社会组织存在几个相近的概念，包括民间组织、非营利组织、非政府组织、公益组织、慈善组织，这几个概念指向的组织性质往往较为相近，既具有

① 麻宝斌．公共组织理论与管理［M］．北京：科学出版社，2015：1-2.

突出的公益慈善特色，但又略有差异。关于这些概念的界定、各自的内涵与外延，目前存在不同的观点。

民间组织在我国有悠久的发展历史，历史上缘起于民间的祭祀、聚会，主要形式有文化学术团体（如诗社、文社）、政治团体（如朋党）、行业互助团体（如行会）、慈善团体（如善堂）、民间秘密宗教会社（如会党）五种组织形态①。鸦片战争后，在延续我国古代传统基础上，受到西方文化与思想的冲击与影响，国内形成了一批独立于国家、带有“民族复兴”和“结社救国”时代特征的民间组织，如资产阶级改良社团、革命社团等政治革命组织，各种学社和研究会等新式文化学术团体，新型行业协会，外国传教士兴建的各类慈善组织，以及帮会、秘密组织等②。新中国成立后，随着 1950 年《社会团体登记暂行办法》的颁布，出现了第一批社会团体，包括中华全国总工会、中华全国工商业联合会、中华全国青年联合会、中华全国妇女联合会等。随后，各类民间性质的组织陆续成立，数量日益增加。1998 年，民政部正式将社团和民办非企业单位管理司更名为民间组织管理局，1999 年 12 月 2 日民政部成立民间组织服务中心③，从此“民间组织”开始被正式使用。民间组织主要包括各级民政部门作为登记管理机关并纳入管理范围的社会团体和民办非企业两类。2016 年 8 月，民政部民间组织管理局（民间组织执法监察局）正式更名为社会组织管理局（社会组织执法监察局），对外称国家社会组织管理局④。截至 2022 年底，我国共登记注册 89.13 万个社会组织，其中社会团体 37.01 万个，民办非企业单位 51.19 万个，基金会 9 319 个⑤。

非营利组织（non-profit organization，NPO）与非政府组织（non-government organization，NGO）这一组概念来源于国外，二者在特征上存在一定的差异。非营利组织指的是组织的经营、运作不是为了获取利润，而是将盈利继续用于实现使命的组织。非政府组织特指不属于政府、不由国家建立、民间自发形成的，以追求公共利益为使命的团体。非政府组织最早是指得到联合国承认的国际性非政府组织，后来还包括发达国家中以促进第三世界发展为目的的组织、发展中国家里以促进国

① 崔向华，张婷．非营利组织管理导引与案例［M］．北京：中国人民大学出版社，2013：63.

② 贾西津．历史上的民间组织与中国“社会”分析［J］．甘肃行政学院学报，2005（3）：41－46.

③ 民政部简介［EB/OL］．（2014－02－26）［2023－11－28］．http：//www.gov.cn/fuwu/2014－02/26/content_2622345.htm.

④ 民政部民间组织管理局正式更名为社会组织管理局［EB/OL］．（2016－08－30）［2023－11－28］．http：//www.xinhuanet.com/politics/2016－08/30/c_129263116.htm.

⑤ 黄晓勇，陈斯洁．中国式现代化进程中社会组织高质量发展报告［M］//黄晓勇．中国社会组织报告（2023）．北京：社会科学文献出版社，2023.

家经济和社会发展为己任的组织。

公益组织目前并不具有在政策与法律维度明确而统一的概念界定。通常认为，公益组织是非政府、非营利、实行自主管理、具有民间志愿性、以开展特定领域的社会公益事业为主要目标和使命的社会组织。早期的公益组织主要从事救援和救济活动，许多公益组织起源于慈善机构。进入现代社会，随着人类社会问题的日益复杂化甚至全球化，公益组织往往不再局限于简单性、直接捐助的慈善行动，而是致力于针对某一社会问题，比如全球气候变暖、海洋垃圾、留守儿童健康成长等，综合利用各类技术和手段探索解决方案，积极开展跨学科和跨领域的协作，创新发展策略和解决路径。

慈善组织在我国具有统一的法律定义。2023 年修改的《慈善法》第八条规定，“本法所称慈善组织，是指依法成立、符合本法规定，以面向社会开展慈善活动为宗旨的非营利性组织。慈善组织可以采取基金会、社会团体、社会服务机构等组织形式”。2016 年民政部颁布的《慈善组织认定办法》规定，“县级以上人民政府民政部门对其登记的基金会、社会团体、社会服务机构进行慈善组织认定”。

在我国，上述概念在政府文件里会有更严格的使用规范，但在公益行业或社会大众的交流中往往会混用，即许多民众认为它们的特征和内涵非常接近，并不需要进行非常严格的区分。

（二）社会组织的特征

1. 非营利性

非营利性是社会组织的根本特征，包括两个方面的内涵：

首先，社会组织的存在需要基于公益慈善性质的目标和使命，即社会组织的成立、运作和发展均需服务于全社会或一定范围的公共利益。社会组织可以有各类收入来源，包括捐赠、政府购买服务、服务性收入、会员费等，但所有收入均是为了实现机构的公益性使命与目标。

其次，社会组织的资产锁定。不同于企业拥有股东并享有所有权权益，社会组织的所有者为全社会，因此社会组织没有股东，自然不存在所有者权益。这意味着社会组织的所有收入和资产可以为了公益性业务活动和机构发展进行合理支出，但不得面向员工、会员、理事等相关方进行分红。如果社会组织解散或注销，其剩余资产既不能返回给最初的发起方或出资方，也不能在组织内外进行分配，只能转交给其他公共部门或社会组织继续用于公共利益。

2. 非政府性

非政府性是社会组织鲜明而重要的特征。社会组织在社会中的缘起和定位是为了契合和发挥民众自主、自愿地发现、解决社会问题，满足社会需求的愿望和能力，因此，区别于政府的公共管理定位，社会组织需要保证和保持其独立性和自主性，以便为各类民众的意愿表达提供充分的空间。

社会组织与政府部门尽管在本质属性上有鲜明区别，但双方共同服务于社会发展和公共利益的实现，各自基于不同定位发挥自身优势，政府部门往往扮演规则制定者和资金提供者等角色，社会组织则可以承担整合社会资源、提供服务和探索创新方案等职责。

3. 志愿性

社会组织缘于社会大众的美好理念和主动行动，充分展现着人们对于服务他人和推动社会发展的利他主义理念与丰富智慧，因此志愿性是社会组织独有的特征，可以说社会组织的缘起正是社会的志愿精神和理念。随着民众受教育程度不断提升，积极承担社会发展的责任越来越成为社会各界的共识，通过志愿服务参与社会发展越来越成为公众日常生活的一部分。社会组织的生存和发展主要基于志愿理念，资金主要来自个体和机构的自发无偿贡献，同时也有大量志愿者积极主动参与社会组织的活动。可以说，社会各界基于社会组织搭建起了一个志愿性互帮互助的平台。

4. 价值性

社会组织的发起和运营都需要基于一定的价值理念，价值性是社会组织缘起和存在的重要内核。不同社会组织的价值内涵既有一定相似性，也有各自的独特性。

就社会组织的发起而言，其往往基于对某个议题或某类群体的无私关切和行动意愿，也就是说，社会组织的目标均具有内在的价值诉求。在德鲁克看来，可以用“使命”来概括非营利组织存在的目标和意义①，尽管使命比价值观包含了更丰富的内涵，但使命一定会承载组织的价值理念，而价值理念不一定会在使命中进行直接表述。

就社会组织的运作而言，社会组织既是提供公共物品的“非营利部门”，也是参与者及行动者的“价值所在”(locus of values)，包含与承载了志愿精神、多元主义、利他主义和参与共享等丰富的价值理念。社会组织的运行需要彰显其价值理念，不仅需要体现在项目设计和实施的过程中，也需要展现在品牌传播和资源筹集的内涵

① 德鲁克．非营利组织的管理［M］．北京：机械工业出版社，2007：3－7.

和方式之中等诸多维度，最理想的状态是组织里每个人每天的工作都可以呈现其价值理念。

概言之，社会组织一方面通过成立和运作表达了各成员的价值诉求，另一方面通过运作和发展积极推动了这些价值理念在社会的传播生长。

三、社会组织的类型

（一）中国大陆社会组织的注册与主要类型

在我国大陆，为维护社会组织合法权益，促进社会组织健康有序发展，要求社会组织必须完成登记，否则会被视为非法的社会组织。

我国大陆社会组织的注册可以划分为注册类和备案类两种类型。第一类是注册类，指的是需要按照登记规定、经过各级民政部门审核通过获得正式登记证书后才可以被认定为合法的社会组织。我国社会组织的注册方式又可以分为双重管理类和直接登记类。社会组织的双重管理类注册，指的是先经其业务主管单位审查同意，再到民政部门进行登记注册。这种注册模式源于我国社会组织的“双重负责”管理机制。有专家指出，“双重负责”是我国大陆社会组织管理的基本制度，对于我国大陆社会组织正确的政治发展方向和有序发展起到了促进作用，即民政部门侧重于依法登记管理和宏观指导、监督检查，业务主管部门侧重于对社会组织的业务活动和自身建设进行指导①。第二类是备案类。目前我国社区社会组织施行备案制登记。2017年发布的《民政部关于大力培育发展社区社会组织的意见》规定：对未达到登记条件的社区社会组织，按照不同规模、业务范围、成员构成和服务对象，由街道办事处（乡镇政府）实施管理，加强分类指导和业务指导；对规模较小、组织较为松散的社区社会组织，由社区党组织领导，基层群众性自治组织对其活动进行指导和管理。为进一步明确备案规范，许多地方制订了本地的社区社会组织登记备案的范围与对象等相关文件。

中国大陆的社会组织主要包含以下几类。第一类，社会团体。社会团体是指中国公民自愿组成，为实现会员共同意愿，按照其章程开展活动的非营利法人。国家机关以外的组织可以作为单位会员加入社会团体。社会团体的突出特点表现为人的聚合，即具有共同身份、相似志趣爱好的人与机构聚合起来，如教师、医生、马术爱好者、建筑公司等，组织和开展满足共同需求和推动各自发展的活动，往往具有

---

① 王名，孙伟林．社会组织管理体制：内在逻辑与发展趋势［J］．中国行政管理，2011（7）：16－19．

较为鲜明的群体性、行业性特征。社会团体的主要职责是发展和服务会员、推动特定行业和领域发展，其收入主要来自会员费和服务费等。

第二类，社会服务组织。社会服务机构，原称民办非企业单位，指由社会力量捐助财产设立的从事非营利性社会服务的社会组织。民办非企业单位在 1998 年 10 月国务院颁布的《民办非企业单位登记管理暂行条例》（简称《民非条例》）中有清晰界定，即“企业事业单位、社会团体和其他社会力量以及公民个人利用非国有资产举办的，从事非营利性社会服务活动的社会组织”。民办非企业单位的突出特点表现在开展和提供非营利性的社会服务活动，即通过组建专业服务队伍、为不同群体或在不同领域设计和开展各类专业服务来创造社会价值，往往聚焦于服务各类弱势群体，包括老年人、贫困群体、残障群体等。民办非企业单位的收入往往来自服务性收入，其中以政府购买服务为主，也可以来自服务对象、相对较低的服务性收费。

第三类，基金会。基金会是指利用自然人、法人或者非法人组织捐赠的财产，以从事公益事业为目的，依据《基金会管理条例》设立的社会组织。基金会可以分为公募基金会和非公募基金会，其区别的关键在于是否可以面向不特定群体开展公益慈善资金的募捐行动。20 世纪 80 年代国内设立了第一批基金会，包括中国儿童少年基金会、中国残疾人福利基金会、中国绿化基金会等。这些基金会由政府部门发布规范性文件的方法设立，有较为明显的官办色彩，与政府一同开展各类活动，是政府职能的有益补充。基金会的突出特点表现为公益资金的汇聚和分配，即通过公益资金的使用来实现组织的使命和目标。不同于社会团体以会员需求和利益最大化为核心，也不同于社会服务组织以专业服务来实现自身社会价值，基金会需要具有良好的公益资金筹集能力、专业的公益资金管理能力、卓有成效的公益资金分配使用能力。为保障组织使命的实现，基金会需要建立稳健的资金筹集模式和形成良好的公信力与影响力。

第四类，境外非政府组织。境外非政府组织是指在境外合法成立的基金会、社会团体、智库机构等非营利、非政府的社会组织。国务院公安部门和省级人民政府公安机关是境外非政府组织在中国境内开展活动的登记管理机关。境外非政府组织的资金往往来自其所在国各方的捐赠，包括社会民众和企业，也有部分境外非政府组织会获得政府的资助，相关监管方也主要是所在国的相关法律政策、捐赠人，活动和服务的开展则受到我国相关法律和政策的监管。

根据登记层级，社会组织可以划分为下述三类：首先，全国性社会组织，指的是在民政部完成登记注册、业务范围为全国的社会组织，如中华慈善总会、中国青少年发展基金会等。目前我国的全国性社会组织数量已经超过 2 200 家[①]。其次，地方性社会组织，又称地域性社会组织，指在各省市登记注册成立的社会组织，一般可以分为省、市、县三级，在直辖市则分为市、区两级。最后，社区社会组织，指的是由社区居民发起成立，在城乡社区开展为民服务、公益慈善、邻里互助、文体娱乐和农村生产技术服务等活动的社会组织。

（二）香港与台湾的社会组织的注册与主要类型

在香港，各类慈善组织、志愿团体、社会服务组织等非营利组织广泛存在。香港的慈善团体有着悠久的发展历史，时间最长的团体迄今已近一个半世纪，最初主要依赖于华人社会慈善团体、教会的运作和海外的资金支持，政府部门很少介入。直到 1958 年香港成立社会福利署，政府部门开始正式参与福利事业。香港的民间组织既有符合当地情况的丰富经验，又将西方理论和管理模式进行“过滤”并移植过来，恰到好处地形成了“香港特色”。如今，香港慈善机构已成为继特区政府、市场以外第三支维持社会安定繁荣的强大力量，这与民众参与和支持程度非常高密切相关。据香港警务署社团管理处资料，截至 2024 年 9 月底，共有 35 786 家注册或豁免注册的社团[②]。香港还有多达 135 万名注册的个人义工，每年贡献义工时长超过 2 000 万小时[③]。

香港特区政府对于社会组织的注册、运行都有着较为完备的法律、条例规定。香港立法会颁布实施的《社团条例》及《公司条例》是全港社会组织发展运行的主要依据，在社会组织缴纳税款、对外合作、使用公益金等方面，香港立法会及行政机构也分别出台了《税务条例》《合作社条例》等予以规范。在社会组织成立、备案、运行、合并、分立、注销等方面，香港警务署社团管理处行使相应的审批权与管理权。

香港社会组织可以划分为下述几种：第一种为社团性质的组织，可以注册成立协会或社团组织，需经香港警务署社团管理处审批，注册时规定必须有香港的注册地址，属于民间组织，不得以营利为目的，无需注册资本，无需办理年报和报税。第二种为有限公司形式的组织，材料需递交香港公司注册处进行审批，成立流程基

① 王祖敏．中国社会组织规模稳步增长 进入高质量发展期［EB/OL］．(2021－03－23)［2023－11－28］．https：//www.chinacourt.org/article/detail/2021/03/id/5903962.shtml.

② 香港警务署社团管理处注册登记社团目录［EB/OL］．［2024－08－26］．https：//www.police.gov.hk/info/doc/srr012n.pdf.

③ 香港每年义工服务时数达 2000 万小时．［EB/OL］．(2021－02－26)［2024－08－26］．https：//www.chinanews.com.cn/ga/2021/02－26/9420023.shtml.

本上与普通公司一致，但是在公司章程中要注明非营利性质，没有注册资金及发行股票数额，大约6个工作日就可发放非营利香港公司注册证书。香港特区政府对于非营利有限公司明确要求，所得到的捐款和捐物，不论来自哪里，都应用于公司的唯一目的——慈善事业，不得以任何一种方式，比如分红、奖金等，直接或间接地付给或转移到任何一位成员手中；且公司的任何一位董事会的成员都不能再在该公司里担任另一有薪水的职位，但工作人员可获得恰当的报酬。第三种为慈善信托基金，香港特区政府尽管对慈善信托基金没有配套的强制性登记制度，但其仍然是香港一类重要的慈善组织形式。最为著名的是由香港赛马会于1993年发起设立的香港赛马会慈善信托基金，香港赛马会自身也是致力于建设更美好小区的非营利企业。香港社会福利署、民政事务总署、教育局等部门存有慈善信托的部分名单，实践中覆盖面最广的是香港税务局的名单，因为绝大部分的慈善信托会根据《税务条例》第八十八条规定申请免税资格。根据官方数据，截至2021年上半年，香港税务局共认定了9 526家免税慈善团体，其中493家为免税慈善信托。慈善信托获批免税资格后，需保持一定的活跃度，捐款应符合宗旨，开支（包括董事薪酬）应在合理范围内。否则，税务局经检视可能撤销其免税资格。

台湾现行的法律条例里并无社会组织或非营利组织一词，对市场和政府之外的第三部门的称谓包括“公益法人”“社团法人”“财团法人”“人民团体”等，具有非营利性、非政府性、组织性等社会组织的核心特征。“民法”是台湾地区社会组织的法源，对社会组织的立法直接适用于“民法典”里的“社团法人”和“财团法人”规定，“人民团体法”是规范社团法人的基本法律①。台湾的“人民团体法”规定，人民团体共分为职业团体、社会团体和政治团体三大类。此外，台湾还存在着大量的社区发展协会、基金会、合作社和储蓄互助社等机构和组织，按照专门法令的规定和要求，这些机构和组织也属于人民团体②。

第一类为社团法人。向主管机关登记的人民团体中，凡在地方法院办理法人登记的人民团体，即为社团法人，在性质上可分为三种：（1）社会团体，如学术文化团体、经济事务团体、医疗卫生团体、宗教团体、社会服务团体及慈善团体等；（2）职业团体，如工业团体、商业团体、自由职业团体等；（3）政治团体，如政党等。根据台湾“社会团体许可立案作业规定”，根据社会团体不同业务范畴，可以将

① 郑振宇．台湾社会组织管理的经验、问题与启示［J］．探索，2013（3）：142-146.

② 中共浙江省委两新工委，浙江省社会组织促进会赴台考察组．台湾社会组织发展考察报告［EB/OL］．（2014-11-26）［2023-11-28］．http：//www.hbszzx.cn/hbszzx/web/bdc/detail.aspx?infoid=1576.

社会团体具体分为 11 种，包括学术文化团体、体育团体、经济业务团体、宗亲会、同乡会等。

第二类为财团法人。财团法人是多数财产之结合体，如私立学校、教会、寺庙、基金会，按其性质不同可以分为 13 类，不同的财团法人由不同的机构主管。基金会是财团法人中重要的一种，台湾的基金会具有以下特点：首先，成立需经主管机关登记，并经过所在地的法院公证；其次，必须拥有一笔基金，由自己的受托者或董事管理，并以维持或资助有关社团、教育、慈善、宗教或其他有助于大众的福利活动为宗旨；最后，成立基金的金额有一定规定，基金来源可以分为初始基金及捐赠收入两种。台湾对于基金会的资金收入、支出、免税认定均有相关具体规定。财团法人的一项重要功能是为其他类型特别是直接提供公共服务的非营利组织筹集、整合和提供包括慈善资金在内的各类社会资源。

第三类社团被称为无权利能力社团，其虽具有社团实态但不具有权利能力，又称为非法人团体，数量非常多，且在社会中扮演各种重要角色。

（三）国外社会组织的注册与主要类型

从世界范围来看，各国关于社会组织的登记制度有不同的规定和要求，主要有以下几种类型：一是要求所有社会组织都必须到政府相关部门进行登记和注册，同时规定了申请登记的严格条件，如新加坡、泰国；二是要求所有社会组织都必须登记，但是对登记条件没有任何实体限制，如印度尼西亚；三是只要求某些特定类型的社会组织必须登记，如英国只要求慈善组织必须登记；四是基本采取自愿登记原则，同时规定完成登记的组织有权享受税收及其他方面的优惠政策，如美国、加拿大、南非、印度；五是所有社会组织均无须登记，如意大利。对于社会组织的类型，不同国家的划分依据和标准也各不相同，下文以英、美为例进行简单说明。

英国慈善委员会是一个对社会组织实行综合管理、独立的政府机构，虽然英国慈善委员会的领导班子成员是由政府的相关部长任命，且其办公经费由财政部全额提供，但是其行使职权时却不受任何政府部长或其他政府部门管束①，也独立于任何党派和政治权力，向法院而不是政府部门负责。英国慈善委员会统一负责社会组织的登记注册，并对年营业额大于 10 000 英镑的社会组织进行审查监督。英国慈善委员会具有 5 项职能：对社会组织的登记注册、问责、监督、扶助、执行。英国慈善委员会在 5 名委员指导下工作，其中 1 名委员长、2 名法律委员、1 名会计、1 名志

---

① 刘坤．英国慈善法律制度对我国慈善立法的启示［J］．社团管理研究，2011（2）：56－59.

愿部门代表，他们都经过公开选拔，并由内政部加以任命。

在英国，社会组织存在诸多形式，主要的法律形式包括社团法人（又称协会）、慈善公司法人和慈善信托，另外还有特别的慈善组织、非法人组织。第一，社团法人往往由自然人或法人自愿组成，从事社会公益、学术研究、文学艺术、宗教活动等。社团法人包括的范围十分广泛，如慈善团体、学术研究团体、文学艺术团体、宗教团体等。以科技社团为例，其由科技工作者自愿发起和组成，以自然科学为基础，以从事科学研究、开展科技交流、促进科技创新和发展、影响科技政策、推动科技教育、实现科学传播与普及为宗旨，主要组织形式包括学会、协会、研究会等，经费来自政府研究资助、企业的研究和开发部门、大学以及私人捐助。这些社团在推动英国科学普及、研究与创新中发挥了重要作用①。

第二，慈善公司法人，亦称为公益性公司，在组织形式上采用了有限责任公司的模式，即一种专门为英国民间公益性组织设计、具有正式法律地位的公司式组织形式。此种组织于2006年的《慈善法》中作为一种全新的公益性组织形式首次出现，可以通过日常商业营运、投资、会费、捐助、股票收益、贷款等诸多方式维持组织运营②。英国的慈善公司有两种形式，分别是股份有限公司和担保有限公司。随着慈善事业的发展，英国许多民间慈善机构采取“双重注册”模式，即在注册成为慈善组织的同时，又依照英国的《公司法》注册成为有限责任公司，以期能够更好地利用社会资源。

第三，慈善信托。信托在英国有着十分悠久的历史，慈善信托是英国早期最重要的慈善方式之一，指的是为了使整个社会或一部分社会公众受益而设立的信托，即由委托人捐献或提供一定的财产作为信托财产，由受托人管理该项财产，并按照有关信托协议的规定，将信托财产用于信托文件指定的慈善事业。慈善信托具有以下特征：慈善信托不以特定的社会公众或特定的社会群体为受益人；慈善信托具有无限的延续性；慈善信托不以严格确定的慈善意图为成立要件；慈善信托往往在法律上享有减免税收的优惠；在大多数情况下，慈善信托的设立变更必须依法履行注册登记手续；等等③。慈善信托一般适用于以下范围：救济贫困，救助灾民，扶助残疾人，发展教育、科技、文化、艺术、体育事业，发展医疗卫生事业，发展环境保护事业，维护生态环境，发展其他社会公益事业。

---

① 唐德龙．英国科技社团发展：趋势、经验及启示［J］．学会，2019（12）：5－15.

②③ 刘坤．英国慈善法律制度对我国慈善立法的启示［J］．社团管理研究，2011（2）：56－59.

第四，英国特别的慈善组织主要包括两类：一是被豁免注册的慈善组织，包括绝大多数的大学和其他教育机构、博物馆和展览馆，它们由其他政府机构监管；二是例外的慈善组织，包括教堂、童子军组织和军队慈善组织，英国慈善委员会有权对它们进行监管。

美国非营利组织的特点包括独立于政府、非营利、自律、志愿性。为了符合税法第501（c）（3）条款，非营利组织必须是为了宗教、慈善、教育、文学和科学或者其他公众利益而设立，包括150多种类型，覆盖领域十分广泛，包括：文化、艺术、娱乐、教育、研究、卫生、经济、社会和社区发展、公民倡导组织、法律服务、慈善、宗教组织、专业或行业组织等①。

在美国注册非营利组织是在公司法和税法等有关法律规定下进行的，社会组织可以选择不登记注册或登记注册。如果组织选择不登记注册，那么基本游离在政府的监管体制之外，只要其行为不触犯相关法律，则政府对其影响甚微。组织的决策主要由参与者自行决定，其组织行为一旦涉及法律纠纷，也被归为参与者的个人责任。不注册的组织不具有法人资格，不能享受免税待遇。如果组织选择登记注册，流程非常简单，政府初期主要是审查其是否具有社会组织的性质，成立后会受到来自登记管理机关的管理，主要是根据相关法律对组织行为进行审查，如果组织的决策没有触犯法律，则管理机关无权干涉组织的决策，因此组织具有较高的独立性。完成注册的非营利组织具有法人资格，由州税务局审定是否享有本州的免税资格。

美国社会组织的注册可以在联邦和州两级进行，州以下部门不登记管理非营利组织。联邦政府对州的非营利组织管理不做统一规定，各州管理方式不尽相同。各州主要根据本州的实际情况，规范非营利组织的组建和管理、理事的权利义务、利益冲突的解决以及公信力等问题。

美国的社会组织大致可以划分为：公共慈善组织、私人基金会和非营利公司、社区社会组织。第一类，公共慈善组织。公共慈善组织主要直接或间接地通过公众或政府等各种途径获得大量的募集资助，公众支持范围一定要非常广泛。第二类，私人基金会。美国的私人基金会可以分为运作型基金会和非运作型基金会（又称筹资型基金会），基金会的收入一般会有一个固定或特定的来源，前者会用其收入和资产直接来运作机构自己具有免税目的的慈善项目，后者则主要是将募集来的资金再发放给其他慈善组织。这些基金会通常用它们主要的资金去做投资，再把投资所得

① 丁元竹．美国社会管理体制的特点和对中国的启示［EB/OL］．（2005－12－09）［2023－11－28］．https：//finance．sina．com．cn/roll/20051209/0917440091．shtml．

的收益用来开展慈善事务。另外，美国还有公司基金会和社区基金会。公司基金会的基金来自公司的盈利，同时公司每年根据情况另外拿出资金给予基金会支持公益活动，基金会的理事不得在公司内任职；社区基金会的基金通常来自该社区的相当多的个人一次性捐款，筹款和资助一般在本社区内进行，为持续运作一方面需要使基金增值（常常用委托银行或信托机构的方式），一方面继续筹款①。第三类，非营利公司，这属于州秘书长的管辖范围。将非营利公司与营利公司放在同一个部门来管理，说明了美国政府对于非营利公司的定位是希望它能够像营利公司一样进入商业领域，参与商业运作，只是不以营利为目的。组织如果希望获得非营利公司的法律地位，就需要向政府部门提交一份申请，说明公司的名称、宗旨、董事成员、运作机制等基本信息，非营利公司的章程必须表明公司不以营利为目的，利润不能在公司成员内分配。此外，为了防止公益资产流失，公司还需要提前明确一旦公司解散，资产应该如何处理。非营利公司的申请程序也很简单，并且通过率高，一般只要具有合法的目的，标明了非营利的性质，申请就会被批准②。第四类，社区社会组织。鉴于美国具有很强的社区传统，社区社会组织也是非常重要的一种类型。由于美国社会群体的复杂性和居民需求的多样性，多种类别的社区非营利组织应运而生，主要包括四类：一是全国性的和州、县一级的社会团体在社区的分支机构，如较大的志愿者组织、慈善组织、行业协会、商会等，这些组织与上级组织实际上没有隶属关系，独立开展活动；二是社区中的民间团体，包括综合性居民团体和各类群体性组织，此类团体数量最多；三是社区服务性设施的管理组织，负责社区服务性设施的日常运营和维护工作；四是社区非营利组织，如上文提及的社区基金会、社区团体等。社区内的各类非营利组织之间没有隶属关系，各自按照法律法规代表不同群体的利益独立开展活动③。

第二节　社会组织的功能与价值

自20世纪70年代以来，社会组织在世界范围内迅猛发展，无论是在发达国家

① 姚俭建，COLLINS J. 美国慈善事业的现状分析：一种比较视角［J］. 上海交通大学学报（哲学社会科学版），2003（1）：13-18.

② 郑琦．社会组织监管：美国的经验与启示［J］. 社会主义研究，2013（2）：156-160.

③ 辛传海，马俊彪．中国社区社会组织培育与发展研究：以美国社区非营利组织发展为借鉴［J］. 学会，2015（1）：15-21.

还是在发展中国家，社会组织都有着共同的目的，就是致力于深入教育、文化、卫生社区建设、社会救助、环境保护等领域，积极参与推动社会问题的解决。全面理解社会组织的功能与价值是发展与建设社会组织的关键。

一、社会组织的功能

（一）整合和重新分配社会资源

社会财富的初次分配讲效率，由市场按照竞争性原则来进行；再分配更加注重公平，由政府按照强制性原则，以税收和社会政策等方式来服务弱势群体与缩小贫富差距；为了使社会资源分配趋于公平，仅有这两次分配往往不够，需要进行第三次分配，即由社会按照公益与志愿性原则进行资源的再分配。

有效整合和合理分配资源是社会组织创造社会价值的核心，需要整合及分配的资源包括人力资源（创始团队、有偿员工与志愿者）、财政资源和其他资源。就社会组织自身生存和发展而言，有效动员各种社会资源也是其专业能力的体现，部分社会组织以动员社会资源为核心功能，如专业筹款和开展资助活动的基金会和社会团体，专业招募、培训、派遣志愿者和开展社会服务的社会团体和民办非企业单位，等等。

（二）提供各类社会服务

在社会主体和社会需求日益多样化的情况下，政府和市场无法满足所有人的所有需求，从而出现“政府失灵”和“市场失灵”的现象，社会组织可以有效填补政府和市场遗留下来的空白地带。

具体而言，社会组织来自民间、扎根社区，能够更敏感地回应来自民间和弱势群体的需求，服务那些通常缺乏其他机构关注的大众，提供遍及社会各个方面的公益服务，包括救灾救济、扶贫济困、环境保护、公共卫生、文化教育、科学研究、科技推广、农村和城市的社会发展及社区建设等。社会组织通常都很贴近社区和民众，对公众的需要有更深切的理解，从而使服务更具有针对性和更加丰富多样，与各级政府和相关各个领域的公共服务相辅相成，成为社会服务的重要提供者。

（三）传播志愿理念，进行社会道德建设

志愿服务是每个文明社会不可缺少的一部分，表现为人们自愿贡献自己的时间和精力，基于团结的理想和使这个世界变得更加美好的共同信念，在不为物质报酬的前提下，为推动人类发展、社会进步和社会福利事业而提供服务，既包括国家和社区范围内的志愿者行为，也包括国际志愿者项目。

志愿组织是重要的社会组织形式。志愿组织通过志愿服务，可以给人们提供为其社区、国家或世界做出积极贡献的机会，推动彼此理解以及对社会价值共创的认同，提升自我效能感，增强人们的社会归属感；通过贡献无偿的、志愿的行动，也有助于社会组织提高效率并创造更大社会价值。

志愿服务以其突出的社会效益受到越来越多的国家的重视。许多国家的志愿服务活动起步早、规模大，社会效益好，已建立起广泛的群众基础和良好的社会声誉，并逐渐步入组织化、规范化和系统化的轨道，形成了一套比较完整的运作机制和国际惯例。志愿服务活动已经成为这些国家加强对公民道德教育、维护社会稳定的有效形式。在这些国家，志愿服务活动几乎家喻户晓，志愿服务意识为大多数公民所接受，参加志愿服务活动已成为广大民众的自觉行动。

（四）创新社会发展方案，推动政策完善

如今，国际上各类矛盾十分复杂，贫富差距不断扩大，由此导致日益严重的各类社会问题，单纯依靠政府和市场的力量无以解决，创新成为在人类社会发展过程中解决各种社会问题最有效的思维方式和策略。所谓创新，不单指技术创新，还包括能促进人类社会朝着更加公平、更有效率、更可持续发展的体制机制创新、管理创新等。

非营利的、公益性的、具有志愿精神的、独立自主的社会组织所构成的第三部门占据了一个无论是政府还是营利企业都不擅长的社会位置，时常能够在政府所不能做而营利企业又不愿意提供商品和服务的领域去试验和创新。致力于非营利组织研究的美国阿斯平研究所归纳出了非营利组织在社会创新发展方面的价值：一是使公共的注意力集中到关键社会问题及其解决办法上面去；二是增进健全、革新的政策所据以形成的知识基础；三是为新的、未曾听到过的声音开放通道。

与此同时，社会组织可以参与各级相关立法和公共政策的制定，以各种努力倡导和推动政策结果的公益性与普惠性，而且可以作为特定群体特别是弱势群体的代言人，表达其利益诉求和政策主张，通过积极的倡导活动影响政策过程。

二、社会组织的价值

价值评估至关重要，不仅体现着一个社会的价值观，而且也是社会和经济体系中价值实现的风向标。杜威认为，价值评估的目的不是关于价值的描述，而是关于价值的发现以及价值产生的原因和过程①。评估不只是为了描述价值的存在，也是为

① 杜威．评价理论［M］．上海：上海译文出版社，2007：11.

了给价值判断、价值选择和价值创造提供依据。因此，评估不仅可以描述价值，而且可以发现价值，同时可以发现价值创造的过程，这个过程对于认识人类生活的本质至关重要，因为，它将人的价值创造从一种无意识的行为引导上升为一种有觉知的主动行为，通过创造价值来实现人自身的价值，才是人类生活的本质①。

截至2022年底，我国社会组织登记总数已超过89万家，涵盖教育、医疗、养老、扶贫、环保、文化、艺术等各个领域。如何理解和评估社会组织的价值成为一个重要的议题。总体而言，可以从社会组织的社会价值和经济价值两个维度来进行分析。

（一）社会价值

社会各界普遍认同社会组织可以创造社会价值，但不同的人对社会价值这一概念有不同的理解。换句话说，社会价值对不同的人意味着不同的事情②。在理解和评估公益组织的社会价值时，有学者将社会价值定义为公益组织对所有利益相关者的总体社会影响，其中利益相关者则包括捐赠者、员工、志愿者以及其他公益组织等；有学者认为利益相关者外延更广，包括受益者（个人/组织/社会）、所有者、资本提供者、投资者、员工或雇员、供应商和环境等，其中受益人是价值创造的预期目标，获得组织创造的部分社会价值③。

社会组织的社会价值可以从三个层面来分析。

第一，支持个人实现更好的生存和发展。德鲁克曾说“个体无所不能，又百无一能”，一方面，个人具有非常多元和强大的能力，所有的事业都依赖于个人的参与和行动；另一方面，个人不可能永远无所不能，这就意味着只有个体和更多的人有效组织起来，才能更好地实现目标和自我发展。社会组织对于个体而言，既可以有效服务于弱势群体的生存和发展，也可以助力有一定资源和能力的民众在服务他人和贡献社会的过程中更好地实现自我精神的升华和个人能力的提升，还可以在联合创造更美好的共同未来中激励每个人的聪明才智。概言之，通过有组织的社会动员和社会参与，社会组织能帮助其利益相关方更好地实现社会价值。

第二，促进社会连接与参与，提升人与人之间的信任。社会信任是规范社会运行体系与发展秩序的关键，不仅可以节约社会管理成本，而且也是危急时刻团结大

---

① 价值评估的革命：价值创造的价值（上）[EB/OL].（2019-02-22）[2023-11-28]. https://www.sohu.com/a/296507294_332839.

② MAIR J，SCHOEN O. Successful social entrepreneurial business models in the context of developing economies：an explorative study [J]. International journal of emerging markets，2007，2（1）：54-68.

③ 刘艳彬，鞠芳辉．平台型公益组织社会价值创造过程研究：基于善园典型案例分析 [J]. 中国市场，2019（17）：11-15，26.

众的重要精神内核。社会信任的构建和强化需要基于彼此更多的了解和理解，社会组织搭建了一个社会多元主体都可以广泛参与和互动的平台，在社会组织的各类公益慈善项目和社会服务开展过程中，社会各界都可以参与其中，世界首富可以与非洲的一个贫困家庭儿童建立起联系，我国东部省份大城市的一位特级教师可以与西部偏远山村的一个老教师熟悉起来，城市的一个大学生可以与农村的一个留守儿童建立通信……这些社会连接在人与人、人与社会、人与自然之间搭建理解、对话、互动的桥梁，有助于化解人与人之间、不同群体及机构之间、人与社会之间以及人与自然之间的各种矛盾和冲突。一个具有彼此连接和信任的社会可以提升每个人生活的安全感和幸福度，尤其是在互联网时代，各种智能化平台的信息传播提高了个体参与的可及性，互联网为社会组织扩展社会连接和参与插上了腾飞的翅膀。与此同时，社会组织也是社会信任的代名词，代表着人们对于美好和信任的期待和追求。

第三，增进社会资本，促进社会和谐稳定。社会资本，在宏观层面，指个体或团体之间的关联——社会网络、互惠性规范和由此产生的信任，表现为社会主体（包括个人、群体、社会甚至国家）间紧密联系的状态；在微观层面则指的是人们在社会结构中所处的位置给他们带来的资源，表现形式有社会网络、规范、信任、权威、行动的共识以及社会道德等。社会资本存在于社会结构之中，是无形的，它通过人与人之间的合作进而提高社会的效率和社会整合度，社会资本的累积对于社会的良性和可持续发展具有积极意义。社会资本的培育和提升基于人们通过社会互动和与他人的联系，社会组织为人们提供了不同于个人已有网络的社会交往新途径，每个作为组织成员的单位或个人，都可以以自己为中心去扩展平等的横向间的联系，这有助于形成公共精神。在我国从传统社会向现代社会转型的过程中，社会组织为各个主体提供了自我组织的空间，通过自律和协调机制，既规范各成员的经营行为又维护各成员的合法权益，作为具有共同道德信念、共同兴趣爱好和共同利益的连接和服务平台，成为一种介于政府和市场之间的调节机制①。

（二）经济价值

在社会价值之外，社会组织的经济价值也获得了日益广泛的关注。社会组织经济规模，狭义指一定时期内（通常是一年内）法人社会组织产出的新增产品和服务及其相关价值总和；广义是指法人社会组织自身活动产出的产品和服务价值，以及

---

① 李琨．非营利组织社会资本与社会建设研究［J］．武汉科技大学学报（社会科学版），2015，17（2）：167－170.

通过自身活动撬动其他社会主体形成的新增产品和服务的价值总和。狭义的社会组织经济规模主要用社会组织增加值、社会组织总支出、活性社会组织总量、从业人员总数等指标加以衡量①。

美国约翰·霍普金斯大学的莱斯特·M. 萨拉蒙教授在1995年研究了包括英美在内的22个国家的社会组织经济规模。当年这22个国家的社会组织总支出是1.1万亿美元，占各国GDP的4.6%。2000年，他又对美国等36个国家的社会组织经济规模进行统计，结论是社会组织总支出占这些国家GDP的5.4%。

关于我国社会组织的经济价值测算，民政部社会服务发展统计公报有“社会组织增加值”这个概念，但民政部并未公开测算社会组织增加值的具体方法，学界也对其测算结果存在一定疑问，普遍认为目前社会组织的社会贡献被低估，亟待科学计算，让公众重视社会组织的价值②。2016年，国家行政学院教授马庆钰着手主持对中国社会组织经济规模的测算研究，历时两年，采集了全国31个省（区、市）的相关数据，研究成果显示，2016年我国社会组织增加值总量约2 789亿元，占当年GDP的0.37%，占当年第三产业增加值的0.73%。而同年全国社会组织总支出约6 373亿元，占当年GDP的0.86%，约占当年第三产业增加值的1.66%③。

第三节　中国社会组织的发展历程

随着新中国成立，传统的经济社会秩序被打破，党和政府亟待形成符合新中国实际情况的经济与社会运行机制。而建立稳定有序又焕发生命力的经济与社会运行机制，关键在于国家与社会之间要建立和谐、互信的关系，这也是社会治理的核心问题④。

社会主义改造完成后，我国实行单位制。改革开放后，联结国家与民众之间的枢纽平台，除了单位等中间层，社会组织开始重新出现并发挥作用。如果把不同时代中具有公益性质、提供社会服务的机构统称为社会组织，那么新中国成立后我国

---

① 张天潘．中国社会组织的社会效益与经济价值［EB/OL］.（2018－07－22）［2023－11－28］. https://www.163.com/dy/article/DN9HEP7T05129QAF.html.

② 周淇隽．研究称社会组织GDP贡献远高于官方数据［EB/OL］.（2015－07－30）［2023－11－28］. https://china.caixin.com/2015－07－30/100834493.html.

③ 李磊．“中国社会组织经济规模（N-GDP）测算”研究成果发布 2016年全国社会组织经济贡献达2 789亿［EB/OL］.（2018－07－16）［2023－11－28］. https://cn.chinadaily.com.cn/2018－07/16/content_36586702.htm.

④ 王名．社会组织概论［M］. 北京：中国社会出版社，2010：59.

社会组织的发展历程大致可划分为三个阶段，即社会组织的行政化发展阶段（1949—1978 年），社会组织的松绑与兴起阶段（1978—2012 年），党建引领下的全面发展新阶段（2012 年至今）。在各个阶段中，我国社会组织的形态、机制、结构等各方面都在不断变化①。

我国的社会组织是在独特的发展环境中逐渐成长起来的，有着本土化的特点，但又不可避免地受到来自其他国家的影响。我国社会组织的发展和变化都是以整个社会的变革和转型为背景的，所以虽然西方学说能够在一定程度上提供借鉴，但也难免会存在与国情不符的情况。唯有全面看待中国经济社会，在总结本国特点的前提下才能理顺我国社会组织的历史演变脉络。

一、行政化发展阶段

新中国成立初期，面对国内百废待兴、国际环境严峻等种种压力，尽快整合资源，把中国各方面力量集结起来，形成高度团结的整体是当时的重中之重。形成新的社会结构，首先要破除和改造旧社会的社会组织，再通过党的组织体系向其他社会组织蔓延重建，以稳定社会秩序。

首先，确立、改组或取缔、淘汰业已存在的社会团体，也就是对旧社会遗留下来的反动社团进行清理，将结成政治同盟的政治团体确立为中国共产党领导下的民主党派。针对各式各样零散的社会团体，我国于 1950 年颁布了《社会团体登记暂行办法》，这是新中国首部关于社团管理的法律法规，包含了社团的范围、登记机关、登记程序、主管机关、原则等，明确界定了社会团体包括人民群众团体、社会公益团体、文艺工作团体、学术研究团体和宗教团体及其他合于人民政府法律组成的团体。1951 年又出台了《社会团体登记暂行办法施行细则》，这两部法规为之后的社团管理登记提供了法律依据，但在该阶段，所有登记、备案的社会团体都是在国家直接促进下形成的，因此它们的形成过程往往带有指标性、运动性的色彩。同时在此过程中，政府也对当时封建反动或者不符合时代要求的社团进行了取消或改造②。

其次，重建了一批社会组织，主要是人民团体和事业单位组织。中华人民共和国成立前，将解放区和原国民党统治区的各文明群团机构、爱国文明社会群众组织、科技专业组织，以及旧有的商行会等重建成为中华全国总工会、中国共产主义青年

---

① 韦克难，陈晶环．新中国 70 年社会组织发展的历程、成就和经验：基于国家与社会关系视角下的社会学分析［J］．学术研究，2019（11）：46－54；丁惠平．限制、准入与共治：中国社会组织治理的演变历程与未来走向［J］．学习与探索，2022（10）：30－38.

② 古俊贤．中国社团发展史［M］．北京：当代中国出版社，2001：623.

团、中国科学技术协会、中华全国工商业联合会、中华全国妇女联合会、中华全国归国华侨联合会、中华全国台湾同胞联谊会、中华全国青年联合会等八大人民团体。清理、调整了原来的旧社会组织机构，如公所、会所、同乡会、善堂善会、宗教团体等。这些组织与政府机关的行政化体制高度一致，被纳入国家行政体系，相比之前缺乏独立自主性，社会性被削弱，政治性大大加强，其负责人一般由党政部门负责人担任。

除此之外，根据新中国的建设需要，在科技文化领域组建社会团体，包括1949年成立的中华全国文学艺术界联合会①、中国文字改革协会，1950年建立的中华全国自然科学专门学会联合会（简称全国科联）、中华全国科学技术普及协会（简称全国科普）等。这些社会团体代表党政机关，贯彻党政方针政策。除此之外，我国也开始在乡村和城市分别建立社会基层组织，把普通民众的生产、生活活动联系到一起，包括乡村的农业生产合作组织、城市的企事业单位等。从职责上看，这些社会基层组织担当着生产重任，同时它们又是国家联系民众的重要环节。

在这一阶段，社会组织已成为党和国家做好群众工作、凝聚社会各界力量共同形成人民民主统一战线的主要载体。针对新中国社会百废待兴的状况，各级政府都需要建立庞大的社会组织体系，将广大人民群众发动起来投身到社会生产建设中，不但要涵盖所有群体、各个领域，而且要能深入基层，接触到每一位民众。因此，这一时期社会组织发展并不是政府职能失灵的产物，而恰恰是一种政府主动塑造和巩固政权的途径。国家不仅需要“自上而下”的施政方针，还需要“自下而上”的民心所向，以发挥社会主义制度“集中力量办大事”的优势。而在当时一来民众饱经战乱之苦，对于政府的信任度高，二来新中国成立之初各方资源有限，民众的需求和利益比较集中，因此社会组织在国家统筹的单位制系统内，能够在国家与民众之间发挥较好的桥梁与纽带作用。当时的许多重大决策都是借助社会组织来发动和推进的，社会组织成为党和政府在新中国成立之初，国家系统和管理机制尚未完善时采取的团结群众、统一资源、恢复生产的重要策略之一。

面对快速恢复发展这一首要任务，在资源有限的情况下，国家采取了高度集中的计划经济体制，目的是由国家集中管理和分配各种资源，其本质是一种“自上而下”的管理与再分配体制。该体制导致了民众的所有生活几乎都与国家行政产生联系。在城市中，“单位制”是最佳的组织化手段，国家是社会总体资源的供给者，国家负责为各单位组织提供主要资源，同时每个单位都必须无条件地服从国家的管理，

---

① 1953年，中华全国文学艺术界联合会更名为中国文学艺术界联合会，简称中国文联。

“政治化”单位由此开始形成①。在单位中个人及其家庭全部依靠单位提供的资源，“从摇篮到坟墓”都离不开单位，民众被改造成“单位人”。每个人对于单位的依附程度极高，因此有学者认为这个阶段的中国社会是“总体性社会”。国家与社会合为一体，国家对于社会的控制体现在各个方面，整个国家就是一个巨大的行政单位，统一计划，统一分配，统一行动。而民众对于单位和国家的依赖导致其对单位外的需求和认知都不高，整个社会的自主性和活力均被削弱。在农村中，人民公社与单位的组织逻辑相同，人民公社将政权组织与生产组织合二为一，围绕其设立的一系列组织都具有极大的强制性，农民自发成立的其他组织都被坚决取缔。在这一体制下，政府通过工矿企业、学校、医院等城镇组织，公社、生产大队等农村基层组织，几乎包揽了所有城乡居民的社会支持、社会福利和社会管理②。因此这一时期的社会组织具有十分明显的行政化特征，国家通过组织化手段把社会组织纳入行政化的大系统中，成为资源管理的主体，同时对社会组织进行严格的控制。因此这时的社会组织“自上而下”的行政色彩越来越浓重，而“自下而上”的服务渠道却遭到了挤压，甚至消亡，社会层面进入了个人对于国家完全依赖的阶段。

1956 年后，社会组织无须进行集中登记注册，每个单位各自负责与自己业务相关的社会组织，几乎所有党政机关都参与了社会组织管理，而不再由专门的政府部门统一管理，这时的社会组织呈现出多头管理的分散样态，多头管理也使得社会组织逐渐成为政府的附属机关，社会组织的发展基本处于停滞状态③。

当然，这样的全面行政化也带来了诸多方面的社会问题，影响了国家现代化目标的实现。因此党和国家主动应对，改革开放正是对上述现象进行改变的开端。虽然单位制没有完全消除，但以“变”为主旋律的改革运动，让我国社会组织的改革也走向了全面探索的新发展阶段。

二、松绑与兴起阶段

“文化大革命”造成的混乱局面亟待梳理，1978 年党的十一届三中全会召开，党和政府开始将主要精力放在政治上的拨乱反正和经济上的建设发展上，对于社会资源的全面控制开始放松，这使长期受到限制的社会力量开始苏醒。国家并没有制订对于社会组织更新更细的管理办法，而是沿用了 1950 年的《社会团体登记暂行办

① 路风．中国经济为什么能够增长［J］．中国社会科学，2022（1）：36－62.

② 徐永祥．社会组织发展论［M］．上海：华东理工大学出版社，2021：78.

③ 韦克难，陈晶环．新中国 70 年社会组织发展的历程、成就和经验：基于国家与社会关系视角下的社会学分析［J］．学术研究，2019（11）：46－54.

法》和1951年的《社会团体登记暂行办法施行细则》，两部法规除了对于登记机关有明确规定外，其他方面并无详细规定，也没有形成统一制度，于是催生了一批介于政府和市场之间的中介组织[①]，而多头管理的状况给了社会组织一定的弹性发展环境。1978年之后，随着党中央提出“科学技术是生产力”，中国统计学会、中国教育学会、中国地震学会等科技和学术性团体迅速成立。截至1989年初，全国性的社团由“文革”前的近100个发展到了1 600多个，其他社团由原来的6 000多个发展到近20万个。在各种结构性环境改变共同作用下，社会组织数量在1978年至1989年的短暂十年间呈现几十倍的增长[②]。到20世纪80年代末，民政部成立了首个社团管理司，对社会团体进行统一登记管理。为了加强对社会团体的管理，国家还在1988年出台了《基金会管理办法》，1989年出台了《社会团体登记管理条例》《外国商会管理暂行规定》等相关管理办法。新的管理办法明显比1950年的要严格得多，明确了只有民政部和县级以上地方各级民政部门才具备登记资格，并明确要求登记须由业务主管部门审查，这就是后来所说的“双重管理体制”。

随着我国社会主义市场经济改革的全面深化，社会主义市场经济对于社会改革的需求愈加明显，1993年的《中共中央关于建立社会主义市场经济体制若干问题的决定》明确提出要重点发展市场中介组织，“发挥行业协会、商会等组织的作用”。社会组织在中国经济体制改革后得到了极速的发展，但社会组织在经济上始终缺乏自主性，仍处在政府的高度管控下，从1989年出台的《社会团体登记管理条例》可以看出，社会组织的登记门槛越来越高，管理部门越来越多，社会组织对于政府的依赖度仍然很高。而将不符合条件的社会组织挡在门外，虽然一定程度上有利于稳定发展，但也极大限制了社会组织的自主性和独立性。所以该时期，社会组织虽数量上得到了扩充，但参与国家和社会治理的功能的发挥仍远远不够。

1998年国务院批准成立了民政部民间组织管理局，明确了民间组织的管理主体，出台和修订了一批社会组织相关政策法规。运行了近十年的《社会团体登记管理条例》又一次得到了调整和补充，明确了业务主管机关的具体职责范围，对于社会组织的要求也更加严格，对于法人资格要求、会员数量要求、机构设置权限等均做了明确规定，此外，《民非条例》也在同一年发布。以这两个条例的修改出台为标志性事件，国家首次明确了社会团体、民办非企业单位的概念，具体规定了对于社会团体、民办非企业既要有明确的业务主管单位，又要有登记管理机关的批准，“双重管

① 王名，孙伟林．社会组织管理体制：内在逻辑与发展趋势［J］．中国行政管理，2011（7）：16－19．

② 吴忠泽，陈金罗．社团管理工作［M］．北京：中国社会出版社，1996：6．

理体制”得到进一步强化。控制监管方面的严格一定程度上代表着党和政府对于社会组织的态度，就是要规范其发展。总体而言，新条例的出台是国家在社会组织治理方面取得的较大进步，一个较为系统和完备的社会组织治理框架初步形成。1999年，中共中央办公厅、国务院办公厅发布了《关于进一步加强民间组织管理工作的通知》，正式将“民间组织”作为统一的官方称谓，在此以前先后有民间组织、社会团体、社会中介组织、非营利性组织、社会组织等诸多相关且不统一的称谓，这也反映出国家和社会对于社会组织的定位、功能与作用还没有达成统一意见。而该通知的发布有效地解决了这些问题。

随着市场化改革，社会组织得到新的发展机遇，其正面的作用发挥也逐渐被政府看到并认可，政府对社会组织的态度开始转变，逐渐尝试发展各类行业协会、官办非政府组织、官办基金会等公益型社会组织。而后社会公共服务需求增加，草根社会组织自发成长起来，填补了部分国家福利的缺失，成为服务型社会组织。此外，还有一些资金、项目运作、管理理念来自境外的外部输入型社会组织诞生。

2004年公布的《基金会管理条例》，首次允许个人、企业自发成立非公募基金会。2004年，党的十六届四中全会明确提出“发挥社团、行业组织和社会中介组织提供服务、反映诉求、规范行为的作用，形成社会管理和社会服务的合力”，这说明政府开始转变观念，主动打破一元治理格局，从社会领域中逐渐撤退出来，也在治理成本方面谋求更大的集约①。2006年党的十六届六中全会上，《中共中央关于构建社会主义和谐社会若干重大问题的决定》第一次正式提出了“社会组织”的概念，并系统阐述了相关概念，明确提出要“健全社会组织，增强服务社会功能”，强调要“坚持培育发展和管理监督并重，完善培育扶持和依法管理社会组织的政策”，这表明党和国家对于社会组织的概念有了较清晰的界定，对于其未来发展方向从限制走向了规范和扶持。2007年，党的十七大报告再次确认了社会组织的地位和目标，提出不仅要把政府与企业、资金、事务、市场等相关社会团体分开，还要完善监督政府的行为，支持社会组织的发展。

这一阶段，中国的社会组织逐渐从完全依附于国家的状态中成长起来，虽然享有的自主空间还较为有限，但已经实现了从无到有的飞跃②。国家意识和社会意识同时得到觉醒，社会组织所处的发展环境发生大幅度改变，其数量和质量均得到大幅

---

① 丁惠平．限制、准入与共治：中国社会组织治理的演变历程与未来走向［J］．学习与探索，2022（10）：30－38．

② 韦克难，陈晶环．新中国70年社会组织发展的历程、成就和经验：基于国家与社会关系视角下的社会学分析［J］．学术研究，2019（11）：46－54．

度提升。2008年汶川地震之后，社会组织在社会治理中的作用开始体现，党和政府与社会组织的关系不断发生变化，从控制监管到监管与合作并存，党和政府也开始探索如何更好地发挥社会组织的积极作用，共同推进经济和社会的创新发展。社会组织逐渐走向独立，随着国家对于社会组织领域的放管和撤离，一些官办的社会组织也开始寻求独立性，拓展更多的发展空间和资源支持①，这就促进了社会组织的专业化，为后续参与社会治理并发挥重要作用奠定了基础。

三、党建引领下的全面发展新阶段

2012年党的十八大对于社会组织的定位更加明确，提出要“加快形成政社分开、权责明确、依法自治的现代社会组织体制”，社会组织开始以自己的合法身份成为治理主体，并广泛参与经济社会发展的各个领域，社会组织进入全面健康发展的快车道。党的十八大还强调，要加大社会组织党建工作力度，扩大党组织和党的工作覆盖面。2013年，党的十八届三中全会指出“全面深化改革的总目标是完善和发展中国特色社会主义制度，推进国家治理体系和治理能力现代化”，强调要“激发社会组织活力”。党的十八届四中和五中全会又相继提出要“加强社会组织立法，规范和引导各类社会组织健康发展”。2013年出台的《国务院机构改革和职能转变方案》提出：行业协会商会类、科技类、公益慈善类、城乡社区服务类社会组织不再需要业务主管单位审查同意，直接向民政部门申请登记注册，同年出台了《国务院办公厅关于政府向社会力量购买服务的指导意见》，从此各地政府采购服务开始迅速推进。2016年《中共中央办公厅、国务院办公厅关于改革社会组织管理制度促进社会组织健康有序发展的意见》出台，同年民政部民间组织管理局（民间组织执法监察局）正式被更名为社会组织管理局（社会组织执法监察局），从民间组织到社会组织的概念变化也在一定程度上体现了党和国家对于这类组织的态度发生了根本变化，从限制走向准入，从监管走向合作，从抑制发展走向培育服务。社会组织从此逐渐成为社会治理的重要主体②。据统计，2012年至2021年，中央财政用于支持社会组织参与社会服务的专项资金不低于27.06亿元，累计实施项目3 546个，直接服务人数超过1 283万③。

---

① 王名，等．中国社会组织（1978～2018）[M]．北京：社会科学文献出版社，2018．

② 丁惠平．限制、准入与共治：中国社会组织治理的演变历程与未来走向[J]．学习与探索，2022(10)：30-38．

③ 赵宇新．引导社会组织在服务社会中汲取成长的力量：“中央财政支持社会组织参与社会服务项目”10年评述[N]．中国社会报，2022-07-04．

随着社会组织的快速成长，一方面，其帮助政府职能转变，提供专业公共服务的作用不断凸显；但另一方面，由于监管体系仍不完善、筹资渠道狭窄、自治性不强、社企合作机制不流畅等问题[①]，社会组织的高质量发展面临较大问题。而社会组织党建作为一种政治整合策略，既有利于巩固党的执政基础，落实党的全面领导的要求，又有利于促进社会组织健康发展。因此，2015 年中共中央办公厅印发的《关于加强社会组织党的建设工作的意见（试行）》明确提出加强社会组织党建工作，有利于“引领社会组织正确发展方向，激发社会组织活力，促进社会组织在国家治理体系和治理能力现代化进程中更好发挥作用”，这意味着新时代社会组织党建从探讨如何实现全覆盖转向探讨如何以党建引领不断激发社会组织在社会治理创新中的活力[②]。各地积极探索新形势下推进党建工作的体制机制、方式方法和有效途径，社会组织党的建设各项工作取得较大进步，探索形成了社会组织党建的本地模式，例如：广东等地形成了依托民政系统，以“党建＋”推动基层党建与社会组织互动共进的发展模式；北京等地形成了“以综合党委为领导核心、联合党委为四梁八柱、社会组织党支部为基层基础、党建支持力量为辅助”的党建工作体系；上海在新社会组织、新经济组织（简称“两新”组织）党的基层组织建设方面，积累了一些宝贵经验。

2016 年以财政部、民政部名义联合下发的《关于通过政府购买服务支持社会组织培育发展的指导意见》中写明“凡适合社会组织提供的公共服务，尽可能交由社会组织承担”，从中可以看出此时政府看到了社会组织在改革中发挥的重要作用，并对其有更大的期待。2016 年出台的《境外非政府组织境内活动管理法》（简称《境外法》）、《慈善法》两部重要法律，从法律角度对社会组织的运行管理进行了规范，社会组织提供服务的专业性和管理的精细程度也日臻完善，社会组织已经不再是国家行政系统的附属品，而逐渐成了社会治理的主体。

2017 年党的十九大提出中国特色社会主义进入了新时代，习近平新时代中国特色社会主义思想成为全党全国人民在新时代的行动指南，“推进国家治理体系和治理能力现代化”写入党章，开启了党建引领社会组织参与社会治理的新征程。习近平总书记在党的十九大报告中强调，“坚持党对一切工作的领导”，“不断提高党的执政能力和领导水平”，“坚持以人民为中心”，“坚持在发展中保障和改善民生”，“加强

---

① 王帆宇．社会组织参与社会治理：现实困境与优化策略［J］．湖北社会科学，2018（5）：38－45．

② 张紧跟．激发活力：社会组织党建的新议程［J］．山西大学学报（哲学社会科学版），2023（3）：114－122．

和创新社会治理”，“打造共建共治共享的社会治理格局”，强调把“基层党组织建设成为宣传党的主张、贯彻党的决定、领导基层治理、团结动员群众、推动改革发展的坚强战斗堡垒”。习近平总书记的论述为社会组织参与社会治理提供了新思路，为早日实现国家治理体系和治理能力现代化指明了方向和道路。党的十九届三中全会强调要加快在新型经济组织和社会组织中建立健全党的组织机构。党的十九届四中全会提出要完善党领导社会组织等制度，确保党在各种组织中发挥领导作用。至此，社会组织党建的顶层设计日趋完善。截至2022年底，已登记的社会组织已超过89万家。中共中央组织部历年发布的党内统计公报显示：全国社会组织建立党组织的覆盖率已经从2012年的35.1%增长为2017年的61.7%，社会组织党组织从2013年的11.5万个增长为2022年的17.9万个，实现了应建尽建。

2022年党的二十大明确指出“完善社会治理体系”，“健全共建共治共享的社会治理制度，提升社会治理效能”，“畅通和规范群众诉求表达、利益协调、权益保障通道”，“建设人人有责、人人尽责、人人享有的社会治理共同体”。党的二十大报告还提出“统筹推进政党协商、人大协商、政府协商、政协协商、人民团体协商、基层协商以及社会组织协商，健全各种制度化协商平台，推进协商民主广泛多层制度化发展”，“引导、支持有意愿有能力的企业、社会组织和个人积极参与公益慈善事业”，“理顺行业协会、学会、商会党建工作管理体制”，“加强新经济组织、新社会组织、新就业群体党的建设”等要求，为社会组织未来更加健康有序发展指明了方向。这一阶段，社会组织与政府开始形成合作伙伴关系，传统社会中政府与社会组织的关系模式发生根本性改变，从政府牢牢把控行政权力，社会组织的发展没有自主性，转变为政府通过购买服务的方式，与社会组织之间按需合作，同时强化了党对于社会组织的领导，以党建引领社会组织规范有序发展，构建了新型的政社关系。

2023年，中共中央、国务院印发的《党和国家机构改革方案》提出，组建中央社会工作部（简称中央社工部）。组建中央社工部是在中央层面相对集中社会领域党政机构职能的又一次重大改革举措，是党的社会工作机构职能体系的重塑①，有利于解决社会建设领域部门多头管理、职责交叉分散问题，其核心是加强党在社会领域的引领，重塑党和社会的关系②。首先，将中央社工部设置为党中央职能部门，标志着党的社会工作成为一种比较完整且相对稳定的独立职能。中央社工部负责制定社

① 张克．从地方社工委到中央社会工作部：党的社会工作机构职能体系重塑［J］．行政论坛，2023（3）：72－81.

② 蒋敏娟．组建中央社会工作部与社会治理现代化［J］．人民论坛，2023（7）：49－52.

会工作领域政策法规并组织实施，协调指导本系统、本领域工作。在此之前，我国的社会工作相关职责分散在不同党政部门，存在社会工作内涵不清晰、顶层设计和统筹协调机制不健全、部门职责交叉重叠等问题，在集中统一领导和资源的有效统筹方面有所欠缺，呈现碎片化的状态。此次机构改革，通过职责集中和机构整合，将体制内外的力量统合在党的引领下，形成了更为系统的社会治理格局。其次，中央社工部在职能配置上主要涵盖统筹指导人民信访工作，指导人民建议征集工作，统筹推进党建引领基层治理和基层政权建设，统一领导全国性行业协会商会党的工作，协调推动行业协会商会深化改革和转型发展，指导混合所有制企业、非公有制企业和新经济组织、新社会组织、新就业群体党建工作，指导社会工作人才队伍建设等。此次改革后，将由中央社工部统一领导国家信访局，体现了党中央对信访工作的高度重视。此前，信访工作具有一定的“维稳”色彩，党的工作机关中并没有明确指导信访工作的职能部门，一些基层信访部门由于职权限制，多“接访”而少“回应”，而随着机构改革的深入推进，有望实现信访工作由被动到主动，进一步激活基层社会组织体系的双向沟通功能。主动吸纳社情民意，传达群众呼声，同时也以更加贴近百姓的方式，将政府的意图传递下去，从而促进“回应性政府建设”①。最后，中央社工部还从其他党政部门划转了社会工作领域若干重要职责，以充实和支撑新设立机构的主要职能，如原民政部的指导城乡社区治理体系和治理能力建设、拟订社会工作政策、统筹推进党建引领基层治理和基层政权建设等三项职责；原中央精神文明建设指导委员会办公室的全国志愿服务工作的统筹规划、协调指导、督促检查等职责；原中央和国家机关工作委员会、国务院国有资产监督管理委员会党委归口承担的全国性行业协会商会党的建设职责。本轮改革后，中央社工部负责指导混合所有制企业、非公有制企业和新经济组织、新社会组织、新就业群体的党建工作②。

目前来看，中央社工部的职责范围聚焦信访、基层治理和社会领域党建三大板块，同时基本保留了原社会工作领域总的体制机制。中央社工部的建立，是适应我国现阶段社会发展趋势的重大举措，当然，目前仍处于构建阶段，还面临着各级职责厘清、机构能力建设等多方面挑战，随着从中央到地方相关职能机构设置的不断完善，中央社工部将不断提升我国的社会组织建设水平，提高社会工作的专业水平，

---

① 蒋敏娟．组建中央社会工作部与社会治理现代化［J］．人民论坛，2023（7）：49－52.

② 张克．从地方社工委到中央社会工作部：党的社会工作机构职能体系重塑［J］．行政论坛，2023（3）：72－81.

从而不断提高我国的社会治理现代化水平。

第四节　社会组织的国际化

一、社会组织国际化的定义

随着全球化深入发展，政府、政府间组织、非政府组织、跨国企业等在国际社会中均发挥着重要的作用，社会组织国际化已是大势所趋。关于国际化的概念，美国学者理查德·罗宾逊在《企业国际化导论》一书中指出，国际化的过程就是在产品及生产要素流动性逐渐增大的过程中，企业对市场国际化而不是对某一特定的国家市场所做出的反应[①]。国内学者持有类似的观点，认为国际化是指行为体为了某个特定目标，在国际上推行其理念、服务或产品的过程[②]。从中可以看出国际化的两点特征：一是组织国际化的基本前提，即在国家间交往的基础上，组织事务由本国内部拓展至国际范围；二是国际化既是一种状态，也是一个过程，国际化程度没有明确的完成标准。

就社会组织而言，当前学术界关于社会组织国际化的定义说法不一，目前还没有明确的结论。从广义上讲，社会组织国际化指社会组织参与的事务由国内向国际拓展，或直接参与国际事务，在超越本国的范畴内发挥影响力的过程[③]。从过程-状态角度来看，邓国胜认为“社会组织国际化是指民间组织走出国内，在三个及以上国家开展活动，其国外项目资金、雇员占一定比例，并最终成为国际非政府组织的过程”[④]。国外学者马克·林登贝格等认为非政府组织的全球化是指其管理结构、资源获取、信息共享、员工和服务跨越国界的日益扩展[⑤]。从活动范围界定社会组织国际化方面，逯莹提出了社会组织国际化的两条标准：是否在国外展开项目，是否在海外设立办公室或者办事处[⑥]。黄浩明等人认为企业国际化与社会组织国际化有着相同之处：一是业务层面的国际化，以在国际社会开展工作为主；二是组织层面的国

---

① 罗宾逊．企业国际化导论［M］．北京：对外贸易教育出版社，1989：1.

② 李红梅．西方非政府组织国际化历程及其对我国的启示［J］．湖北函授大学学报，2018（4）：66－68.

③ 吕晓莉．中国非政府组织的国际化路径研究［J］．当代世界与社会主义，2012（6）：118－123.

④ 邓国胜，等．中国民间组织国际化的战略与路径［M］．北京：中国社会科学出版社，2013：3.

⑤ LINDENBERG M，BRYAN C. Going global：transforming relief and development NGOs［M］．London：Kumarian Press，2001：6－7.

⑥ 逯莹．中国社会组织国际化浅析：以全球能源研究所为例［J］．黑河学刊，2011（6）：65－68.

际化，包括资金、人才、运作管理等①。不同在于两者国际化的宗旨显著不同，企业表现出明显的盈利取向，而社会组织以服务国际社会公共利益为目的。简言之，社会组织国际化是指在国家间交往的基础上，社会组织在业务和组织层面超越本国界限并向国际范围延展的过程。此外，由于国内外学术、官方文献中关于社会组织、民间组织、非营利机构及非政府组织等名称有不同使用偏好，但它们之间差别不大（见本章第一节），在国际舞台上，非政府组织几乎为社会组织最通用的代名词，因此本节使用的"社会组织国际化"也可以被称为"非政府组织国际化""非营利组织国际化"，而非政府组织在关于社会组织国际化的学术研究中使用得更为频繁。

除社会组织国际化研究概念外，国际非政府组织（international non-governmental organization，INGO）也是这一研究领域的常用概念，国际非政府组织出现于19世纪，20世纪时在国际舞台上发挥着重要的作用。中国学者王杰、张海滨等人认为国际非政府组织是组织目的与活动范围具有国际性，或机构设置与成员构成具有国际性，抑或是资金或其别的主要资源的来源或用途具有国际性的非政府组织②。"国际性"与"国际化"有着细微差别，也就是说，国际非政府组织不必经历由国内社会组织向外拓展的国际化过程，国际化是成为国际非政府组织的必要不充分条件。1952年联合国经社理事会第288（X）号决议规定，任何国际组织，凡不是经由政府间协议创立的，都被认为是国际非政府组织。《国际组织年鉴》界定了国际非政府组织的七项判断标准：第一，目标，即组织目标应具有国际性，且主要活动应该在三个以上国家开展；第二，成员，即成员中应包括来自三个以上国家的个人或团体，且组织具有开放性；第三，治理结构，即有正式的组织总部、办事处和理事会，理事会应以选举方式产生并定期举行；第四，理事，即理事会应该包括来自不同国家的理事，且应依选举轮流担任；第五，财务，即组织的主要收入来源应包括三个以上国家，且不得向成员分配利润；第六，自治，即组织应具备独立性，有专职工作人员，不得依附于其他组织或政府及其附属机构；第七，活动，即必须开展相关活动③。由此可以看出，国际非政府组织在具备社会组织的一般属性外，更强调跨国性特征。

二、中国社会组织国际化发展历程

中国社会组织国际化发展与国际形势、外交政策、社会组织发展程度密切相关。

---

① 黄浩明．我国社会组织国际化战略与路径研究［J］．学会，2014（9）：5－16，24．

② 王杰，张海滨，张志洲．全球治理中的国际非政府组织［M］．北京：北京大学出版社，2004：20．

③ Union of International Associations. Types of international organization［EB/OL］．［2023－08－15］．https：//uia. org/archive/types-organization/toy.

从新中国成立至今，大致可以划分为四个时期：1950—1978 年全面限制期，1978—2001 年接触期，2001—2012 年初探期，2012 年至今稳步发展期。

（一）社会组织国际化发展的全面限制期（1950—1978 年）

新中国成立后，国际形势不容乐观，国家的外交建设刚刚起步，与中国建立正式外交关系的国家至 1951 年仅有 19 个，为了稳定新生政权，民办社会组织对外交往相对微弱和欠缺。这一时期，能够参与涉外事务的主要有中华全国总工会、中华全国青年联合会、中华全国妇女联合会、中国人民保卫世界和平大会等官办社会组织，中国人民外交学会、中国红十字会、中国国际贸易促进委员会等人民团体的对外活动也日益增多①。简言之，1950 年至 1978 年社会组织缺乏政策支持，对外活动也受到限制，参与对外交往的主要是官办社会组织。

（二）社会组织国际化发展的接触期（1978—2001 年）

改革开放以来，以经济建设为中心的现代化建设步伐加快，国家、市场与社会三者关系界限逐渐分明，社会组织管理政策日趋完善，中国社会组织在数量上获得了一定发展。中国逐渐融入国际社会，国内的经济发展建设也需要寻求外来的资金与技术援助，基于此背景，“引进来”与“走出去”策略有力地推进了社会组织的国际化进程。在“引进来”方面，国际非政府组织逐渐进入中国，中国社会组织与其的互动关系始于 20 世纪 80 年代。20 世纪 90 年代以北京承办联合国第四次世界妇女大会及非政府论坛为契机，我国社会组织迎来了对外交流的第一个高峰期。我们今天耳熟能详的活跃于中国的国际非政府组织，如福特基金会、国际小母牛项目组织等均是在 20 世纪 80 年代进入中国的②。

1985 年，中国国际经济技术交流中心国际民间组织联络处成立，并于 1987 年正式成为中国从事国际民间组织合作的协调机构，这标志着国际非政府组织与中国社会组织的交往方式已经初步实现机制化，为国际非政府组织与中国社会组织之间充分合作奠定了基础。进入 20 世纪 90 年代，中国国际经济技术交流中心与联合国开发计划署共同举办了第一、二届国际民间组织合作研讨会。

1992 年，中国国际民间组织合作促进会（简称中国民促会）经对外经济贸易部的批准成立，1994 年在民政部正式登记注册。该组织成立的目的是协助中国社会组织与国际非政府组织建立合作关系，这对于扩大社会组织国际交往，推进社会组织

① 朱蓉蓉．中国民间组织外交：历史溯源与现实反思［J］．学习与探索，2012（12）：156－160.

② 谢晓庆．国际非政府组织在华三十年：历史、现状与应对［J］．东方法学，2011（6）：118－126.

国际化进程发挥着重要作用。中国民促会成立的头 7 年里，与 140 多个国外民间组织和机构建立起联系，与国外非政府组织机构成功实施了 8 亿多美元的合作方案，覆盖农业、工业、能源交通等领域。1995 年在北京召开的世界妇女大会，中国有 22 个社会组织参加，并在国际舞台上首次发声。

改革开放后民间外交主体日益多元化，社会组织作为公共外交的主体之一，服务于国家总体外交，在增进各国民众了解、参与全球治理、提升国际影响力等方面发挥着重要作用。自 20 世纪 80 年代以来，中国政府开始鼓励并吸纳社会组织参与对外援助和国际事务，社会组织国际化发展的积极性和主动性有所增强。1998 年，中华慈善总会加入了国际联合劝募协会。1999 年，中华慈善总会与美国微笑列车基金会合作，拉开了我国救助人数最多的慈善手术援助项目的序幕。中国红十字会等许多社会组织在成立之初，就将国际化长期发展作为组织发展的战略目标并付诸行动。简言之，这一时期为中国社会组织国际化发展的接触期，呈现出"引进来"和交流合作的重要特点。其他国家的非政府组织进入中国，客观上为中国培养了一批从事境外非政府组织合作事业的人才，也带来了先进的项目运作经验。中国社会组织政策完善以及官办社会组织与境外非政府组织的合作推动了中国社会组织国际化的进程。

（三）社会组织国际化发展的初探期（2001—2012 年）

2001 年中国加入世界贸易组织后，社会组织的国际化趋势日益明显，由浅层面的视野国际化向深层次的国际项目合作转变，我国社会组织的主动性和进取性不断提升，广泛参与到人道主义援助、社会民生与人类可持续发展等众多领域。

在人道主义救助方面，2004 年东南亚海啸救灾期间，首次出现国内大规模的民间力量参与对外人道主义援助，而在此之前，中华慈善总会等社会组织已参与过对外人道主义援助实践，只是规模较小；同年在印度洋海啸援助中，中华慈善总会开创了全国性社会援外募捐和社会组织对外救援的先例。中国扶贫基金会①也在国际人道主义救援组织的行列中。

在社会民生领域，除了交流访问、参与国际会议外，2010 年，中国青少年发展基金会和世界杰出华商协会共同发起"中非希望工程"项目，并为实施项目专门设立非洲部，这标志着青少年发展基金会的国际化发展迈上新台阶②。全球环境研究所

① 经农业农村部、国家乡村振兴局、民政部批准，中国扶贫基金会于 2022 年 6 月更名为中国乡村发展基金会。

② 希望工程走进非洲：第一所希望小学落户坦桑尼亚［EB/OL］.（2011－03－11）［2024－08－26］. http：//www. chinadaily. com. cn/hqzx/2011－03/11/content＿12156116. htm.

第一个走出去的项目是于2005年在斯里兰卡与当地农牧业部合作的农村沼气项目[①]，通过分享中国成熟的沼气经验，为斯里兰卡当地居民解决了水资源、生活能源与环境污染等问题。2009年，全球环境研究所与老挝政府达成老挝国土资源可持续利用与市场化管理项目[②]，帮助老挝政府加强土地与自然资源管理的基础设施建设，提高土地与自然资源综合管理能力，开创了中国社会组织参与国际合作的新模式。中国扶贫基金会于2008年援建苏丹的苏中阿布欧舍友谊医院的社区项目[③]，改善了当地的医疗条件，降低了孕产妇死亡率，受到受援国的普遍认可，成为国际扶贫援助的典型项目。

在环境可持续发展领域，中国民间环保组织“自然之友”与其他社会组织一道参与国际气候谈判工作，提出可持续发展相关倡议。简言之，伴随着全球化与全球治理浪潮，中国社会组织在灾害救助、民生事业及气候变化等全人类社会福祉领域开展了一系列跨国界联合活动，交流合作、项目援助、参与国际会议等形式多样，国际化进程的深度和广度进一步加深。

（四）社会组织国际化的稳步发展期（2012年至今）

2012年至今，政府对社会组织“走出去”的支持力度逐渐增大，配套政策措施逐渐完善，社会组织国际化迎来了稳定快速发展时期。2012年，党的十八大首次提出“倡导人类命运共同体意识”。2013年，国家主席习近平在出访中亚和东南亚国家期间，先后提出共建“丝绸之路经济带”和“21世纪海上丝绸之路”的重大倡议，“五通”的合作内容大大促进了社会组织的国际化交流。2016年8月，《关于改革社会组织管理制度促进社会组织健康有序发展的意见》的发布为鼓励民间社会组织开展规范化国际合作提供政策支持。2018年，中华人民共和国国家国际发展合作署的成立标志着官方主导的“社会组织走出去”协调机制已建立[④]。2021年“十四五”规划中关于“积极参与全球治理体系改革和建设”目标的设定以及民政部《“十四五”社会组织发展规划》中关于社会组织“走出去”的明确要求，为推动社会组织释放活力、参与全球治理奠定了组织和制度基础。

---

① 全球环境研究所2005年度报告［R/OL］.［2024-08-26］. http：//www.geichina.org/wp-content/uploads/2018/03/GEI_AR2005_CHN.pdf.

② 全球环境研究所2009年度报告［R/OL］.［2024-08-26］. http：//www.geichina.org/wp-content/uploads/2018/03/GEI_AR2009_CHN.pdf.

③ 吕晓莉，梁晓．民间组织的创新：苏中阿布欧舍友谊医院项目［J］．公共外交季刊，2015（4）：96-101，129.

④ 马庆钰，徐月宾．我国社会组织国际化发展的基本条件、关键问题与推进策略［J］．人民论坛·学术前沿，2023（14）：95.

随着“一带一路”倡议的提出，社会组织参与全球治理的广度不断拓宽，活动地域范围从中国周边国家向非洲、南美洲的国家扩展，社会组织在“一带一路”沿线国家及地区的民心相通、构建人类命运共同体方面发挥着应有的作用。2014 年，中国和平发展基金会响应国家“一带一路”倡议，创建“丝路之友”品牌项目，并在老挝、柬埔寨等“一带一路”国家开展惠民项目 11 个，推进赞比亚和苏丹等非洲国家的惠民项目[①]。中国青少年发展基金会于 2011 年与坦桑尼亚教育部签署了《希望工程捐助协议》，标志着中非希望工程正式启动，随后又分别在纳米比亚、卢旺达等国家开展了希望小学建设，缓解了当地教育资源紧缺的局面。2016 年中国妇女发展基金会正式获得联合国经社理事会特别咨商地位，并于 2018 年发起“中非妇女发展基金”框架下的首次非洲民生公益合作项目[②]。借助中菲建交 43 周年的契机，中国妇女发展基金会的“母亲微笑行动”第一次踏出国门，为菲律宾的唇腭裂孩子提供救助。“一带一路”倡议不仅为新一批社会组织国际化提供了发展契机，也扩宽了原有社会组织国际化发展的地域范围。

这一时期，社会组织国际行动网络建立起来，并逐渐发挥协调作用。中国民促会建立国内社会组织网络与国际相关组织对接，运用中国民间气候变化网络平台，先后在天津、杭州协调和组织 60 家国内社会组织代表讨论气候变化应对方案民间行动计划，并将计划递交联合国气候变化会议的各方代表，传递中国声音。再如，2023 年土耳其、叙利亚地震灾难紧急救助期间，21 家民间组织发起社会力量国际人道援助协作平台，与政府相关部门、联合国相关机构、中国驻外机构、华人华侨各方联动，开展信息共享、关系协调、资源对接等支持服务，推动了人道主义赈灾行动有序、安全、有效开展。

概言之，借助“一带一路”倡议的契机，我国社会组织的国际化进程得以快速发展，在优势运用、国际谈判等方面的能力逐渐增强，但与英国、日本等国家的社会组织相比，我国社会组织国际化水平仍然较低。

三、中国社会组织国际化发展的现状与特点

总体来说，我国大多数社会组织国际化发展起步晚、起点低，还处于初级阶段，

---

① 借力民间外交 开创合作新局：中国民间组织国际交流促进会、中国国际交流协会、中国人民争取和平与裁军协会、中国和平发展基金会负责人谈 2014 年民间外交［J］. 当代世界，2015（1）：32－35.

② 2018“她力量助力一带一路”走进北非明珠突尼斯：中国妇女发展基金会首次在非洲开展民生合作项目［EB/OL］.（2018－07－05）［2024－08－08］. http：//www.cwdf.org.cn/index.php? m＝content&c＝index&a＝show&catid＝26&id＝3843.

在数量、角色定位、参与方式、人才储备、参与国际化事务的指导机制等层面尚有改善空间。

我国社会组织国际化发展呈现出以下几个方面的特点：

一是从组织类型来看，国际性社会组织或涉外社会组织数量较少，占比较低。根据民政部统计数据，截至2019年我国涉外组织有615家，全国共有86万余个民间组织，所占比例不超过1%，与国内民间组织7.1%的增长速度相比，涉外社会组织的增长率仅为3.2%[①]。国际社会将国际民间组织分为联合国体系、世界银行体系及国际协会联盟（Union of International Associations，UIA）体系。其中，联合国体系以民间组织在联合国经社理事会和其他专门机构中获得咨商地位为参考标准；世界银行体系按民间组织的目标将其分为倡议类和操作类，分别给予咨商地位；国际协会联盟是国际组织数据统计的权威机构。根据这三种体系的标准，与其他国家相比，我国社会组织数量并不多，根据联合国网站的信息，目前我国获得联合国经社理事会咨商地位的组织机构共89家，而美国为1 259家[②]。从参与数量来说，我国社会组织的国际化水平也并不高。

二是政府支持是推进我国社会组织国际化进程的重要条件，政府型非政府组织是社会组织探寻国际化道路的主力军。纵观我国社会组织国际化发展历程，社会组织国际化进程离不开政府支持，特别是“一带一路”倡议的提出为社会组织境外服务与国际交流提供了资金、人才、技术等方面的有利条件。不仅如此，国家通过成立机构、颁布政策等方式完善社会组织国际化的制度保障。事实上，即便是国家与社会关系相对分明，社会组织发展相对完善的欧美国家，社会组织国际化发展也依赖于政府各方面的支持。与政府关系密切的政府型非政府组织在政府授权、委托等不同程度的支持下，积极开展对外援助活动，服务于国家战略，国际化进程发展速度较快。而民间组织由于自身发展能力限制，加之缺乏相应的社会资本，发展较为缓慢。此外，作为国际化进程中领头羊的政府型非政府组织，在搭建社会组织交流网络，引领本土社会组织在国际舞台上集体行动等方面起到了重要作用。

三是社会组织国际化层次较低。社会组织国际化的主要途径有组织对接和项目合作两大类。组织对接依据国际化水平大致可分为六个形式：建立国际性组织，建立与国际相关组织对接的国内社会组织网络，海外设立分支机构等组织平台，作为

---

① 康晓丽．中国涉外民间组织参与全球治理的战略与机制研究［J］．太平洋学报，2020（12）：16－29.

② 中共北京市委外事工作委员会办公室，北京市人民政府外事办公室，北京市人民政府港澳台事务办公室．这份秘笈请查收！：申请联合国经社理事会咨商地位实用攻略［EB/OL］．（2022－10－10）［2023－08－15］．http：//wb. beijing. gov. cn/home/wswm/mjwj/202210/t20221010_2831835. html.

会员参与国际组织，推荐国际化人才出任国际性组织负责人，吸收在境外的中国公民、企业及境外人士加入我国社会组织成为会员①。而目前我国社会组织的国际化水平依然停留在参与国际论坛、人员间交流等较低层次。项目合作方面，我国社会组织项目以人道主义救援、医疗健康和教育为主。在早期国际化进程中，参与国际人道主义紧急救援是快速进入对象国的方便渠道，而人道主义救援是中国民促会、中国乡村发展基金会等社会组织影响力最大的项目。医疗健康和教育以周期短、成本小、见效快、风险低等优势而被社会组织采用，但弊端也相对明显，随着对象国社会经济发展，社会福利体系建立完善，对此类项目的社会需求会逐渐降低。可见，我国社会组织的项目合作内容范围和对象国空间均有待进一步拓展。

四是科技类社团国际化进程发展突出。中国科学技术协会所属的全国学会在国际化战略中异军突起，取得了突出性成就。2020 年在国际民间科技组织中任职的专家已达到 1 170 人，其中中高级别任职专家 440 人，大大提升了中国科学界的国际话语权。借助“一带一路”平台，中国数学会、中国公路学会、中国气象学会等参与了“一带一路”国际科技组织合作平台项目，成立了“一带一路”联合中心或联盟，建立了“一带一路”服务平台。可见，科技文化逐渐成为我国社会组织深度参与全球化、发挥影响力的重要内容。

五是社会组织国际化的主要地域范围是中国周边的东南亚国家和非洲欠发达国家。这一地理分布既与对象国发展水平和需求有关，也与国家外交战略密切相关。2017 年国家主席习近平在“一带一路”国际合作高峰论坛开幕式上发表了《携手推进“一带一路”建设》的主旨演讲，提出顺应民愿、汲取民智、动员民力，鼓励支持沿线各国社会组织、区域联盟、国际组织参与“一带一路”建设，为我国社会组织参与“一带一路”建设明确了使命任务。中国社会组织也更加注重与沿线国家的交往，参与国际发展合作事业。2022 年国家主席习近平在向金砖国家政党、智库和民间社会组织论坛的致贺信中强调，希望社会组织履行责任担当，为推动构建人类命运共同体贡献智慧和力量。依托中非合作论坛等外交平台，社会组织活动的地域范围进一步延展，也增加了在民生、科技等众多领域开展合作的可能性。

四、社会组织国际化发展的影响和作用

随着全球化深入发展，国际社会行为体多元化趋势越来越明显，政府及政府间

---

① 刘锋．中国社会组织国际化现状、困境及策略［J］．理论视野，2019（2）：55－58.

国际组织已然不再是全球唯一的治理主体，国际非政府组织日益成为具有影响力的行为体之一。社会组织国际化在开展公共外交、提高中国参与全球治理水平、提升国家软实力等方面发挥着重要的作用。

（一）有利于推进公共外交，提升中国影响力

在开展海外活动时，社会组织的优势有两点：一是非官方身份更容易被外国民众认可，具有更强的吸引力和影响力；二是社会组织的项目领域集中在民生领域，具有贴近民心民意的优势。长期以来，在中国与其他国家的交流互动方面，政府高层之间的互动频繁密切，民间交流明显不足，知华亲华友华力量十分薄弱，成为我国公共外交的难点。利用社会组织开展的公共外交活动往往容易被对象国接受和认可，也具有一定灵活性，有利于促进彼此之间的了解和信任，奠定良好的社会基础，增强中国的国际影响力。

（二）有利于提升中国的国际地位

中国社会组织参与全球治理，可以帮助中国政府利用社会组织的专业知识能力处理与其他国家的外交关系，提升中国的国际地位。当今非政府组织已然成为全球治理的重要力量，所发挥的作用日益凸显，例如在全球环境问题的多边谈判中，环保型非政府组织积极向跨国公司、各国政府和政府间国际组织发起政策倡导，影响国际环境政策的制定和实施。然而，在联合国系统中拥有咨商地位的中国社会组织数量较少，影响力和作用还是极其有限的。未来，中国社会组织应利用专业知识和自身灵活性，积极参与全球治理进程和国际多边谈判，贡献中国智慧。政府也应给予社会组织一定政策支持，鼓励其参与全球治理。简言之，社会组织参与全球治理是塑造大国形象，履行大国责任的需要。

（三）社会组织是促进国际贸易、企业“走出去”的润滑剂

随着我国政治经济文化融入全球化进程，社会组织、企业、政府之间互相合作，逐渐形成了多元主体结构。企业“走出去”战略带动社会组织参与国际事务，推动社会组织的国际化进程，反过来，社会组织也为企业海外战略提供有力的支撑和服务。例如，在我国机电产品的贸易摩擦案件频发和企业维权需求增大的背景下，中国机电进出口商会在商务部相关司局的指导和企业的支持下，2017 年处理了反倾销、反补贴和保障措施案件 42 起，调查案件 13 起，组织了 7 起案件的行业损害抗辩，有效维护了行业利益和企业利益①。简言之，国际化社会组织在协助企业在当地履行

---

① 刘锋．中国社会组织国际化现状、困境及策略［J］．理论视野，2019（2）：55－58.

社会责任，处理企业与当地组织、民众之间的矛盾和冲突方面发挥着重要作用。

（四）有利于促进组织内部发展创新，提高专业化水平

社会组织国际化有益于推动本组织改革创新，提升专业化水平。一方面，通过接触优秀的国际组织、成熟的跨国企业、各国政府及其他社会团体，社会组织开拓了国际视野，也延展了自身组织间的关系网络。另一方面，通过向优秀国际组织学习先进管理经验，社会组织在项目运作、资源管理、沟通协调等方面的能力会获得提升，企业管理能得到优化，有利于自身长远发展。此外，社会组织实施国际化战略，可以扩充自身资源筹集的途径，获得更多来自海外华人华侨、商会、中资企业以及行业协会在信息、业务、语言交流、资金资源等方面的支持，有助于突破国内社会资源匮乏的瓶颈。

五、中国社会组织国际化的路径与战略选择

如何制定“走出去”的路线图是社会组织国际化战略的关键环节。从美国、英国和日本非政府组织国际化发展经验来看，可以发现社会组织国际化的策略主要有三种类型：一是在双边渠道下与国外非政府组织交流合作，既可以与国外非政府组织结成伙伴，共同开展合作项目，也可以通过参观学习的方式增进彼此交流；二是利用国家多边外交平台，通过参加国际会议以及国际组织相关的倡议活动，增进海外交流与合作；三是参与国家官方发展援助体系，在国家的国际发展合作体系中拓展自身的海外业务。需要指出的是，社会组织“走出去”不是只能选择一种策略，而是往往会审时度势选择多种策略推进国际化进程。

（一）社会组织国际化的路径

根据社会组织策略选择的偏好，社会组织国际化的路径大致划分为“属地伙伴”“民办官助”“社办联企”“借船出海”“社媒合作”五种类型[①]。

第一，属地伙伴型路径，即社会组织选择对象国契合度较高和信誉度较好的社会组织，并通过建立合作关系来实现本组织国际化。有研究发现，属地伙伴型路径是国际社会普遍采用的一种模式，也是比较成熟的模式。这同样也是国内社会组织推进国际化的首选路径。这一路径能够有效落实的关键在于，社会组织充分了解当地国的政治、经济、社会情况，并且具备合作的能力。

第二，民办官助型路径，即社会组织当先运作，政府从官方发展援助中给予资

① 黄浩明．社会组织国际化战略与路径研究［D］．天津：天津大学，2014：108.

金支持。现在很多国家设有国际发展合作机构，许多社会组织在国际化进程中都与本国发展合作机构保持着长期合作关系。中国于2018年成立国家国际发展合作署，主要职能就是制定对外援助战略方针和规划，确定对外援助项目和监督评估实施情况，推进援外方式改革。中国社会组织可以向政府相关部门倡导，争取相关主管部门的支持，推进本组织的国际化进程。例如，《中国对非洲政策文件》明确提出鼓励并积极引导中非民间团体交往。在此背景下，中国扶贫基金会（中国乡村发展基金会）向国务院扶贫办（国家乡村振兴局）申请开展援非项目，并得到该部门的积极回应。中国驻外使领馆是中国扶贫基金会开展海外项目时的“多方关系协调者”，在联络对象国相关政府部门、媒体、企业等方面提供了大量的帮助，确保了中国扶贫基金会（中国乡村发展基金会）非洲合作项目的顺利实施。总而言之，在政府的支持下，社会组织应积极抓住有利契机，参与对外交流活动，服务于国家战略。

第三，社办联企型路径，即社会组织当先运营，为了更好提升社会项目效能，选择联手跨国企业开展合作，发挥社会组织与国际社会、所在国民间组织、社区联络的优势，形成社会组织与企业的双赢格局。例如中国乡村发展基金会与中国石油在苏丹的合作、全球环境研究所与中国电力投资公司的“密松水电站利益相关方交流与社区发展”项目等。但在与企业合作时，社会组织需要注意原有的公益目标，防止被企业的逐利逻辑所支配。

第四，借船出海型路径，即中国社会组织与现有国际民间组织合作，以目前的合作模式为基础，借用现有国际民间组织的经验、网络和人脉，开展合作。也有学者将此模式称为“打入司令部”模式。在借船出海型路径中，社会组织的“船”有多重选择，比较常见的形式是组织对接，即成为国际组织的会员之一，例如中国科学技术协会所属全国学会代表我国加入了400多个国际民间科技组织，覆盖了各学科领域中重要的国际民间科技组织。社会组织可以选择与联合国体系合作，也可以选择现有国际民间组织网络或其他团体网络等。例如，中国生物多样性保护与绿色发展基金会（简称中国绿发会或绿会）与联合国环境规划署、联合国粮食及农业组织、联合国《生物性多样公约》、联合国《保护迁徙野生动物物种公约》、国际湿地公约（RAMSAR）、世界自然基金会（WWF）等联合国机构、国际公约和国际组织建立广泛联系，成功主办“生态‘一带一路’与CMS研讨会”。选择这种模式的社会组织需要重视开发利用联合国多边渠道，增强参与国际事务的能力。

第五，社媒合作型路径，即社会组织在国际化路径选择过程中，通过媒体的介入和支持，促进社会组织的国际视野。社会组织应利用媒体优势，促进社会组织

“走出去”战略的实现。比较成功的案例是英国广播公司与公益组织合作，成功筹集资金开展公益项目的实践。

（二）案例：中国扶贫基金会的国际化战略与经验

中国扶贫基金会（2022 年 6 月，更名为中国乡村发展基金会）是目前中国规模最大、实力最强的公益慈善组织之一。20 世纪 90 年代末，中国扶贫基金会对内果断进行了去行政化的改革，2007 年提出国际化战略，其目标是发展为国际化、筹资型的世界一流基金会。

非政府组织要想实现国际化，需要在资金筹集、国际化人才队伍、海外项目和海外公共关系等方面努力。中国扶贫基金会的领导层具有较强的国际视野，能够充分认识到中国非政府组织的国际责任。在资金筹集方面，2006 年，中国扶贫基金会提出逐步向国际化和筹资型基金会转变的发展战略，既要开展国际筹资和国际援助，也要推动公众筹资和培育草根非政府组织。用中国扶贫基金会执行会长何道峰的话来讲，所谓国际化，就是资助对象、资助人以及资助方法三方面，都放在国际这个舞台上看。资助人的捐赠对基金会国际化任务的可持续发展非常重要，企业是慈善组织的重要资助人。随着部分中国企业成为跨国企业，在当地履行社会责任成了它们的需求。中国扶贫基金会向海外中资企业筹资并与其联手，能够满足它们的海外公益需求，实现双赢和良性循环。中国扶贫基金会援建苏丹妇幼保健系统示范项目的经费主要来自中国石油集团尼罗河公司的捐赠，双方的合作能够实现双赢的目标。

在内部管理方面，中国扶贫基金会将国际化作为机构的战略重点。2009 年 12 月，中国扶贫基金会成立国际发展项目部，专门负责开展国际援助项目。领导层达成了国际化战略的共识，投入大量的时间和精力，制定了由秘书处统筹、国际发展项目部具体实施，其他各个部门配合的国际化工作方针。

此外，中国扶贫基金会以人道主义紧急救援为切入点不断丰富海外项目。中国扶贫基金会在确定国际化发展战略之前，已经打下了国外救援活动的基础。与国外非政府组织合作可以积累海外项目运作经验。2005 年中国扶贫基金会两次与国际美慈组织合作，开展了灾区救援工作，同年 11 月与伊斯兰国际救援组织一起开展了巴基斯坦地震灾后需求调研活动，并捐赠了救灾物资。从国内外国际非政府组织的发展经验来看，人道主义紧急救援是许多非政府组织进入受援国，并且与其他国际非政府组织建立联系、实践学习的最佳机会。此外，与常规的发展援助相比，通过人道主义紧急救援来执行国际化任务的阻力也相对较小，容易获得公众认同，项目也较为成功。简言之，从中国扶贫基金会的经验来看，参与人道主义紧急救援不失为一条有效的国际化路径。

关键术语

组织　社会组织　国际化　国际非政府组织

复习思考题

1. 组织的本质属性是什么？组织具有哪些功能？

2. 社会组织、公益组织、慈善组织、非营利组织、非政府组织，这几个概念的相同与不同之处有哪些？

3. 如何理解与分析社会组织的价值？

4. 我国非政府组织国际化发展历程分为几个阶段，各阶段的特征是什么？

5. 非政府组织国际化发展的路径都有哪些？我国的社会组织国际化具有哪些特点？

参考书目

1. 邓国胜. 公益慈善概论［M］. 济南：山东人民出版社，2015.

2. 王卫平，黄鸿山，曾桂林. 中国慈善史纲［M］. 北京：中国劳动社会保障出版社，2011.

3. 周俊，王法硕. 慈善文化与伦理［M］. 北京：北京大学出版社，2021.

4. 资中筠. 财富的归宿：美国现代公益基金会述评［M］. 增订本. 北京：生活·读书·新知三联书店，2011.

5. 邓国胜，等. 中国民间组织国际化的战略与路径［M］. 北京：中国社会科学出版社，2013.

6. 王名，李勇，黄浩明. 英国非营利组织［M］. 北京：社会科学文献出版社，2009.

7. 王杰，张海滨，张志洲. 全球治理中的国际非政府组织［M］. 北京：北京大学出版社，2004.

第二章　社会组织理论

学习目标

1. 理解社会组织存在的基础理论，比较社会组织相对于政府、市场的优势；

2. 理解并掌握社会组织治理理论，了解社会组织与政府、企业的关系模式；

3. 正确认识社会组织治理与社会组织管理的联系，并学会运用内部治理理论分析各治理主体的关系；

4. 了解中国社会组织理论发展现状，掌握中国社会组织治理逻辑；

5. 学会运用中国式现代化理论概括社会组织发展经验、规律及未来趋势。

第一节　社会组织存在理论

一、结社自由理论

结社自由是解释社会生活中的结社行为及结社组织的西方理论之一。结社是指人们基于一定的目的聚合在一起从而形成一种集体行动的组织和渠道①。对于结社自由这一个概念，学界的表述并不一致。从历史发展来看，自由并不是结社的必然要件，结社自由是伴随着民族国家兴起而逐步发展起来的。对结社自由的界定，不仅可以从公民自由和权利角度出发，也可以从结社组织的角度进行。结社自由一般意味着一个社团本身可以自主地决定其成员所应具备的条件，并且符合条件的成员可以自由申请加入或退出。

结社自由思想由来已久，人们对结社自由的价值的理解也在逐渐深化。亚里士多德指出，人的本性是社会性，人必须结合某种特定的团体。在原始氏族向工业社

① 杜筠翊．结社自由的法律规制［M］．上海：复旦大学出版社，2013：1.

会转变的过程中，人类结社表现出阶段性的特点：家庭是最基本最原始的结社行为，随之发展出以血缘、地缘为纽带的氏族、部落，最后组合形成城邦。中世纪欧洲城市共同体（商会和行会）兴起，并开始参与政治权力斗争。在资产阶级革命进程中，结社团体理念被人们广泛接受，成为表达自身权利的聚合体以及为利益抗争的行动手段。组织性质和关注焦点也从传统组织向政治性、社会性组织转变。

西方结社的生活方式孕育了早期公民权利与自治、法治、民主精神。托克维尔在其著作《论美国的民主》中阐释了结社自由对美国民主的深刻影响，“人们的愿望一定会通过私人组织的强大集体的自由活动得到满足”，换言之，公民的个人力量是微不足道的，只有将其转化为群体意识才可以参与和管理国家、社会事务。因此，结社自由的本质在于个人通过组织化的方式，实现和维护自由的权利。这种结社自由防范专制社会的思潮被托克维尔总结为“以社会制约权力”。从某个角度来讲，结社自由不仅是人类个体心理所需的，也是现代社会健康发展的需要。

组建社团的自由是结社自由的核心，结社自由的行为结果是成立社会组织①。在现代国家，结社自由作为各国公民的基本权利已被各国法律规定或承认，社会组织是人们行使结社权的直接表现形式。现代社会公民具有结社自由，即既有组织、成立、加入社团的自由，也有退出、不加入任何结社组织的自由。此外，社团组织具有内部自治的自由，社团组织中诸如人事、财务、法人资格、参与社会活动的内部事务安排等应由社团成员自主决定，其集体行动必须在法律的框架内进行。

随着现代社会结社团体分工越来越精细，结社自由思想可在理论上划分为两大类：一类是以营利为目的的结社自由，大多见于商业结社中的公司、集团等，这类结社行为在法律上大多由民法、公司法等私法来调整。另一类是以非营利为目的的结社自由，分为政治性结社与非政治性结社两种类型。政党、政治团体等属于前者，而慈善、文艺、宗教等社会团体则属于后者。结社作为人类的基本生存方式和本能社会行为，受到各国法律保护，这种思想为社会组织等各类组织的存在提供了理论依据以及原始解释。

二、政府失灵理论

政府失灵理论（government failure theory），又称非市场失灵（non-market failure），是一种由政府干预而引发的一系列非效率性资源分配的公共状态。其代表人

① 佐藤幸治．结社的法律性质及其制约［M］//古特曼．结社：理论与实践．北京：生活·读书·新知三联书店，2006：77.

物有美国学者罗兰·麦肯恩、伯顿·魏斯布罗德等。魏斯布罗德认为现有的经济学和公共部门理论无法解释为什么要由非营利部门提供公共的、集体消费的物品。深受詹姆斯·布坎南和戈登·图洛克的理论影响，魏斯布罗德更全面地从“需求-供给”的传统经济学分析框架中解释了非营利组织存在的必要性[①]。

该理论认为，人们对公共产品的需求是多样化的，政府、市场和非营利部门都是满足个人公共产品需求的手段，政府虽然是提供公共产品的主要部门，但政府提供的任何商品的数量和质量均由政治决策过程所决定。在不存在投票交易的简单多数模型中，投票结果往往反映了中位选民（median voter）的需求，其他选民群体则会寻求其他渠道以解决自身服务需求，这为市场或社会组织的替代性选择的存在和介入提供了机会。

在替代性选择中，州、县等地方政府或移民等方式因运作成本较高难以满足大量消费者的需求；而市场的弊端则在于每个消费者对公共产品的形成、质量、用途、调配的控制程度较低，消费者通常倾向于从市场中购买更多个人控制、较少外部收益的私人替代品，由此公共产品无法从市场中生产出来，这就为非营利部门这一专门提供集体类型产品的部门的存在及功能发挥创造了条件，这也是非营利组织产生的根本原因。

魏斯布罗德还解释了公共产品由政府、私人市场还是非营利部门提供的若干决定因素。非营利部门提供的公共产品的数量取决于公共部门能够满足选民的多样化需求的程度。在同等条件下，对政府提供的公共产品越不满意，非营利部门的规模就越大。消费者需求的差异越大，可以预计的非营利部门的输出就越大，反之亦然。

从整体来看，政府提供公共产品失灵主要体现在以下五个方面[②]：第一，种类限制。政府提供的服务和公共产品总是普遍统一的，有特别偏好的公众的需求无法得到满足，这就为非营利组织的产生创造了空间。第二，多数限制。公民对于公共产品和政府的施政存在着多种多样的看法，当政府遵循多数原则的时候，另外少数便留给了非营利组织回应。第三，时限限制。在短暂任期的限制下，政府官员仅倾向于关注短期问题和结果，而长期的社会问题的解决和关注则留给了非营利组织。第四，知识限制。政府为了获得决策需要的信息、观点和相关研究，鼓励建立非营利的研究中心和机构。第五，规模限制。政府机构需要非营利组织作为协调机构，发

① WEISBROD B A. Toward a theory of the voluntary nonprofit sector in a three-sector economy［C］// PHELPS E. Altruism morality and economic theory. New York：Russel Sage，1975：171－196.

② 詹国彬．第三部门的理论机理及其经营机制的特征［J］．宁波大学学报（人文科学版），2006（1）：118－123.

挥政府和公民之间的纽带作用，因为庞大的政府机构使得一般公民难以亲自接触。

魏斯布罗德运用经济学中“需求-供给”的传统经济学分析框架，解释了由于政府部门无法满足所有消费者具有异质性的公共产品需求，所以市场中私人组织无法替代，只能由非营利组织提供部分公共产品，并使非营利组织得以存在的逻辑。可见，政府和非营利组织在提供公共产品上存在互补关系。魏斯布罗德开创了用经济学解释社会组织（非营利组织）的先河，从功能上论证了非营利组织存在的必要性，具有重要的理论借鉴意义，但非营利组织的特性及运作方式仍然是一个“黑箱”。

三、契约失灵理论

契约失灵理论（contract failure theory），又称合约失灵理论，最早由美国法律经济学家亨利·汉斯曼提出。与魏斯布罗德相比，汉斯曼更加注重从营利组织的局限性入手对非营利组织的功能需求及特性进行剖析。现有的经济学理论认为，当某些特定条件满足以后，营利性组织以体现社会效率最大化的数量和价格来提供商品和服务。在多数情况下，这些条件能够得到适当满足，但有时候，消费者和生产者在产品和服务的质量上可能存在着信息不对称（asymertrical distribution of information）。当消费者无法准确判断营利组织承诺提供给自己的商品或服务时，他们之间不能达成最优契约。在这种情况下，市场竞争只能是无效率的，生产者完全有可能通过提供劣质商品来获得额外的收益。由于信息不对称，仅仅依靠生产者和消费者的合约难以防止生产者坑害消费者的机会主义行为，这就是汉斯曼所说的契约失灵。

汉斯曼认为，在再分配性质的慈善活动、复杂的个人需求、服务购买者和消费者分离、价格歧视、不完全贷款市场及公共产品提供等情况下，较容易出现合约失灵。为了避免此现象，这类商品和服务如果由非营利组织来提供，生产者的欺诈行为就会减少。其原因在于非营利组织的非分配约束（non-distribution constraint）机制，这也构成了非营利组织区别于营利组织的最重要特征，即不能把获得的净收入分配给对该组织实施控制的个人，包括组织成员、管理人员和理事等，净收入必须保留以完全用于组织发展。

在汉斯曼看来，非分配约束特征使非营利组织在提供信息不对称的商品和服务时，尽管有能力去提高价格或降低产品质量，但仍然不会去损害消费者的利益。这是由于他们所获得的利润不能参与分配，这在很大程度上抑制了生产者实施机会主义行为的动机，进而维护了消费者的利益。简言之，非营利组织成为消费者无法通过合约来监督生产者时的一种制度反应。

汉斯曼注意到非营利组织受到利润非分配的约束，深入分析了非营利组织与营利组织在提供某些产品时的区别以及非营利组织所具有的优势，也论证了为什么特定活动只能由非营利组织而非营利组织来承担，具有浓重的功能主义色彩①。但他的研究仍然没有对非营利组织的特点、规模和制度供给状况做出全面的分析。

四、第三方政府理论

第三方政府理论（the third party government）是著名的非营利组织研究专家萨拉蒙提出的。在萨拉蒙看来，政府失灵、市场失灵和契约失灵在解释美国社会现实的过程中存在局限性，而且福利国家理论对于美国来说是不适用的。这种理论没有区分作为“资金和指导的提供者”的政府和作为“服务递送者”的政府。与传统理论描述的庞大的官僚体系不同，美国联邦政府主要作为资金和指导的提供者出现。美国联邦政府更多依靠大量的第三方机构——州、市、县、大学、医院、行业协会以及大量的非营利组织——来实施政府的功能，出现了精巧的第三方政府模式。在这种政府治理体系中，政府与第三方分享在公共基金支出和公共权威运用上的处理权。同时，第三方机构的出现在一定程度上反映了美国政治思想中对公共产品的需求与对政府机构的敌意之间的冲突。一方面，政府在公共福利提供中发挥一定的作用，为公共福利服务提供资金；另一方面，又避免了一个不符合美国治理传统的、庞大的政府官僚机构的出现。在美国社会环境下，第三方政府模式实际上是作为调和这种矛盾的产物而存在的。

萨拉蒙认为，非营利组织作为人类服务的提供者也存在固有缺陷，会产生志愿失灵（voluntary failure）。非营利组织的固有局限性表现在：第一，对于慈善的供给不足。由于公共产品供给普遍存在的搭便车问题以及慈善资金来源易受经济波动的影响，慈善供给存在不足的情况。只有建立在强制基础上的税收才能提供稳定、足够的资源。第二，慈善特殊主义。非营利组织的服务对象是社会中的特殊人群，现有非营利组织可能无法覆盖所有的亚群体。此外，多数群体通过代理人呼吁人们为自己捐款，导致非营利组织数量过多，从而降低了整体制度效率。第三，非营利组织的家长作风。控制慈善资源的人根据自己的偏好而不是社区需求来分配服务，从而导致真正需要服务的穷人反而得不到有效服务。第四，慈善业余主义。由于资金紧张，非营利组织可能无法为组织内的成员提供专业训练，从而影响服务质量。

---

① 田凯．西方非营利组织理论述评［J］．中国行政管理，2003（6）：61.

非营利组织的上述弱点正好是政府的优势。政府可以通过立法获得足够资源发展福利事业，利用民主政治程序决定资金的使用和提供服务的种类，通过授权方式防止服务提供中的特权和家长式作风。但是，政府往往由于过度科层化而缺乏对社会需求的及时回应，且交易成本较高。相比之下，非营利组织更有弹性，能够根据个人需求的不同提供相应的服务，能够在较小的范围内开展服务，在服务提供者之间开展竞争等①。因此，在萨拉蒙看来，政府出于服务提供的成本考虑，与非营利组织建立合作关系，既可以缩小政府规模，也可以更好地提供福利。

萨拉蒙的理论贡献在于强调非营利组织在提供公共产品和服务方面的特殊作用，并且指出非营利组织的功能性缺陷。政府可以通过制度安排弥补非营利组织的不足，发挥各自的比较优势，这也是第三方政府理论的理论支点。

第二节　社会组织治理理论

一、治理理论

“治理”一词最早作为具有特殊内涵的学术名词在国际关系研究著作中出现，随后应用于政治学、社会学、公共管理等诸多学科。研究治理理论的著名学者罗西瑙将不存在权威主体的治理称为没有统治的治理（governance without government）。在政治学视域中，治理与统治在运用权力的方式上有着本质区别。相较统治而言，治理代表着多元化、竞争性、透明性、参与性与分权化的价值主张，而这些价值理念同样也是国际范围社会组织研究的重要主题之一。

治理理论通常分为两个层次：一是国家层次，强调政府与公民、国家与社会的合作；二是组织层次，涉及组织内部相关利益者的参与和监督②。本节将其划分为社会组织涉及的外部治理和内部治理两部分：外部治理主要指除社会组织之外，各方力量如政府、市场、公民等以协调合作的方式实现对社会组织的共同治理，其中，政府、市场与社会组织间的合作关系是主要探讨内容。内部治理主要指社会组织内部和外部利益相关方围绕着组织经营、权责运作及发展等内部事务的一种制度安排。以下将着重从社会组织内外部两方面说明治理与传统意义上的统治、管理的区别与联系。

---

① SALAMON L M. The rise of the nonprofit sector [J]. Foreign affairs，1994 (4)：109－122.

② 陈德权．社会组织管理概论 [M]. 北京：清华大学出版社，2016：55.

（一）社会组织外部治理的理念

三大部门，即政府组织、市场组织、社会组织，是现代社会三种基本的制度安排的体现，也是现代社会基本的结构架构。治理最重要的基础是政府、市场与社会组织、公民之间互助与协作的框架，治理机制与统治、管理机制的不同之处在于权力来源、运作过程、民主参与和权力行使的方式不同（见表 2－1）。

表 2－1 统治、管理和治理机制中三大部门的关系

	统治机制	管理机制	治理机制
权力来源	唯一性：权威、合法权力只能来自政府	为主性：权威、合法权力主要来自政府	多样性：权威、合法权力来自三大部门
运作过程	单向性：自上而下命令、要求其他两大部门服从	主辅性：自上而下为主，自下而上为辅	双向性：自上而下和自下而上双向结合，强调上下互动
民主参与	凌驾性：排斥民主参与，政府凌驾于两大部门之上	半民主性：形式上要求民主参与，但由于政府主导的习惯，民主往往是为民作主	民主性：通过合作、协调及对共同目标的确定等手段达至对公共事务的治理
权力行使	号令性：依靠政府的权力、发号施令	管控性：由于政府主导的传统，习惯对市场、社会进行管控	平等性：三大部门作用不同，地位平等，平等协商是主要方法

资料来源：郑杭生．“理想类型”与本土特质：对社会治理的一种社会学分析［J］．社会学评论，2014（3）：4.

治理较之于统治、管理更适合现代社会的特征与需要，既能避免三大部门各自的弱势聚合，又有利于彼此的良性互动，实现优势互补，减少政府失灵、契约失灵和志愿失灵带来的弊端，从而增进社会运行的正能量。需要注意的是，治理、管理、统治三者不能截然割裂，治理是一种更有成效、更为成熟的管理，治理既有自上而下“管”的要素，也有自下而上“治”的内容，这就是制度文本中治理和管理两个概念均在使用的原因。

（二）社会组织内部治理的理念

在社会组织内部的语境中，治理也不同于管理。现代管理学大师德鲁克认为，管理是一种以绩效、责任为基础的专业职能，治理是组织运作的一种制度安排，目的是引领组织发展方向。社会组织内部治理机制与管理机制既有区别（见表 2－2），又有联系，如果一个组织有一个良好的组织治理结构，那么就会为组织管理提供良好的平台，从而为组织开展管理、实现组织目标创造条件。

表 2-2　组织语境中治理机制与管理机制的区别

	管理机制	治理机制
目标	经营目标：效益最大化	发展目标：权责、经营多元持久目标
主体	执行长、员工	内部和外部利益相关方
客体	服务、财务和人事等具体活动	会员大会或公众对理事会治理，理事会对秘书处的治理
实施基础	行政权威关系	内外部的显性或隐性契约
稳定性	不断变化调整	较长时间内相对稳定

资料来源：陈德权．社会组织管理概论［M］．北京：清华大学出版社，2016：56.

组织层面的治理通过一套正式的或非正式的、内部的或外部的制度或机制来协调社会组织与所有利益相关方之间的利益关系，以实现社会组织决策科学化、经营行为正当化的治理目标。同样，治理离不开管理的配合，没有管理的组织治理也只是一个空架子，不能形成最终效益。

二、社会组织外部治理相关理论

（一）国家制度层面政府与社会组织的关系理论

在社会组织发展研究领域中，长期占据主导位置的是“国家-社会”理论，该理论认为社会组织的力量成长以国家所释放的制度化空间为前提[①]。基于“国家-社会”理论，政府与社会组织的关系理论既是从宏观层面研究社会组织合法性、发展路径及外部环境的最佳视角，也是理解社会组织参与多元治理机制及其行为特征的理论之一。政府与社会组织关系的现有理论解释主要有多元主义、国家主义和法团主义理论。

（1）以民间的社会组织为主、国家参与为辅的多元主义。美国比较接近这一理论模式。该理论认为社会与国家应该是分离的，社会是一个由私人生活构成的独立领域，它在本质上不同于政治国家所代表的公共权力，是一个具有独立身份和生命的自主存在[②]。社会自由的权力是多元且分散的，不同社会群体通过组织社团参与选举竞争来表达自己的利益诉求，影响国家的政治决策。国家应对社会有正式的、制度化的自由保障，避免干预。

（2）国家直接组织社会的国家主义。在国家主义视野中，社会组织的作用一般不会受到重视，发展社会组织被认为是没有必要的，也没有可能。国家是伦理精神

① 黄晓春．当代中国社会组织的制度环境与发展［J］．中国社会科学，2015（9）：147.

② WHYTE M K. Urban China：a civil society in the making［M］//ROSENBAUM A L. State & society in China：the consequence of reform. Boulder：Westview Press，1992：79.

的实现模式，国家高于一切，代表最高的善，人民在国家中达到完全的意志自由。国家可以直接代表公民利益，并通过公共部门直接为公民提供公共服务。

（3）国家积极参与社会组织活动的法团主义处于中间位置，以西欧国家为代表①。法团主义不区分国家与社会谁先谁后、谁高谁低的问题，主张国家与社会可以是一个和谐的有机体。发展社会组织的逻辑起点是为了破解福利国家的弊病，让社会组织成为福利多元主义的重要一元，此外，也可以将社会中不同利益诉求有序集中、组织、协调和传送至国家决策结构。依据法团主义理论权威学者菲利普·C. 施密特的解释，法团主义和多元主义都是通过社团形式组织将社会的利益同国家的决策结构联系起来的制度安排。与多元主义下社团组织及其和国家关系的情形有别，法团主义具有六个特征：第一，在某一社会类别中社团组织的数量有限；第二，社团组织形成非竞争性的格局；第三，社团一般以等级方式组织起来；第四，社团机构具有功能分化的特征；第五，社团要么由国家直接组建，要么获得国家认可而具有垄断性；第六，国家在利益表达、领袖选择、组织支持等方面对这些社团组织有一定的控制权。

对于国家卷入与社团自主之关系的问题，施密特进一步区分了国家法团主义模式和社会法团主义模式，两者的差别在于形成法团主义特征的过程有所不同。国家法团主义模式的特征是经过国家自上而下的强力干预而形成，即通过行政化或者明文规定的方式，国家赋予某些社团以特殊的地位，而竞争性的社团则根本不给予合法地位。相反，在社会法团主义模式中，某些社团享有特殊地位是通过自下而上的竞争性淘汰过程形成的，同时，竞争性社团的出现在国家的法律监管体系中并没有得到禁止，只不过由于国家的力量强大，已经获得国家支持或承认的社团拥有丰厚的资本，新发的社团无法通过竞争撼动其垄断性地位。

概言之，多元主义、国家主义、法团主义是世界各国实践的概括，体现出社会组织与国家关系间的不同逻辑，这三种逻辑在中国不同历史发展阶段均有所呈现。

（二）社会服务领域中政府与社会组织的关系模式

治理理论对于公共服务的多元供给也具有重要的启示，吉德伦、克雷默和萨拉蒙三位学者主要考察了在福利服务领域中政府与社会组织的关系模式，以服务的资金筹集、授权和服务实际提供这两个关键变量形成了政府与第三部门的四种关系模

① 顾昕，王旭．从国家主义到法团主义：中国市场转型过程中国家与专业团体关系的演变［J］．社会学研究，2005（2）：155－175.

式，即政府支配模式（government-dominant model）、双重模式（dual model）、合作模式（collaborative model）、第三部门支配模式（third sector dominant model）①（见表2-3）。

表2-3 政府与第三部门的关系模式

功能	模式			
	政府支配模式	双重模式	合作模式	第三部门支配模式
服务的资金筹集	政府	政府、第三部门	政府	第三部门
授权和服务实际提供	政府	政府、第三部门	第三部门	第三部门

第一种，政府支配模式。在这种模式中，政府在融资和服务配送中占据主导地位。政府既是资金筹措者也是服务提供者，政府通过税收等方式筹集资金，并通过政府雇员直接传递福利服务。

第二种，双重模式。政府与第三部门均是资金筹措者和服务提供者，双方呈现出互补特征。政府与第三部门都可以负责筹资和服务配送，但是都局限在各自界定的领域内。

第三种，合作模式。政府拥有资金，第三部门主要作为服务提供者。当然这一合作模式极有可能削弱第三部门的决策权。

第四种，第三部门支配模式。在这个模式中，第三部门在整个福利服务过程中发挥着重要角色，而这一模式出现的原因比较复杂，往往会在对福利暂无普遍需求或者民众与政府关系紧张的地区出现。

除了吉德伦、克雷默和萨拉蒙的四模式理论外，还有大量学者从不同学科角度提炼出了不同的社会组织与政府部门的互动理论模式。登尼斯根据社会组织与政府在福利供给分配方面的关系，将其划分为增补性、互补性和抗衡性三种关系模式②。沃尔曼和利德伯根据政府对社会组织管理的严格程度和社会组织自主程度，将社会组织与政府间的互动模式划分为自由放任式、民营化形式、倡导促进式、政府与民间伙伴式、诱因诱导式、法令管制式、政府所有式七种③。库恩勒和赛勒根据财务依赖与控制程度、沟通与交往程度，将社会组织与政府间的互动关系归纳为整合依附型、整合自主型、分离依附型、分离自主型。克纳汉根据权力与资源的共享程度，

① GIDRON B，KRAMER R，SALAMON L. Government and the third sector［M］. San Francisco：Jossey-Bass Publishers，1992.

② YONG D R. Alternative models of government-nonprofit sector relations：theoretical and international perspectives［J］. Nonprofit and voluntary sector quarterly，2000，29（1）：149-172.

③ 竺乾威，朱春奎，等. 社会组织视角下的政府购买公共服务［M］. 北京：中国社会科学出版社，2016：5.

将政府与社会组织间的互动关系分为合作型、操作型、奉献型和咨询型四种模式[①]。无论哪种模式的划分，政府与社会组织之间某种关系类型的达成一定是双方交互作用的结果。政府与社会组织作为治理主体，其互动关系可以拥有多种模式特征，也可以在不同模式间进行动态调整。

（三）企业与社会组织间的关系理论

在福利多元治理格局中，市场的主体——企业与社会间的互动也组成了不同形态的关系。根据各自动机和建立合作关系的期望，怀默等人提出了七种类型的联盟关系[②]：一是公司慈善。公司慈善是指企业为了支持社会组织，在一定时期内对社会组织进行的货币性或非货币性捐赠。社会组织由此可以获得自身发展资金。二是公司基金。公司基金出于非营利性目的，由企业自行创立社会组织实体，负责管理公司的慈善事业，例如福特基金会等。三是许可协议。社会组织在收取一定费用的条件下，允许企业使用其名称和商标。社会组织可以通过签订许可协议获取维持组织运行和开展业务的资金收入，企业也可以增加收益。四是赞助。与许可协议不同的是，赞助是指为了让社会组织在其宣传或者业务活动中使用企业品牌，企业支付给社会组织的一定费用。五是基于交易的推广活动。在这种关系中，企业承诺将其销售收入的一定比例以现金、实物或设备的形式捐赠给社会组织。六是合作推广。企业与一个或多个社会组织合作，通过分发产品或广告等方式共同解决社会问题。七是合资。合资是指社会组织与企业共同创建营利性或非营利性社团，以实现双方利好目标。

除此之外，美国哈佛大学教授奥斯汀根据不同发展阶段，将企业与社会组织之间的互动关系模式划分为慈善模式、交易模式和融合模式[③]。慈善模式通常由社会组织发起，企业向社会组织提供实物或货币性捐赠，但双方互动较少；交易模式又被称为商业模式，企业与社会组织互通所需，企业赞助社会组织开展业务活动，提升品牌形象，社会组织也相应地获得资金支持；融合模式是指社会组织与企业在使命、组织和活动等方面的互动合作达到一定的高度，基本形成“无边界”的关系。

---

① KERNAGHAN K. Partnership and public administration：conceptual and practival considerations [J]. Canadian public administration，1993 (1)：57 - 76.

② WYMER W W，SAMU S. Dimensions of bussiness and nonprofit collaborative relationships [J]. Journal of nonprofit &public sector martketing，2003 (1)：3 - 22.

③ AUSTIN J E. Strategic collaboration between nonprofits and business [J]. Nonprofit & voluntary sector quarterly，2000 (1)：69 - 97.

（四）政府、市场和志愿部门的相互依赖理论

1991年，美国学者罗比特·伍思诺提出了国家、市场和志愿部门的三部门模式，在他看来，国家、市场、志愿部门具有不同性质的活动范围，在行动工具和运作原则等方面也有差异。

伍思诺将国家定义为“由形式化的、强制性的权力组织起来并合法化的活动范围”。国家的主要特点是强制性的权力。市场被定义为“涉及营利性的商品和服务的交换关系的活动范围”。市场运作是以非强制性为原则，以相对的供给、和需求水平相关的价格机制为基础。志愿部门被定义为“既不是正式的强制，也不是利润取向的商品和服务的交换的剩余的活动范围”，它以志愿原则来运作。

国家、市场和志愿部门之间的关系界限由于频繁互动和交换关系而日趋模糊，例如，在政府和志愿部门之间，政府把一些福利项目外包给志愿部门，并为其提供资金，由志愿部门实际协调服务和福利传递，彼此之间的界限逐渐模糊。在很多情形中，复杂的组织计划把营利性活动与非营利性活动置于同样的管理体制下，志愿部门与市场的关系也很难区分。

伍思诺还认为政府、市场和志愿部门之间除了相互依赖的合作关系，还存在着竞争关系。当不同主体提供相似的服务或产品时，就会存在竞争；当集中不同的资源来共同解决社会问题的时候，彼此之间就是合作关系。在政府、市场和志愿部门间还存在着资源交换关系，人员、技术、法律保护、公共关系、资金等往往在三者之间互相流动。总之，基于活动开展方面的相互依赖性构成了该理论的基石。

三、社会组织内部治理相关理论

社会组织内部治理指社会组织内部相关行动者基于共同目标参与内部事务处理或促进组织发展的互动过程。社会组织在宏观层面上发挥应有的治理作用以有效的内部治理为前提。正如美国著名学者丹尼斯·R. 扬（Dennis R. Young）所说，组织的治理已成为非营利组织能够有效运作的首要课题，他将非营利组织的治理界定为“非营利组织以设定长期方向并维持组织整合的机制”①。社会组织的内部治理理论主要包括：

（一）代理理论

代理理论在理事会制度设计方面具有较强的解释力。代理理论起源于伯利和米

① 周美芳．论非营利组织治理理论与我国非营利组织治理的方向［J］. 经济纵横，2005（8）：58－61.

恩斯对企业所有权与经营权分离后产生的委托人与代理人之间的利益冲突所做出的经济分析。该理论建立在三个潜在的基本人性假设的基础之上：（1）人是自利的，代理人会利用一切可能的机会去谋求自身利益最大化，而不是致力于委托人利益的最大化；（2）委托人具有有限理性，信息不完备致使委托人不可能了解代理人所有的信息；（3）人是厌恶风险的①。当代理人不以委托人利益最大化为目的而采取行动时，代理成本问题便产生，因此需要制衡机制来防止代理人的权力滥用。法马和詹森提出将代理成本降至最低水平的做法是将决策控制（审查与监督）与对决策的管理（提出和执行）分离开来，董事会的关键职能是评估首席执行官的业绩和公司的整体业绩，制定经理人员的任免与薪酬计划。作为代理人行为的监督者和制衡者，董事会处于组织决策控制系统的顶端，可将代理成本最小化，进而使股东利益最大化。

同样建立在决策权分离的原理之上，社会组织的理事会被看作社区和利益相关者的受托人，理事会与公司治理组织中的董事会职能相似，发挥着监督和控制功能，即确定组织的使命和目的、批准和监督组织的项目和服务、批准和监督组织的战略规划、控制财务和选拔、监督和评估管理层人员。理事会的目的是保证管理层的利益不与社区、利益相关者的利益相冲突。管理层受理事会委托来执行决策，向理事会汇报工作，在实际组织运营中发挥领导作用。

代理理论在使社会组织最大化委托人的福利方面依然具有适用性。代理理论关注社会组织中理事会和管理层的相对权力分配问题，社会组织研究领域把该理论倡导的治理模式概括为政策治理模式。代理理论得到了经验研究的支持，很多研究表明，若想在社会竞争中站稳脚跟，非营利组织必须要有一个坚强有力并积极进取的理事会，理事会负责监督和防止管理者的机会主义行为，保证组织只从事那些与社会期望相一致的活动。

（二）管家理论

管家理论与代理理论有着紧密联系，管家理论丰富了代理理论关于人性的假设，进而观察到理事会和执行层之间关系的多样性。代理理论是在“经济人”假设下对代理人因谋取私利而做出损害委托人利益行为的现象的考察。然而，从心理学和社会学的角度来看，无论是委托人还是代理人，他们的需求是多样化的，行为也受到

---

① FAMA E F，JENSEN M C. Separation of ownership and control［J］. Journal of law and economics，1983（2）：301－325.

心理和社会情境的影响。由于多重因素的复杂性，不能过于依赖代理理论的解释。戴维斯、斯库尔曼和唐纳森系统阐释了管家理论和代理理论的区别（见表 2-4）。与代理理论相比，管家理论更看重集体主义和合作主义，以组织价值最大化为直接目标导向，长期合同关系建立在双方良好信任、声誉、集体目标和共同参与的基础之上。

表 2-4　代理理论与管家理论的区别

		代理理论	管家理论
人性假设		“经济人”	自我实现的社会人
		自利的	为集体服务的
心理因素	激励	低层次、经济需要（生理、安全、经济需要）	高层次需要（发展、成就、自我实现需要）
	社会比较	其他管理者	委托人
	认同	低度价值承诺	高度价值承诺
	权力	制度的（合法性型、强制型、奖励型）	个人的（专家的、指示的）
情境机制	管理哲学	控制取向	参与取向
	风险取向	控制机制	信任
	时间框架	短期	长期
	目标	成本控制	提高绩效
	文化差异	个人主义	集体主义
		权力距离大	权力距离小

资料来源：DAVIS J H，SCHOORMAN F D，DONALDSON L. Toward a stewardship theory of management [J]. Academy of management review，1997 (1)：20-47.

事实上，代理行为和管家行为在组织发展的过程中交替出现，并且委托人和管理者都有可能采用代理人和管家的行为。正如奥尼尔等人所说的，不管是代理理论还是管家理论，都不能单独适用于组织的所有情况。极端的代理理论以理性经济人为基础，过分强调权责清晰契约的重要性，认为组织运行完全通过契约关系来维持；而极端的管家理论则认为组织的运行完全依赖组织人际关系[①]。戴维斯等人根据委托人和管理者的行为选择将两者关系划分为四种类型：在第一种类型中，委托人和管理者都将对方看成自利的、个人取向的，双方关系为代理契约关系，管理风格为控制取向，委托人对管理者也不会授权；在第二种类型中，委托人采取代理行为，而管理者承担管家角色，那么，管理者则会对委托人控制取向的管理风格感到不满，觉得没有信任，处处被质疑，成长、尊重和自我实现的需求得不到满足，因此工作

① 匡贤明．“代理理论”、“管家理论”的融合度 [J]. 改革，2009 (9)：148-149.

积极性大大被挫伤；在第三种类型中，委托人将自己和管理者的关系看成管家关系，而管理者却采取机会主义行为，牺牲委托人的利益去追求自己利益最大化，委托人的利益遭受重大损失；在第四种类型中，委托人和管理者都对对方采取信任态度，双方关系是合作且互益的，委托人将更多权力授予管理者，而管理者也会尽心尽力履行好执行职责，共同将组织效益发挥到最大。

管家理论让我们认识到委托人与管理人之间不只有简单的契约关系，还存在多样化关系的可能。管家理论在最大化组织利益方面明显优于代理理论，而代理理论在降低组织成本，化解风险方面的作用更加明确。在实际社会组织治理中，并没有完全突破代理理论的治理机制。

（三）资源依赖理论

以资源依赖理论分析社会组织的发展及治理，实际上也就是将普遍性企业组织研究方法引入社会组织研究领域，其背后含义是：社会组织虽具有特定价值取向和社会伦理特征，但同时也面临着现代组织发展普遍存在的资源汲取问题。资源依赖理论既有助于探究社会组织发展的合法性资源及获取的相关问题，也是理解社会组织中理事会行为的重要理论视角。

资源依赖结构是社会组织与外部环境之间相互连接的重要纽带。当然，组织并不会被动地被环境所塑造，而是具有一定的能动性，作为组织重要决策者的理事会通过策略选择调整内部资源依赖结构，以促使自身组织对其他组织资源依赖的最小化，而让其他组织对自己资源的依赖最大化，进而减少组织与外部力量相互依赖的脆弱性和敏感性，保证组织的生存和发展。

为了更好地处理社会组织外部环境与组织的关系，资源依赖理论认为理事会的作用主要有：(1) 理事会是组织降低环境风险的一种必要性机制，能够对资源供给环境有积极而清晰的预期，为组织联络并提供长期稳定的发展资源；(2) 丰富理事会成员代表的多样性，有助于提升公共形象和合法性；(3) 从组织外部获取关于组织的外界生态系统信息，确保组织适应竞争环境，增强治理创新意识。理事会作用的发挥被资源依赖理论家普费弗[①]和萨兰西概括为吸收功能和互锁功能。吸收功能是指组织处理环境不确定的一种策略，即将环境中重要的利益相关者，如服务对象、资助方、评估专家、公关人士、掌握组织中重要资源的影响人士等纳入本组织的理

① PFEFFER J. Size, compostition and function of hospital boards of directors: a study of organization-environment linkage [J]. Administrative science quarterly, 1973 (3): 349 - 363.

事会之中。互锁功能是指不同组织之间的理事会可邀请重要外部人士担任本组织的理事会成员，以增进组织之间的交流合作，形成稳定的联系网络。

资源依赖理论可以为理解理事会功能与成员构成提供许多重要而有益的启发。资源依赖理论不仅对组织有效运作以及组织发展等方面提出了建议，而且在拓展组织合法性空间，提升公共形象等方面给予了重要启示。

（四）制度理论

制度理论是解释全球范围内社会组织模式趋同性的最佳理论视角。迪马吉奥和鲍威尔将趋同分为强制性趋同、模仿性趋同和规范性趋同三种形式①。强制性趋同是指某一组织由于受到它所依赖的其他组织或者社会期待对它施加的不可避免的正式或非正式影响，从而与其他组织趋于相似。模仿性趋同是指组织为了应对外界的不确定性，往往采取模仿其他组织的做法从而导致组织间的相似性。规范性趋同则是指大学、专业协会、同业公会等专业性机构所要求的规范在界定和传播有关组织规则和行为时起到重要作用。制度理论学者认为组织通过对制度的遵从，更容易获取生存所需要的资源和合法性空间，从而提升组织的生存和成功概率。

制度理论也注重分析解释制度环境对组织结构和运作的影响和作用。例如理事会制度，在大多数国家，政府都强制要求非营利组织注册时，在组织章程中规定以理事会为核心的治理机制。理事会制度起源于英国，随后在全球范围内扩散，无论是出自社会组织的主动学习，还是国际组织的知识输出和专业规范等，这一过程可以视为组织趋同性的体现。此外，制度理论也可以用来解释理事会成员多样化的现象。从制度理论角度出发，组织不得不将理事会成员多元化这一条件考虑在内，这可能是出资方的要求，也可能是制度环境的规范性要求。概言之，制度理论考察了组织对制度环境的回应，制度环境也对组织起到了约束和示范的作用。

第三节　中国社会组织发展理论

一、中国社会组织兴起的宏观理论

（一）“国家-社会”总体性理论解释

“国家-社会”理论范式在 20 世纪 90 年代初被正式引入中国，之后逐渐成为国

① DIMAGGIO P，POWELL W. The iron cage revisited：institutional isomorphism and collective rationality organization fields [J]. American sociological review，1983（2）：147－160.

内社会科学研究的主导性范式之一，所涵盖的次级理论不仅在社会学、政治学等学科中有广泛应用，在不同经验论域中也有鲜明的体现，例如城市社区研究、社会组织研究等①。研究者们运用该理论范式对社会结构予以重构，使其更加契合当时中国经济转型并诱致社会变迁的内在逻辑。经由本土化提炼出的“国家-市场-社会”的三分法是中国学者以挖掘国家、市场与社会三者的不同逻辑，进而实现行政、市场与社群机制之间的互补与嵌入②的典型宏观理论分析框架。

中国的社会转型是传统社会向现代社会的结构性变动，内容涉及经济、社会、政治等各个领域，其中一个核心的内容就是国家权力向社会的转移，政府着力培育和发展具有社会性、民间性和中介性的社会组织，正式承接由政府剥离、转移出来的公共事务职能③。作为一种具有政治哲学关怀且长于宏大叙事和结构分析的理论框架，“国家-社会”理论范式倾向于将社会组织的发生、成长置于与国家互动的结构性情境中，其基本预设是作为社会的载体的社会组织具有弥补国家不足的重要作用，且强调用国家塑造的制度条件来解释社会组织发展的境遇和特征④。

在“国家-社会”整体认知框架中，主要包括如下观点：（1）社会组织是相应于政府失灵、市场失灵而产生的，从现代社会的发展形式来看，社会组织只有和政府、企业互动合作、有效分工，才能更好地解决社会问题。（2）以国家为参照物，认为社会组织具有某种功能取向，如公共服务体系的重要构成部分、多元治理结构的重要主体、非市场治理机制的重要载体等。社会组织的兴起与发展不仅回应了改革开放实践提出的社会重组、社会建设、社会服务等理论问题，而且丰富了社会主义社会思想文化和意识形态的时代内容。（3）强调政府制度设置对社会组织的兴起与发展具有重要意义。政府与市场所塑造的共同结构，为社会组织提供了生存与运转的空间，社会组织的形态、功能、特征与政治经济结构紧密相连。

“国家-社会”分析框架是结构主义范式的，为国内学者挖掘中国社会组织在国家治理中的作用提供了参照，基于对政府与市场双重失灵，“国家-社会”分析框架还凸显了一种价值层面的反思意蕴。但“国家-社会”分析框架也常被批评其无法有

---

① 丁惠平．“国家与社会”分析框架的应用与限度：以社会学论域中的研究为分析中心［J］．社会学评论，2015（5）：15－23．

② 顾昕．走向互动式治理：国家治理体系创新中“国家-市场-社会关系”的变革［J］．学术月刊，2019（1）：77－86．

③ 康晓光．权力的转移：转型时期中国权力格局的变迁［M］．杭州：浙江人民出版社，1999：102－106．

④ 黄晓春．中国社会组织成长条件的再思考：一个总体性理论视角［J］．社会科学研究，2017（1）：101－124，244．

效捕捉过程性、中微观层面复杂的经验现象。社会组织发挥功能是以一系列复杂条件为基础的，例如，地方政府和职能部门会根据自己的治理逻辑有所取舍地执行宏观政策，因此，不能简单地从制度文本中判断中国社会组织的建设或发展因素是否具备，需要考察更为细致的政策执行框架。

（二）法团主义视角中的中国社会组织

法团主义、国家主义、多元主义作为“国家-社会”分析框架的次级理论，分别从各自角度具体展现出不同的国家与社会关系模式。随着改革开放一系列制度的推进，国家主义已经难以适用于解释中国“政府-社会组织”的关系，而法团主义成了解释其宏观制度结构的主流路径。

法团主义强调国家权力对于社会参与、控制以及整合的制度结构。法团主义“作为一个利益代表系统，由一些组织化的功能单位构成，它们被组合进一个有明确责任（义务）的、数量限定的、非竞争性的、有层级秩序的、功能分化的结构安排之中。它得到国家的认可（如果不是由国家建立的话），并被授权给予本领域内的绝对代表地位。作为交换，它们在需求表达、领袖选择、组织支持等方面受到国家的相对控制”①。法团主义作为“国家-社会”分析框架的次级理论，被引入中国并成为分析社会组织基础的重要工具，存在两点启示：一是法团主义考虑到利益中介结构中国家的主导性地位，其强度可因具体社会情境而定；二是法团主义可以与多种政体相联系。

关于社会组织的法团主义分析研究中，“授权”“控制”“垄断性”等法团主义理论核心概念被广泛采纳。顾昕等学者认为政府通过注册、资金、人事等方式，紧密控制着社会组织的活动，这套监管体系是在特定的历史背景下产生的：改革开放以前，民间社团在法律上没有合法地位。强大的国家主义给社团发展留下了深刻烙印，而这些影响进一步塑造了国家社团监管体系日后演变的路径依赖特征。改革开放后社团空间快速扩展，建立实体、获得法律（或者行政）上的合法地位成为几乎所有新兴民间社会团体努力的重要目标，中国社团监管框架具有强烈的国家法团主义色彩②。

随着实践的发展，学界出现了对法团主义的质疑与修正，并提出了适用于解释政府与社会组织多样互动的理论概念。例如，张钟汝等人对上海市不同类型的非政府组织与政府的互动关系，提出“庇护式国家法团主义”和“层级性国家法团主义”

---

① 张静．法团主义［M］．北京：中国社会科学出版社，1998：24.

② 顾昕，王旭．从国家主义到法团主义：中国市场转型过程中国家与专业团体关系的演变［J］．社会学研究，2005（2）：164.

两个概念[①]；汪锦军对政府与社会组织之间的枢纽型机制进行研究，提出“多元化法团主义”[②]。简言之，中国“政府-社会组织”关系的理论解释经历了法团主义、超越法团主义，以及与多元主义的争论等主要阶段。

法团主义视角的分析价值在于从制度结构中强调国家的主导作用，核心问题也围绕着利益中介展开。然而，它在解释中国社会组织特征时，过于关注制度安排而忽略其他要素，例如是否具有同质性的社会群体，因为法团主义视角下的利益代表之功能的实现需要内聚一致的群众基础。此外，近年来中国涌现出自主性较强的草根社会组织，法团主义因注重国家的主导作用而低估了社会的能动性和其他真实的互动方式，从而无法解释此类现象的发生。

二、中国式现代化理论与社会组织发展

中国式现代化是党的二十大概括提出并深入阐述的理论创新。现代化理论主要探索人类社会如何从农业社会过渡到工业社会以及由此引发的广泛社会变革[③]。正是中国共产党长期以来实事求是地探索中国现代化问题，才促成中国式现代化理论的成型。中国社会组织发展的实践探索与我国现代化建设的宏观战略、时代背景是紧密结合的，展现出不同于西方发展模式的图景，具有中国特色。通过对国家现代化发展格局的准确把握，社会组织领域进行了多种改革创新，推动其全面发展以满足社会的多元需求。

在中国式现代化理论框架下，我国社会组织的基本发展思路呈现在下述方面。

第一，结合国家现代化建设的宏观发展战略重新定位与积极创新社会组织发展。党的十八届三中全会提出“国家治理体系和治理能力现代化”，国家通过赋权赋能将社会组织纳入社会治理体系。2017 年 10 月，党的十九大报告提出中国特色社会主义进入新时代，社会组织将在中国特色社会主义事业“五位一体”总体布局中发挥更大作用。2022 年党的二十大明确指出“建设人人有责、人人尽责、人人享有的社会治理共同体”，至此，在中国式现代化中，社会组织作为多元主体之一，与政府、企业打造共建共治共享的社会治理格局。

第二，党建引领对社会组织的健康发展尤为重要。坚持党建引领体现在多个维

---

① 张钟汝，范明林，王拓涵．国家法团主义视域下政府与非政府组织的互动关系研究 [J]．社会，2009，29 (4)：167-194，228.

② 汪锦军．多元化法团主义：中国“政府-社会组织”关系的新发展 [J]．探索与争鸣，2022 (9)：111-121，179.

③ 付悦，吕增奎．中国式现代化的理论意蕴 [J]．北京社会科学，2023 (7)：19.

度上，一方面，许多社会组织将社会主义核心价值观和坚持党的全面领导写进社会组织章程，根据具体情况成立党支部、党建联络员和联合党支部，将党建引领嵌入社会组织治理全过程全环节[①]。另一方面，以社区党建为引领，促进社会组织融入基层治理体系。以党建为核心，优化社会组织与社区的沟通平台，促进社会资源、公共政策、治理需求和居民参与等方面的有效对接，将社会组织党建打造成为社区党建的品牌板块，赋予社会组织参与基层党建的活力[②]。

第三，社会组织积极参与基层社会治理，既是彰显社会组织功能的重要途径，也是社会治理创新的必由之路。党的十九届四中全会明确提出在健全党组织领导的前提下，要“发挥群团组织、社会组织作用……实现政府治理和社会调节、居民自治良性互动，夯实基层社会治理基础”。社会组织成为组织、凝聚和服务社会公众的重要主体，也是构建基层社会治理新格局的关键性力量之一[③]。现阶段的诸多社会组织形态如社区基金会、社区社会组织等，不仅在激发社区公益、解决社区问题、推动社区合作治理方面逐渐发挥重要作用，而且是社会治理创新的重要组织方式。

第四，以社会组织能力建设为核心，提升专业化水平。专业能力是社会组织参与社会治理的基础保障和先决条件。新时代的社会事务治理已经不能仅仅通过行政科层体系实现，而要求在科层治理、市场治理和专业治理之间适当分工[④]。社会组织的发展已经开始从数量转向质量，通过支持型社会组织建设、人才教育培训等方式发展专业化程度高、服务能力强、管理规范的社会组织，打造社会组织品牌，服务于现代化治理的需要。

关键术语

结社　管理　治理　国家主义　法团主义　中国式现代化

复习思考题

1. 社会组织存在理论都有哪些？它们的核心观点是什么？
2. 政府与社会组织之间的关系有哪几种理论解释？
3. 代理理论、管家理论、资源依赖理论、制度理论关于社会组织治理的观点有

---

① 徐家良．中国式现代化需要社会组织管理新思维［EB/OL］.（2022-11-10）［2023-08-15］.https：//www.sipa.sjtu.edu.cn/show/2464.

② 刘丽娟．社会治理创新背景下社会组织发展研究［J］．领导科学，2022（8）：108.

③ 徐家良．社区基金会与城市社区治理创新［J］．社会政策研究，2019（4）：103.

④ 郭伟和．中国式现代化语境下民生保障与社会治理的关系［J］．中国社会工作，2022（30）：10.

哪些区别?

4. 中国社会组织的特征是什么？我国学者对此都有哪些理论总结?

5. 在中国式现代化建设进程中社会组织的发展有哪些经验总结?

参考书目

1. 田凯．组织理论：公共的视角 [M]. 北京：北京大学出版社，2020.

2. 斯科特，戴维斯．组织理论：理性、自然与开放系统的视角 [M]. 北京：中国人民大学出版社，2011.

3. 朱国云．组织理论：历史与流派 [M]. 2 版．南京：南京大学出版社，2014.

4. 达夫特．组织理论与设计：第 13 版 [M]. 北京：清华大学出版社，2022.

5. 陈德权．社会组织管理概论 [M]. 北京：清华大学出版社，2016.

第三章　社会组织的党建引领与使命战略

学习目标

1. 掌握社会组织中党的建设基本概念与总体要求；
2. 理解我国社会组织党建引领的发展历程；
3. 理解社会组织党建的工作要求；
4. 了解社会组织党建的创新实践；
5. 理解社会组织的愿景与使命的内涵与价值；
6. 掌握社会组织理念、价值观与原则的各自内涵与作用。

第一节　社会组织的党建引领

中国特色社会主义最本质的特征是中国共产党领导，中国特色社会主义制度的最大优势是中国共产党领导。“党政军民学，东西南北中，党是领导一切的。”[①] 中国特色社会组织发展之路，必然要求加强党的建设，这是坚持党的全面领导的根本要求。党建工作是社会组织内部治理与外部监管的重要内容。社会组织中党的建设是指对中国共产党建立在社会组织的各级组织及其所属党员进行组织化管理的过程，旨在将党的理念贯穿于社会组织的日常运行与业务活动之中[②]。加强社会组织的党建工作，党建引领社会组织对于推进社会组织坚持正确的发展方向、激发社会组织活力、促进社会组织在国家治理体系和治理能力现代化进程中更好地发挥作用具有重

① 习近平．决胜全面建成小康社会 夺取新时代中国特色社会主义伟大胜利：在中国共产党第十九次全国代表大会上的报告［M］．北京：人民出版社，2017：20.

② 王名．社会组织概论［M］．北京：中国社会出版社，2010.

要意义。

社会组织中的党建工作始于20世纪90年代，随着社会组织的不断发展与党和政府对社会组织认识的不断深入，社会组织党建引领的发展进程相应地不断系统化与具体化。经过30多年的发展，我国社会组织中的党建工作取得了一定成效。社会组织中的基层党组织基本实现应建尽建，并通过不断的实践探索，形成了诸多创新模式。但仍存在诸多问题与不足有待完善，比如：社会组织的党建引领需要不断健全相关体制机制，避免党建与业务“两张皮”问题；在社会组织中党组织如何实现有形覆盖向有效覆盖转化仍需进一步实践探索。

一、社会组织党建引领的发展历程

社会组织党建工作经历了从无到有、从弱到强的发展过程，党建引领社会组织工作仍然“在路上”。关于我国社会组织党建工作的发展历程，有学者从新中国成立开始梳理，部分学者从改革开放开始梳理，更多学者从20世纪90年代开始梳理，1994年被认为是社会组织党建工作的“元年”。自20世纪90年代以来，社会组织党建引领经历了政策倡导与工作起步时期、逐步推进与工作强化时期、全面覆盖与工作创新时期三个发展阶段。

（一）政策倡导与工作起步时期（1994—2000年）

1994年9月，党的十四届四中全会通过的《中共中央关于加强党的建设几个重大问题的决定》明确指出：“各种新建立的经济组织和社会组织日益增多，需要从实际出发建立党的组织，开展党的活动。”这是党第一次对社会组织党建工作提出要求，拉开了社会组织党建工作的序幕。1996年，中共中央办公厅、国务院办公厅联合印发的《关于加强社会团体和民办非企业单位管理工作的通知》明确要求，业务主管单位负责社会团体和民办非企业单位的党建工作，要在社会团体和民办非企业单位中建立党组织，要加强领导班子建设，做好思想政治工作，保证党的政策和国家法律法规的贯彻执行。由此开始，社会组织党建工作正式启动。鉴于当时党和政府、社会组织自身都对社会组织的运作特点把握不足，社会组织中党组织的地位、功能、工作方式等均未有实质性探索，也欠缺明确规定，因此，社会组织党建工作显得十分薄弱①。这一时间，社会组织党建工作主要停留在政策倡导阶段，尚未形成具体的操作方法②。

---

① 褚松燕．改革开放以来社会组织党建政策的演进及其逻辑［J］．探索，2020（4）：99-110.

② 廖鸿．以改革创新精神推动社会组织党的建设“两个全覆盖”［J］．中国社会组织，2017（3）：10-12.

1998年2月，中共中央组织部和民政部联合印发了《关于在社会团体中建立党组织有关问题的通知》，要求业务主管部门或挂靠单位党组织负责加强社会团体党组织建设，并从应建尽建、组织关系转入等五个方面做出了规定。该通知对社会组织党建工作提出了具体操作要求："经社会团体登记管理机关核准登记（原有社会团体经清理整顿换发新的证书）的社会团体，其常设办事机构专职人员中凡是有正式党员3人以上的，应建立党的基层组织。社会团体建立党组织，由其业务主管部门或挂靠单位的党组织审批。"还要求"社会团体在筹备过程中就应考虑建立党组织问题"。1999年11月发布的《关于进一步加强民间组织管理工作的通知》要求重视和加强民间组织中党组织的建设。

2000年7月，中共中央组织部发布《关于加强社会团体党的建设工作的意见》，进一步指出加强社会团体党建的重要性，并从党组织隶属关系、主要职责、教育管理工作和加强领导工作等几个方面做了明确部署。该意见进一步规定："正式党员不足3人的，可与同一业务主管单位所属的其他社会团体或其他邻近单位建立联合党支部，或将党员组织关系转入其业务主管单位或挂靠单位的党组织，参加党的活动。对暂不具备建立党组织条件的社会团体，上级党组织可向社会团体选派、输送、推荐符合条件的党员，为社会团体单独建立党组织创造条件；或指派党的建设工作联络员，负责社会团体的思想政治工作，做好党员的教育、管理和发展工作及党组织的建立工作。"该文件为此后社会组织党建工作搭建了基础框架①，社会组织党建工作真正开始起步，党委和政府在探索如何开展社会组织党建工作的道路上，取得了较大进步。然而，此时社会组织党建工作辐射范围还不够，主要是针对社会团体，尚未涵盖所有社会组织，也没有形成制度化和常规化的工作模式②。

（二）逐步推进与工作强化时期（2001—2014年）

进入21世纪以后，党中央反复强调推进社会组织党建工作，社会组织党建工作覆盖面逐渐扩大。2002年，党的十六大报告首次提出"加强党的执政能力建设"这一历史性任务，要求加大在社会团体和社会中介组织中建立党组织的工作力度，党的十六大修订的党章第二十九条规定将"街道"变更为"街道社区"，并增加了"社会团体、社会中介组织"。2004年9月，党的十六届四中全会通过的《中共中央关于加强党的执政能力建设的决定》要求："加大在新经济组织、新社会组织中建立党组

① 褚松燕．改革开放以来社会组织党建政策的演进及其逻辑［J］．探索，2020（4）：99－110.

② 孔卫拿．社会组织党建研究［M］．芜湖：安徽师范大学出版社，2018.

织的工作力度，探索党组织和党员发挥作用的方法和途径。”从战略高度要求持续加大在新社会组织中建立党组织的工作力度，并要求积极探索党组织和党员发挥作用的方法和途径。社会组织党建真正受到进一步重视，从组织和工作两个方面稳步推进[①]。2006 年 10 月，党的十六届六中全会通过的《中共中央关于构建社会主义和谐社会若干重大问题的决定》进一步提出：“推进新经济组织、新社会组织党建工作，扩大党的工作覆盖面，发挥基层党组织凝聚人心、推动发展、促进和谐的作用。”

2007 年，党的十七大报告指出：“要落实党建工作责任制，全面推进农村、企业、城市社区和机关、学校、新社会组织等的基层党组织建设。”2009 年 9 月，党的十七届四中全会通过的《中共中央关于加强和改进新形势下党的建设若干重大问题的决定》，从“做好抓基层打基础工作，夯实党执政的组织基础”的高度，对扩大基层党组织覆盖面、推进基层党组织工作创新、增强党员队伍生机活力、建设高素质基层党组织带头人队伍等社会组织党建工作进行了全方位部署。2011 年 3 月 1 日《社会组织评估管理办法》施行，“以评估促建设”成为政府引导包括党建在内的社会组织发展的一个重要政策工具。这一时期，不同领域社会组织的党建工作逐步强化。在行业协会商会组织党建方面，2007 年 5 月，国务院办公厅印发了《关于加快推进行业协会商会改革和发展的若干意见》，提出要“建立健全党的基层组织，充分发挥党组织的监督保障作用”。在律师行业组织党建方面，中共司法部党组先后下发了《关于加强新形势下律师队伍党的建设工作的指导意见》和《关于进一步加强和改进律师行业党的建设工作的通知》，明确指出，要进一步加大律师行业党组织的组建力度，不断推进律师队伍的党建工作。在会计师行业组织党建方面，2009 年 10 月，中共中央组织部、中共财政部党组联合印发《关于进一步加强注册会计师行业党的建设工作的通知》，要求加大会计师事务所党组织组建力度，健全党组织设置，理顺党组织隶属关系[②]。

2012 年，党的十八大报告重申了对社会组织党建工作的要求，提出要“加大非公有制经济组织、社会组织党建工作力度，全面推进各领域基层党建工作，扩大党组织和党的工作覆盖面”。习近平总书记在 2013 年全国组织工作会议上指出，一些非公有制经济组织和社会组织党建工作还比较薄弱，“越是情况复杂、基础薄弱的地方，越要健全党的组织、做好党的工作，确保全覆盖，固本强基，防止‘木桶效应’”。

---

① 褚松燕．改革开放以来社会组织党建政策的演进及其逻辑［J］．探索，2020（4）：99－110.

② 郁建兴，王名．社会组织管理［M］．北京：科学出版社，2019.

这一阶段，社会组织党建工作的政策环境越来越好，社会组织党建工作不仅有了较为明确的扩大党组织和党的工作覆盖面要求，而且有了具体的政策工具支持。在政策推动与指导下，各地的社会组织党建方式不断探索创新，形成了一些可行的操作流程，为此后社会组织党建工作的完善积累了较为丰富的经验。

（三）全面覆盖与工作创新时期（2015 年至今）

2015 年 9 月，《关于加强社会组织党的建设工作的意见（试行）》印发，文件明确提出，“社会组织党组织是党在社会组织中的战斗堡垒，发挥政治核心作用”，并且要求“推进社会组织党的组织和党的工作有效覆盖”。文件提出了关于加强社会组织党建的总体要求和具体举措，明确了社会组织党组织功能定位，还提供了诸如社会组织党员上交的党费全额下拨、党委组织部门可用留存党费给予支持等支持性政策工具。这一具有里程碑意义的文件为社会组织党的建设工作提供了规范与依据。2016 年 8 月，中共中央办公厅、国务院办公厅印发的《关于改革社会组织管理制度促进社会组织健康有序发展的意见》提出要加强党对社会组织工作的领导，确保社会组织发展的正确政治方向，要“努力走出一条具有中国特色的社会组织发展之路”，将“坚持党的领导”列为基本原则，落实到操作层面。2016 年 9 月，《民政部关于社会组织成立登记时同步开展党建工作有关问题的通知》发布，对新成立的社会组织的党建工作力度提出了更高的要求，并要求申请成立社会组织时，应当同时向登记管理机关提交《社会组织党建工作承诺书》和《社会组织党员情况调查表》。

2017 年 10 月，党的十九大报告强调要在社会治理中发挥社会组织作用，并要求以提升组织力为重点，突出政治功能，加强包括社会组织在内的基层党组织建设。党的十九大修改通过的新党章随之专门对社会组织党组织的功能做了规定，“社会组织中党的基层组织，宣传和执行党的路线、方针、政策，领导工会、共青团等群团组织，教育管理党员，引领服务群众，推动事业发展”。2018 年 4 月，《民政部关于在社会组织章程增加党的建设和社会主义核心价值观有关内容的通知》提出，“正在办理成立登记和已经登记的社会组织尽快按照通知有关要求，将党的建设和社会主义核心价值观有关内容写入章程”。习近平总书记在党的十八届二中全会第二次全体会议上强调：“要加强对各类社会组织的规范和引导，特别是要注意防范一些别有用心的人打着社会组织的旗号干非法勾当。”2018 年 7 月，习近平总书记在全国组织工作会议上指出，党的领导落实到基层还存在问题，“社会组织特别是各种学会、协会的党建工作，大多没有真正破题”，强调“要加强社会组织党的建设，全面增强党对各类各级社会组织的领导”。2018 年 10 月 28 日起施行的《中国共产党支部工作条例（试行）》明确了社会组织中的党支部应承担的重点任务，并再次强调了社会组织党建经费保障政策。2019 年 5 月，中共中央办公厅印发《关于加强和改进城市基层党的建设工作的意见》，具体提出要“推动党的建设有关要求写入社会组织章程，善于使党组织推荐的人选通过法定程序成为社会组织负责人，善于使党组织意图成为社会组织参与治理的行动”。2019 年 10 月，《中共中央关于坚持和完善中国特色社会主义制度 推进国家治理体系和治理能力现代化若干重大问题的决定》进一步明确，要健全党的全面领导制度，完善党领导基层群众自治组织、社会组织等制度，健全各级党委（党组）工作制度，确保党在各种组织中发挥领导作用，强调要“发挥群团组织、社会组织作用”，“夯实基层社会治理基础”，“推动社会治理和服务重心向基层下移，把更多资源下沉到基层，更好提供精准化、精细化服务”。

2021 年 9 月，民政部首次印发《“十四五”社会组织发展规划》。规划指出社会组织发展的基本原则之一就是“坚持党建引领，保证发展方向”，提出要“加强党对社会组织的全面领导，持续深入学习贯彻习近平新时代中国特色社会主义思想。健全完善党建工作机制，有效实现党的组织和党的工作全覆盖，将党建工作融入社会组织运行和发展全过程，确保社会组织正确发展方向”，强调发展的主要任务之一是加强社会组织党的建设，推动社会组织党建工作水平全面提升，推进社会组织党的组织和党的工作全覆盖。基于社会组织党的建设从体制机制层面推进系统变革的需要，党的二十大提出要“理顺行业协会、学会、商会党建工作管理体制”，加强“新经济组织、新社会组织、新就业群体党的建设”。

党的十八大以来社会组织党建受重视的程度显著提升，从党中央对社会组织党建的顶层设计，再到政府部门具体政策的制定落实，密集出台了一系列相关政策法规，社会组织党建的政策工具进一步丰富，社会组织党建开始落到实处。各地结合本地实际，进一步探索创新社会组织党建的实践实操，完善工作流程和支持措施，形成了包括党建情况摸底调查、党员组织关系排查、党组织组建流程与组建方式选择、党员活动经常化创新化的常态运作等在内的系统性强力吸纳链条，社会组织党组织覆盖率大幅提升。2019 年社会组织党组织覆盖率达 75.9%，党的工作覆盖率达 100%[①]。2023 年，中共中央、国务院印发《党和国家机构改革方案》，做出组建中

① 褚松燕．改革开放以来社会组织党建政策的演进及其逻辑［J］．探索，2020（4）：99－110.

央社会工作部作为党中央职能部门的改革部署，由中央社会工作部“统一领导全国性行业协会商会党的工作，协调推动行业协会商会深化改革和转型发展”，指导新社会组织党建工作。中共中央组织部发布的《2023年基层党建工作的重点任务》进一步对统筹推进新社会组织党的建设工作做出专门部署，提出“理顺行业协会、学会、商会党建工作管理体制”和“充分发挥律师、注册会计师、税务师、资产评估行业党建工作示范带动作用”的具体工作要求。在中央社会工作部的统一领导下，社会组织党的建设将迎来一个发展新阶段。

二、社会组织党建引领的工作要求与评价

习近平总书记指出：“全面建设社会主义现代化国家、全面推进中华民族伟大复兴，关键在党。”[①] 党和人民的事业发展到哪里，党的组织就应当覆盖到哪里，党的建设就应当跟进到哪里。作为集聚人才、服务发展的重要阵地，社会组织快速发展壮大，迫切需要党的组织建立起来、党的作用发挥出来，保证党在各级组织中发挥领导作用，不断扩大党在社会组织中的影响力。同时，党建引领社会组织发展是推进国家治理体系和治理能力现代化的迫切需要，是促进社会组织健康发展的根本保证，是完善党组织自身建设的重要任务。

社会组织党建工作必须纳入党建工作总体布局，一方面须按照党的建设原则与工作规范开展，另一方面还应把握和遵循社会组织的运行特点组织开展。2015年9月，《关于加强社会组织党的建设工作的意见（试行）》对社会组织党建工作提出了总体要求：“以马克思列宁主义、毛泽东思想、邓小平理论、‘三个代表’重要思想、科学发展观为指导，深入贯彻习近平总书记系列重要讲话精神，坚持党的领导与社会组织依法自治相统一，把党的工作融入社会组织运行和发展过程，更好地组织、引导、团结社会组织及其从业人员；坚持从严从实，把握特点规律，严格落实党建工作制度，积极探索符合社会组织实际的方式方法，防止行政化和形式主义；坚持问题导向，着力破解组织体系不够健全、组织覆盖不够全面、作用发挥不够充分等难题，推动社会组织党建工作水平全面提升；坚持分类指导，根据不同类型不同规模社会组织情况开展工作，正确处理一致性和多样性关系，切实提高针对性和实效性，不断增强社会组织党组织的创造力凝聚力战斗力，充分发挥社会组织党组织的战斗堡垒作用和党员的先锋模范作用。”

---

① 习近平．高举中国特色社会主义伟大旗帜 为全面建设社会主义现代化国家而团结奋斗：在中国共产党第二十次全国代表大会上的报告［M］．北京：人民出版社，2022：63.

（一）健全社会组织党建工作管理体制和工作机制

健全社会组织党建工作管理体制和工作机制主要包括三个方面。第一，健全工作机构。《关于加强社会组织党的建设工作的意见（试行）》提出："县级以上地方党委要依托党委组织部门和民政部门建立社会组织党建工作机构，已经建立非公有制企业党建工作机构的，可依托党委组织部门将其与社会组织党建工作机构整合为一个机构。党委组织部门对同级社会组织党建工作机构进行指导。上级社会组织党建工作机构对下级社会组织党建工作机构进行指导。"第二，理顺管理体系。《关于加强社会组织党的建设工作的意见（试行）》提出，全国性社会组织党建工作领导和管理部门、地方社会组织党建工作领导和管理部门要承担起"指导基层党组织建设、党员队伍建设、思想政治工作、党的群众工作和党风廉政建设；督促指导所属社会组织党组织按期换届，审批选出的书记、副书记；审核社会组织负责人人选；指导做好党的建设的其他工作"的主要职责。第三，完善工作机制。《关于加强社会组织党的建设工作的意见（试行）》提出，各级党委组织部门和社会组织党建工作机构"要加强统筹协调，定期召开有关部门参加的社会组织党建工作会议，及时研究有关重要问题。注重上下联动，及时沟通社会组织党建工作动态信息，研究部署重点任务，运用基层经验推动面上工作"，"县级以上党委组织部门和社会组织党建工作机构应直接联系一批规模较大、人员较多、影响力强的社会组织党组织，及时了解情况、听取意见、加强指导"。此外，须通过落实领导责任、强化基础保障、抓好督促落实等举措来保证和强化对社会组织党建工作的组织领导。

（二）推进社会组织党的组织和党的工作有效覆盖

《关于加强社会组织党的建设工作的意见（试行）》中提出社会组织党的建设要"实现全领域覆盖"，要"本着应建尽建的原则，加大党组织组建力度。暂不具备组建条件的社会组织，可通过选派党建工作指导员、联络员或建立工会、共青团组织等途径开展党的工作，条件成熟时及时建立党组织。新成立的社会组织，具备组建条件的，登记和审批机关应督促推动其同步建立党组织。街道社区、乡镇村党组织要加强对城乡社区社会组织的领导和指导。通过各种方式，逐步实现党的组织和党的工作有效覆盖"。

第一，社会组织党的组织全覆盖。

在党的组织全覆盖方面，要在有条件的社会组织中普遍建立党的组织，做到"成熟一个、建立一个、巩固一个、提高一个"，拓展党组织覆盖面。巩固党在社会组织中的组织基础，社会组织成立党组织的具体操作要求为：有3名以上正式党员、具备建立党组织条件的社会组织，都要及时建立党组织。党员人数3名以上不足50名的，可成立党的支部委员会，其中党员人数不足7名的，可不成立支部委员会，设书记1名，必要时增设副书记1名；党员人数超过50名不足100名的，可成立党的总支部委员会；党员人数超过100名的，可成立党的基层委员会。正式党员不足3人的，可与同一业务主管单位所属的其他社会组织或其他临近单位建立联合党支部，或将党员组织关系转入其业务主管单位或挂靠单位的党组织，参加党的活动。对暂不具备建立党组织条件的社会组织，上级党组织可向社会组织选派、输送、推荐符合条件的党员，为社会组织单独建立党组织创造条件；或指派党的建设工作联络员，负责社会组织的思想政治工作，做好党员的教育、管理和发展工作及党组织的建立工作。

社会组织可根据实际情况，按单位、行业或区域建立党组织。专职人员中有3名以上正式党员的社会组织，都要按照党章规定，经上级党组织批准，分别设立党委、总支、支部，并按期进行换届。规模较大、会员单位较多而党员人数不足规定要求的，经县级以上党委批准可以建立党委；行业特征明显、管理体系健全的行业，可依托行业协会商会建立行业党组织，行业党组织对会员单位党建工作进行指导；在社会组织相对集中的各类街区、园区、楼宇等区域，可以打破单位界限统一建立党组织，规模小、党员少的社会组织可以本着就近就便原则，联合建立党组织。

当前，我国社会组织党的基层组织方式包括独立党支部、联合党支部、独立党委、流动党员党支部等。专职工作人员中有3名以上正式党员的社会组织按照要求成立独立党支部；对于正式党员人数不足3人或有3人以上，但党员人数相对不稳定，组织关系不便转接和无法单独设立党的基层组织的社会组织，可以以业务主管（指导）部门或属地党组织为单位，坚持业务相近或地域相邻原则，建立党的联合党支部；对于发展较为成熟、规模较大，且党员人数符合规定要求的社会组织，或者规模较大、会员单位较多但党员人数不足规定要求的，经县级以上党委批准可以成立独立党委。此外，社会组织中流动党员数量较多的可成立流动党员党支部，社会组织要协助做好流动党员日常管理，按照组织关系一方隶属、参加多重组织生活的方式，组织流动党员就近就便参加组织生活。

第二，社会组织党的工作全覆盖。

在党的工作全覆盖方面，所有社会组织都必须开展党的活动，发挥党在社会组织中的引领作用。《关于加强社会组织党的建设工作的意见（试行）》提出，社会组织党组织的基本职责包括保证政治方向、团结凝聚群众、推动事业发展、建设先进文化、服务人才成长、加强自身建设六大方面。围绕社会组织健康发展开展党组织活动，积极探索开展主题活动等有效载体，与社会组织执业活动、日常管理、文化建设等相互促进。贴近职工群众需求开展党组织活动，社会组织党组织要深入了解、密切关注职工群众思想状况和实际需求，创新思想政治教育方式，组织开展群众欢迎的活动，提供群众期盼的服务，加强人文关怀和心理疏导，积极为群众排忧解难，寓教育于服务之中，切实增强党组织的吸引力和影响力。突出社会组织特点开展党组织活动，发挥社会组织及其从业人员专业特长，积极开展专业化志愿服务。发挥社会组织人才、信息等资源丰富的优势，主动与社区和其他领域党组织结对共建，实现资源共享、优势互补。发挥社会组织联系广泛的优势，组织党员在从业活动中宣传党的路线方针政策，凝聚社会共识。紧扣党员实际创新教育管理服务，以党性教育为重点，加强党员教育培训，加大发展党员工作力度，不断提高党员素质，拓展党员发挥作用的途径。社会组织党的工作全覆盖就是要把党的工作融入社会组织运行和发展过程，更好地组织、引导、团结社会组织及其从业人员，充分发挥社会组织党组织的战斗堡垒作用和党员的先锋模范作用。

第三，社会组织党建工作的评价。

2015 年 9 月，中共中央办公厅印发并实施《关于加强社会组织党的建设工作的意见（试行）》，就加强社会组织党的建设工作提出了指导性意见。2018 年 4 月 28 日，民政部印发了《关于在社会组织章程增加党的建设和社会主义核心价值观有关内容的通知》，进一步从源头上确保了社会组织正确的政治方向和鲜明的价值导向，保证社会组织健康发展。把党的工作融入社会组织运行和发展过程，是激发社会组织活力、引领社会组织健康发展的重要途径。同时，在社会组织等级评估工作中，党建工作也占有重要比例，对社会组织党建开展情况进行评估也成为对社会组织进行等级评估的重要内容。近年来比较常见的是上级党组织对社会组织党组织进行星级评定，以此综合考评社会组织党建工作开展的情况以及社会组织自身发展的整体情况。

以山东省为例，2022 年 3 月，中共山东省社会组织综合委员会根据山东省委组织部《关于印发〈关于在全省推行党支部评星定级管理的指导意见〉的通知》，印发了《山东省社会组织综合党委所属党组织实施评星定级活动方案》，要求山东省各有关省管社会组织党组织参与评星定级活动。活动要求以提升组织力为重点，以评星定级为抓手，推动党支部对标提升、晋位升级，创建一批具有代表性和标杆导向的示范党支部，引领带动基层党组织全面进步、全面过硬。创建内容包括班子建设、工作运行、党员管理、组织生活、基础保障、作用发挥六个方面。党支部评星定级自上而下分为五星级、四星级、三星级、二星级、一星级五个等次，实行百分制考评，由基础项、加分项和减分项组成。总分为 90 分（含）以上评定为五星级，80（含）至 89 分为四星级，70（含）至 79 分为三星级，60（含）至 69 分为二星级，60 分以下为一星级。评星定级工作一般按照党支部自评、评估验收、研究决定、监督管理的程序进行，实行动态管理一年一评，次年对上年度评星定级结果进行复核。山东省民政厅期待以评星定级为契机，发挥优秀社会组织党组织的示范带动作用，促进社会组织整体能力的提升，推动工作有效开展，最终实现推动社会组织高质量发展的目标。

三、社会组织党建引领的创新实践与未来展望

党建引领社会组织需要在坚持党的建设的根本原则要求的基础上，充分认识和把握社会组织发展规律、社会组织党建工作规律、社会组织党组织运行规律、社会组织党员成长规律，切实做到遵循规律、结合实际，适应新时代社会组织发展的特点，实现社会组织党建工作的创新发展[①]。社会组织党建的良好运行需要建设科学的理念与规划、管理主体与体制、运转制度与机制、方法技术与保障。在中央和国家有关部门的宏观图景之上，各级各地实践部门不断探索创新具体路径，形成了丰富的社会组织党建引领工作模式。

（一）社会组织党建管理的创新实践

社会组织党建管理是指社会组织党建的建设理念与规划、管理主体与体制、运转制度与机制、方法技术与保障等各方面形成的相对定型化、标准化和常规化的总体性建构[②]。管理体制划分的依据是社会组织党组织管理体系和隶属关系。各地社会组织党建工作实践形成了许多有益的经验模式，按照管理体制可将其划分为属业化模式、属地化模式、部门化模式三种类型（见表 3－1）[③]。

表 3－1　社会组织党建管理模式

管理模式	特点
属业化模式	按照社会组织的行业归属，在行业协会中开展党组织建设，或者依托枢纽型社会组织进行党组织建设

① 向春玲．关于社会组织党建创新的几点思考［J］．科学社会主义，2017（3）：69－73.
② 孔卫拿．社会组织党建研究［M］．芜湖：安徽师范大学出版社，2018.
③ 陈家喜．我国新社会组织党建：模式、困境与方向［J］．中共中央党校学报，2012（2）：36－40.

续表

管理模式	特点
属地化模式	将社会组织的党组织挂靠在其所在街道、社区或者社会组织服务中心等，由这些区域组织的党委机构领导和协调党建工作
部门化模式	由地方党委的组织部门领导和牵头，借助社会组织的登记管理和业务主管或指导单位开展党建工作

资料来源：郁建兴，王名．社会组织管理［M］．北京：科学出版社，2019.

第一，属业化模式。

属业化管理模式的特点是按照社会组织的行业归属，在行业协会中开展党组织建设，或者依托枢纽型社会组织进行党组织建设。属业化管理模式突出体现在行业协会商会的党建中，依托行业协会商会开展党建工作是在相对成熟、具有代表性的行业协会中建立党组织，具体负责所属行业社会组织的党建工作。

我国多个地区积极探索属业化党建管理新思路，持续积累经验，并构建起初步模式。大连市于 2003 年全面启动社会组织党建工作，并逐步探索形成了“协会＋党委”的社会组织党建管理模式，即以业务主管部门或行政挂靠单位党组织管理为主、行业协会党组织为依托、市县分级负责的党建管理体制。自“协会＋党委”的社会组织党建管理模式创建以来，大连市已在市级层面的 13 个部门 16 个行业系统中建立了协会党组织，党的组织和工作覆盖面均达到 100％①。上海市静安区从 2007 年开始率先创建以“社会组织服务社会组织”为核心理念的“1＋14＋X”枢纽型社会组织服务管理模式。静安区社会组织联合会在成立之初就把“坚持中国共产党的全面领导”郑重写入章程，成为所有会员共同遵守的行为准则，并以“党建引领下，陪伴社会组织健康有序发展”为使命，把党建工作贯穿于社会组织发展的始终。这一管理模式已经在上海市全市推广②。北京市从 2009 年起先后分 5 批认定了以工、青、妇等人民团体为骨干的 51 家市级枢纽型社会组织，在对相关社会组织实行分类管理的同时，北京市也同步进行党组织组建工作，形成“3（建立党建工作委员会、社会组织联合党总支、社会组织工作部门）＋1（建立枢纽型社会组织党建工作例会制度）”工作模式，北京市已初步形成市、区、街三级枢纽型社会组织党建工作网络③。

第二，属地化模式。

属地化管理模式的特点是将社会组织的党组织挂靠在其所在街道、社区或者社

① 和叙，万忠太．创新社会组织党建“协会＋党委”模式［N］．大连日报，2010-06-09.

② 上海市静安区：党建引领，陪伴社会组织健康有序发展［EB/OL］．（2022-02-25）［2023-11-26］．https：//www.12371.cn/2022/02/25/ARTI1645783388180216.shtml.

③ 张燕，许晨龙．北京市社会组织党建管理体制的问题和建议［J］．中国社会组织，2015（23）：49-50.

会组织服务中心等，由这些区域组织的党委机构领导和协调党建工作。属地化管理模式类似于区域化党建模式，所谓区域化党建模式，就是指按照区域统筹的理念，在一定的区域范围内通过一些方法途径，统筹设置基层党组织，统一管理党员队伍，通盘使用党建阵地，形成以街道党工委为核心、社区党组织为基础、其他基层党组织为节点的网络化体系①。

山东省青岛市社会组织属地化党建管理模式发展相对成熟。青岛市探索构建了社会组织“4224”区域化党建工作体系，形成了分级负责、条块结合、以块为主、街道兜底的区域化党建工作新格局。其中，第一个“4”指四级联动的区域化组织领导体制，第一个“2”指两个协同推进的区域化动态覆盖机制，第二个“2”是两个功能同步增强的区域化作用发挥机制，第二个“4”指四轮驱动的区域化动力保障机制。

第三，部门化模式。

部门化管理模式的特点是由地方党委的组织部门领导和牵头，借助社会组织的登记管理和业务主管或指导单位开展党建工作。

北京市行业协会商会于2016年12月成立中共北京市行业协会商会综合委员会（简称综合党委），由市委社会工委（原市民政局党委）管理，统筹推进与行政机关脱钩的市级行业协会商会和市级登记没有业务主管单位的各社会组织党建工作，通过建立一套“市级社会工委—综合党委—社会组织联合党委—社会组织党支部”组织体系，出台联合党委、党支部规范化建设两个标准，完善工作经费、岗位补贴和活动场地三类工作保障，打造联合党委书记、专职副书记和专职党务工作者、党建指导员、社会组织党支部书记这四支党务工作队伍，将党建融入社会组织登记审批、年检年报、等级评估、执法监察和换届招聘五个关键环节，围绕社会组织党建的六大职责发挥党建引领作用，即建立“1套”组织体系、加强“2个”规范建设、完善“3类”工作保障、打造“4支”工作队伍、抓好“5个”关键环节，从而发挥“6个”引领作用。截至2021年9月，综合党委所属54家联合党委覆盖社会组织2 963家，占市级社会组织的66%。现有党支部912个，其中正式党支部137个、属地党支部和流动党员党支部775个，无党员社会组织已由联合党委纳入相应党支部管理，基本实现了党的组织和党的工作全覆盖②。

---

① 郁建兴，王名．社会组织管理［M］．北京：科学出版社，2019．

② 北京市行业协会商会综合党委课题组．2016—2021年北京市社会组织党建工作创新发展报告［M］//黄晓勇．中国社会组织报告（2021）．北京：社会科学文献出版社，2021．

（二）社会组织党建工作的创新模式

社会组织持续创新党建工作的开展形式，结合自身发展和服务优势，不断丰富社会组织党建工作内容。具体而言，通过“党建＋业务”统合发展来避免党建工作和业务工作“两张皮”的问题，开创出“党建＋公益”“党建＋服务”“党建＋治理”等创新实践模式。通过将党建工作和社会组织的业务紧密结合，真正发挥出社会组织党组织整合资源、联系群众的强大力量。

第一，“党建＋公益”模式。

社会组织不断发挥党组织和党员的专业优势，探索“党建＋公益”的实现路径，依托公益创投、福彩项目等载体，为弱势群体和有需要的各类群体提供服务，在党建引领下实现了社会组织的特定公益使命与党组织的广泛公益使命的融合。浙江瑞安市针对社会组织党建工作“单打独斗”的现象，创新打造了“红社智库”社会组织孵化平台，以“党建＋公益”形式，创新建立“红色创投”机制，拓宽党组织联动参与社会治理渠道。通过媒体公开征集“红色创投”项目，每年向全市“两新”组织党组织及党员志愿者服务团队征集党建特色公益服务项目，实现社会需求“点单”，社会组织党组织再根据“红色创投”项目库申报“接单”。截至 2020 年 11 月，在社会组织孵化平台内公益社会组织的带动下，共开展各类服务活动 500 多次，惠及党员群众 18 000 多人次①。

第二，“党建＋服务”模式。

社会组织发挥党组织引领聚合作用，充分发挥专业、人才、资源等优势，提供公共服务，积极参与乡村振兴、对口支援、京津冀协同发展等国家战略。近些年来，甘肃高台县社会组织党建工作聚焦党支部建设标准化，持续巩固提升“两个覆盖”，大幅提升了组织建设、阵地建设、党员队伍建设的“质”和“量”，分批分期分类推进社会组织党组织建设，不断壮大党组织和党员队伍，每年对社会组织党组织书记开展集中培训两次以上，有效提升基层党组织书记能力素质。截至 2020 年 9 月，高台县 317 个社会组织单独建立党组织的有 5 个、挂靠党组织的有 259 个，党组织覆盖率达到 83.3%，“纵到底、横到边、全覆盖”的党组织网络逐步形成。该县创新党建工作载体，将从事养老服务的 3 个社会组织党支部组建成支部联盟，通过党员结对共促、服务品牌共育、社会资源共享、社工培训共抓、志愿服务共办等措施，深

---

①　宿党辉．各地探索提升社会组织党建质量 联盟聚合力 包挂抓落实［EB/OL］．（2020－11－13）［2023－11－26］．https：//www.12371.cn/2020/11/13/ARTI1605238865328897.shtml.

入打造“党建引领智慧养老”“党建+服务”等党建品牌，进一步拓展居家养老服务功能，为特定人群提供常态化优质服务，建成居家养老、智慧养老省市县三级联网服务平台，实现了党建工作与养老服务的无缝对接①。

第三，“党建+治理”模式。

社会组织通过党建工作引领其积极参与民生保障、社区建设、矛盾调处等社会治理事务，促进基层社会和谐稳定。浙江省社会组织通过党建引领积极采取“村民说事”“老娘舅调解”“创新新时代枫桥经验”等先进做法，推动城乡基层治理取得新成效。浙江省东阳市横店影视产业协会党委创造党建工作新方法，累计培训“横漂”演员超过15 000人次，征集会员企业对行业发展的意见建议20多条，引领“横漂”成立志愿服务队、公益演出队等服务组织，发挥“横漂”自身才艺技能，有效推进了横店影视产业发展与基层治理创新。宁波市温州商会支部成立“温暖四明”专项基金，2016—2017年，40万元资金“落户”梁弄镇东溪村，主要用于关爱抗战老兵、“三老”人员和居家养老服务事业，有效推动了和谐社会建设②。

（三）社会组织党建工作的未来展望

自20世纪90年代以来，我国社会组织党建工作经过30多年的推进取得了显著成效。根据《中国共产党党内统计公报》，2012年，全国共有4.03万个社会团体建立党组织，占具备建立党组织条件的社会团体数的99.21%，有3.95万个民办非企业单位建立党组织，占具备建立党组织条件的民办非企业单位数的99.61%；2015年，全国社会组织法人单位中建立党组织的有20.4万个，比上年增加2.0万个，占社会组织法人单位总数的41.5%，社会组织党组织应建已建率达99.1%；2017年，全国共有30.3万个社会组织已建立党组织，占社会组织总数的61.7%；2018年，社会组织党的基层组织规范性进一步提升，2019年社会组织基层党组织共有14.2万个；截至2021年12月30日，全国党的基层组织有493.6万个，社会组织基层党组织有17.1万个；截至2023年12月31日，全国党的基层组织共517.6万个，社会组织基层党组织18.3万个，基本实现应建尽建③。

尽管如此，党和政府推动社会组织开展党建工作仍存在诸多需要进一步完善的地方。第一，党建的地区差异、级别差异、类型差异较为明显。以社会团体为例，

---

① 高台社会组织党建实现创新发展［EB/OL］.（2020-09-15）［2023-11-26］. http://www.gs.xinhuanet.com/gaotai/2020-09/15/c_1126495200.htm.

② 郁建兴，王名．社会组织管理［M］. 北京：科学出版社，2019.

③ 以上数据来自历年《中国共产党党内统计公报》。

省级以下地方人民政府民政部门登记的社会团体党组织覆盖率和工作覆盖率仍然普遍不高，一些社会团体的党建工作与业务工作还存在不相适应的情况，还有部分社会团体过于依赖党组织，存在“政社不清”的情况。从社会组织类型来看，建立党组织的民办非企业单位数量较少。根据2021年《中国民政统计年鉴》的统计数据，已建立党组织的民办非企业单位仅占10.14%[①]。民办非企业单位的党建活动形式较为单一，党组织作用尚未得到有效发挥，部分民办非企业单位负责人对党建工作的认识仍有待进一步深化，民办非企业单位党组织覆盖不全面等[②]。第二，存在党建与业务“两张皮”现象，党组织游离在社会组织之外，党建工作与业务工作割裂，如何实现党组织从有形覆盖向有效覆盖转化仍有待进一步探索。第三，管理体制方面，一些地区的社会组织党建存在多头领导问题，导致党建主体间责任模糊，部分社会组织还存在党建脱节和空心化的问题。第四，工作方法方面，社会组织党建工作被纳入各级党委的任务体系后，上级党委会对其进行管理，而行政化推进手段往往会给社会组织带来一定压力。此外，还存在专职工作者中无党员社会组织占比较大、党建管理水平参差不齐、党建工作队伍不够稳定、党员教育管理难度大等问题。

社会组织党建工作是新时代党对社会组织实现政治引领的关键。要通过自上而下促进社会组织党建系统化、组织化，持续推动党建工作从有形覆盖向有效覆盖转变。首先，社会组织党建工作要增强服务性。党建工作要赢得社会组织的支持和拥护，必须树立强烈的问题意识和服务意识，深入研究社会组织的特点与运行规律，真切地了解社会组织发展所存在的问题，并帮助它们去解决这些问题，服务于社会组织、服务于社会组织成员。其次，推动社会组织与党政相互嵌入。党和政府在推进社会组织党建工作时要加大规范管理力度、引导其正确方向，社会组织也需要增强党建的政治性，实现党建活动与业务发展的“双强”。立足于党的建设从制度覆盖到工作覆盖，从有形覆盖到有效覆盖的目标任务，加强宣传与引导，充分发挥党组织的引领带动作用，创新社会组织党建领导方式和抓手，社会组织同时要创新党建工作的开展形式，丰富社会组织党建工作内容，推动社会组织与党政相互嵌入，促进党建与业务工作一体化发展，在实际工作中实现有机互动。再次，建议对社会组织党组织进行分类管理。按照社会团体类、社会服务机构类、基金会类对社会组织进行分类建设与管理，打造不同类别的党建管理模式；按照党员组织关系隶属组建

① 中华人民共和国民政部．中国民政统计年鉴（2021）[M]．北京：中国社会出版社，2021.

② 黄晓勇．2020年中国特色社会组织创新发展报告［M］//黄晓勇．中国社会组织报告（2021）．北京：社会科学文献出版社，2021.

支部进行分类管理，对正式党支部、流动党员党支部和属地支部等进行分类管理；按社会组织发展状况切实加强分类管理，可按照社会组织等级评估结果5A、4A、3A等进行分类管理。最后，需要加强党建引领业务融合管理。不断探索和完善社会组织党建和文化融合发展、党建和服务融合发展、党建和管理融合发展，探索创新“党建+”的有效工作模式。

此外，还需积极探索无党员社会组织的创新管理，加强社会组织党建工作队伍建设，探索运用互联网技术和信息化手段，加强党员教育管理信息化，推进党的组织生活创新管理等。

下一阶段，民政部的指导城乡社区治理体系和治理能力建设、拟订社会工作政策等职责被划入中央社会工作部。由中央社会工作部统筹推进党建引领基层治理和基层政权建设。中央社会工作部将为社会组织更好地承担社会责任、助力基层治理提供统一领导和高效协调，在统筹领导社会组织党建工作过程中汲取教训、总结经验，不断提高社会组织党建工作的水平。全面加强社会组织党的建设工作，充分发挥党组织在政治引领、思想引导、凝聚人心、服务发展等方面的积极作用，是实现社会组织高质量内涵式发展的必由之路，也是凝聚起亿万人民群众团结奋斗的强大力量，创造历史伟业的必由之路。

案　例

北京市综合党委党建工作新路径①

一、党建工作背景

近年来，北京市社会组织数量不断增长，初步形成了门类齐全、覆盖广泛的社会组织体系，截至2021年9月，北京市共登记社会组织12 990家，其中市级登记社会组织4 484家，包括社会团体2 159家，社会服务机构1 521家，基金会804家。为引领社会组织正确发展方向，激发社会组织活力，促进社会组织在国家治理体系和治理能力现代化进程中更好发挥作用，把社会组织及其从业人员紧紧团结在党的周围。北京市委积极探索创新社会组织党建工作路径，于2016年12月，成立了北京市综合党委，由市委社会工委（原市民政局党委）管理，统筹推进与行政机关脱钩的市级行业协会商会和市级登记没有业务主管单位的社会组织党建工作。

① 北京市行业协会商会综合党委课题组．2016—2021年北京市社会组织党建工作创新发展报告［M］//黄晓勇．中国社会组织报告（2021）．北京：社会科学文献出版社，2021.

二、党建工作探索与成效

（一）建立“1套”组织体系

建立“市级社会工委—综合党委—社会组织联合党委—社会组织党支部”组织体系。在所属社会组织中，按照所属的行业、所在的类别、所从事的领域组建联合党委，每个联合党委覆盖40～60家行业领域相近的社会组织，把社会组织党支部，以及没有党员暂未组建党组织的社会组织纳入相关领域联合单位进行管理。截至2021年9月，综合党委所属54家联合党委覆盖社会组织2 963家，占市级社会组织的66%。现有党支部912个，其中正式党支部137个、属地党支部和流动党员党支部775个，无党员社会组织已由联合党委纳入相应党支部管理，基本实现了党的组织和党的工作全覆盖。

（二）加强“2个”规范建设

出台联合党委、党支部规范化建设两个标准，为社会组织党组织的两个规范化建设提供指引和依据。开展“党建标杆”示范创建活动，打造2家联合党委、7家党支部示范标杆，发挥示范引领带动作用。建立联合党委年度考评制度，2020年底，首次通过联合党委自评、党委书记集中述职、深入联合党委现场检查等方式对2018年成立的52家联合党委进行全面考评，10家考评优秀、29家考评良好、10家考评合格、3家考评基本合格。

（三）完善“3类”工作保障

按照“工作有经费、岗位有补贴、活动有阵地”的总体思路，综合党委每年为每家联合党委提供一定的党建工作经费支持，以及专职副书记、专职党务工作者、党建指导员等党建管理岗每人每年一定标准的岗位补贴，确保联合党委正常运行。福利社会组织可拓展党建经费来源，建立多元保障机制。加强阵地建设，制定社会组织党群服务中心建设规范，依托现有社会组织孵化服务基地，打造一批社会组织党群服务中心和站点，整合现有场地、服务设施和资源，实现资源共享、场地共用。

（四）打造“4支”工作队伍

通过优选配强、管严用好、培训提升、述职考核等有效措施，下大力气打造全面过硬的联合党委书记、专职副书记和专职党务工作者、党建指导员、社会组织党支部书记这4支党务工作队伍。每个联合党委设委员5名，其中书记1名、专职副书记1名，由综合党委考察任命，依托联合党委书记委员单位，构建起以书记“任班长、负总责、配资源”，委员“分工负责、各司其职”的联合党委运行机制。在配优建强社会组织党支部书记队伍的同时，为各联合党委配备专职党务工作者，还为社会组织配备党建指导员。

（五）抓好“5个”关键环节

将党建工作与民政部门的登记管理职责相结合，将党建融入社会组织登记审批、年检年报、等级评估、执法监察、换届招聘5个关键环节。在登记审批环节，要求在社会组织章程中增加党的领导、党的建设和社会主义核心价值观等内容，并提交社会组织党建工作承诺书和党员情况表，将社会组织纳入相应的联合党委管理；在年检年报环节，将党建工作作为社会组织年检的重要内容；在等级评估环节，把党建工作列为评估重要指标，党建工作薄弱、应建未建党组织的不得评为4A级以上社会组织；在执法监察环节，探索依托党组织及时发现社会组织运营问题，及时介入并监督整改；在换届招聘环节，对行业协会商会负责人人选进行审核把关，明确换届人选中至少有1名党员。

（六）发挥“6个”引领作用

围绕保证政治方向、团结凝聚群众、推动事业发展、建设先进文化、服务人才成长、加强自身建设这6大方面职责，各联合党委的政治核心功能有效发挥，社会组织党支部战斗堡垒作用显著增强、党员先锋模范作用充分展示。近年来，党组织动员引领社会组织参与脱贫攻坚、京津冀协同发展等国家战略，投身疫情防控、垃圾分类等全市重点工作，取得丰硕成果。据不完全统计，通过党建引领，500余家社会组织投身脱贫攻坚，开展项目百余个，投入资金1.89亿元；市级基金会参与疫情防控募捐资金14.8亿元、募集物资945万件，多家基金会募集经费100余万元助力北京市垃圾分类工作。

三、党建工作反思

目前，由于社会组织规模普遍较小，工作人员少且党员数量更少，而部分社会组织中的党员又顾虑“参加多重组织生活”而不愿亮明党员身份，因此近四成的社会组织专职工作者中没有党员。联合党委、党支部的工作水平参差不齐，大部分社会团体类、基金会类社会组织能够积极探索党的建设工作，但仍有少部分联合党委特别是社会服务机构类联合党委还存在规定动作不到位、基础工作不扎实、组织建设不规范等问题。此外，还存在党组织、党建工作队伍稳定性不足、持续性不强、专业化水平不高的问题，党建经费管理不足且经费使用不够规范、效率不高的问题，以及党员教育管理难度大等问题。未来，还需积极探索无党员社会组织的创新管理、继续加强社会组织党组织分类建设与管理、加强社会组织党建工作队伍分级管理、建立健全社会组织党建经费公开管理机制；针对正式党员、属地党员、流动党员长期并存这一情况，探索全面实施流动党员双重管理；针对社会组织及其党员、党建工作实际情况，探索运用互联网技术和信息化手段，推进党的组织生活创新管理；进一步探索“党建+”融合路径，切实通过党建引领推动社会组织业务发展。

案例分析题：

1. 北京市行业协会商会综合党委采用了哪种党建管理模式？
2. 北京市行业协会商会党建实践为其他社会组织开展党建工作提供了哪些借鉴？

第二节　社会组织的使命与战略

一、社会组织的愿景、使命与宗旨

社会组织的使命与战略是组织存在和发展的导航仪与方向盘，对于组织的长久发展至关重要。社会组织的成立，是一种十分强烈的、具有对外影响力的精神和理念的内驱力的结果。也就是说，社会组织存在是以一种精神与理念为前提的，这些精神理念是对外的、正向的，是一种正能量，发自人性中的善良和道德①。因此，愿景、使命、宗旨、理念、价值观等是社会组织得以安身立命的灵魂和根本，是社会组织持久发展的内在动力和源泉。

愿景为社会组织描绘了未来蓝图，使命帮助社会组织明确实现蓝图的路径与战略，宗旨则帮助社会组织限定工作规范。

（一）愿景——组织的未来图景

愿景的本义为“所向往的前景”，英文为“vision”，有想象、幻象、梦幻、画面等内涵。愿景是人们对美好未来、美好社会的梦想和期待，是努力方向，为社会组织描绘了一张美好的蓝图，激励着社会组织为之努力和奋斗。比如，中国乡村发展基金会的愿景是构建更值得信任、更值得期待、更值得尊敬的国际公益平台；腾讯公益慈善基金会的愿景是做美好社会的创连者。总之，愿景是社会组织为之奋斗并希望达成的愿望和景象，是社会组织得以持久存在的内在动力。

---

① 王名，王超．非营利组织管理［M］．北京：中国人民大学出版社，2016：32.

1. 社会组织愿景的特征

社会组织愿景具有以下几个特征①：第一，愿景应当描述清晰的图景。愿景为社会组织提供了清晰的前进方向和要到达的目的地，为每个成员描绘了一张美丽的蓝图，激励每个人付出努力去追寻。基于此，社会组织成员能够明确努力的方向，从而生发出强大的动力。第二，愿景应当是独特的。社会组织的愿景基于组织的领导者和成员的信念与价值观，基于对社会问题的解读和分析，基于对某个领域的知识和经验等而形成，因而是独一无二的。每个社会组织往往会有其自身独特的愿景。第三，愿景应当是持久而稳固的。社会组织愿景是社会组织的灵魂和精神内核，不以外在环境的变化而变化，也不以社会组织内部的战略和人事变动而变化。它是持久而稳固的，是社会组织文化的核心要素，通过每个成员的认同而传承永续。第四，愿景应当是共同的。社会组织愿景超越社会组织成员而存在，是社会组织集体共享的，它将个人意愿整合为集体共识，成为每个人为之奋斗的共同理想。

现代管理学之父德鲁克认为，使命回答了“组织存在的理由是什么”的问题，愿景回答了“组织未来期望成为什么”的问题。美国管理学学者麦克埃文（McEvan）从组织领导的角度指出，愿景是一种基于领导者的价值观、信念和经验，反映其对未来组织图景的驱动力。美国领导学学者韦勒（Weller）、哈特利（Hartley）和布朗（Brown）进一步研究了愿景的内涵，指出愿景包括价值观、使命和目标三个核心要素。价值观是愿景的核心要素；使命反映组织利益相关者的核心价值观，并提供未来发展途径；目标是行动宣言，明确说明使命完成的方式②。

综合以上学者对组织愿景的研究，组织的愿景包含以下四个要素：描绘组织想要创造的未来景象，指引组织如何达到目的的核心价值观，阐释组织存在理由的使命，陈述组织在长期内要达到的目标。

由此，社会组织设定愿景具有下述价值和作用：其一，愿景有助于提升组织凝聚力。将个人意愿整合为组织意愿，形成集体共识，即组织成员共同追求的目标和努力的方向。该愿景对组织成员有激励和约束作用，能形成强大的感召力，组织成员为之奋斗、努力而实现个人的价值，从而产生强烈的归属感和认同感。其二，愿景可指引组织制定战略。愿景为组织的战略制定提供了目标，也明确了组织所从事的事业范围和领域，明确什么可以做和什么不可以做，为组织划定了活动范围，指明了行动方向。其三，愿景可以提升组织的价值和核心竞争力。组织因愿景而存在，

---

① 刘治江．组织愿景的价值及其构建［J］．经济论坛，2005（14）：34－35.

② 中国科学院领导力课题组，谭红军，霍国庆，等．愿景领导力研究［J］．领导科学，2009（6）：26－29.

愿景是组织成员的共同意愿，能引发组织成员的广泛共鸣和对组织的共同关切。组织通过社会服务和项目将其价值观、组织规范和原则传播给目标群体和更广泛的社会大众，再通过对服务和品牌的回应促进组织优化其战略、服务方式等，从而进一步提升组织的价值和核心竞争力。

2. 社会组织愿景如何构建

构建组织愿景是组织成员集体互动的过程。《中国基金会发展指导手册》将如何设定愿景总结为三步：第一步，全体员工分享各自的梦想。鼓励员工畅想未来社会理想情景，即希望未来的社会变成什么样。第二步，讨论形成共同的梦想。只有自愿形成的共同梦想才能作为共同的方向感召团队一起去努力。第三步，按照愿景的要素，全体成员共同完成愿景陈述。比如，北京市西部阳光农村发展基金会的愿景是每个孩子都有公平的受教育机会，每个家庭都有改善生活的可能，每个社区都有自我发展的能力。

在进行愿景陈述过程中，该手册建议遵循下述原则：（1）描述一个更好的、有意义的、理想的未来情形；（2）易于掌握和理解；（3）有助于对组织未来发展方向做出决策；（4）能抓住人们的情感和注意力，人们一读到或听到就能够被打动；（5）在困难时期，愿景可为员工提供动力。

愿景可以帮助社会组织成员了解组织将要走向哪里，能将组织全体成员团结在一个共同的、一致的战略方向上，是社会组织希望在未来生活中能够实现的美好愿望。这一美好愿望由机构的成员共同思考、提出并决定，是组织成员想要实现并共同为之努力的目标。比如环保组织自然之友的愿景是“在人与自然和谐的社会中，每个人都能分享安全的资源和美好的环境”。

（二）使命——组织因何而存在

使命就是组织存在的意义，即：社会组织为什么而存在；因为其存在，产生了什么改变。《辞海》中对使命的解释是“使者所奉之命；奉命出使之人；任务，多指重大的”。社会组织的使命陈述来自“mission statement”的直译，被认为是由德鲁克于 20 世纪在关于非营利组织管理理论中提出的。德鲁克这样论述：“我们为什么做？做什么？组织存在的理由和目标是什么？也就是说，我们想要别人记住我们什么。”使命通常要回答四个方面的问题：一是你是谁，二是你相信什么，三是你希望达成什么，四是你怎么来达成①。

---

① 王名，王超．非营利组织管理［M］．北京：中国人民大学出版社，2016：14.

可见，愿景是一种美好的愿望，是一个宏伟的目标，而使命则推动社会组织实现愿望，达成目标。愿景是精神层面的，使命则指引社会组织的实际行动，使命就是社会组织存在的目的和意义。

1. 社会组织使命的意义和目的

组织使命是一个组织存在和发展的根本动因和基础条件，任何一个组织都是为了实现特定的使命而建立的，因此，使命是组织最根本的目标，是“一个组织在社会中所处的地位、发挥作用、承担的义务以及扮演的角色”①，是一个组织区别于另一个组织的根本性标志。

组织使命一般在初创期就已确立。组织通过确立使命，对组织的运行和发展进行规划，战略方向、制度体系和行动方案等都会整合到组织使命当中，是组织成员共同遵从和追求的目标和秩序。

2. 社会组织使命的要素与作用

关于使命陈述的要素，国际上有九要素、八要素、五要素、四要素、两要素等不同观点。九要素即“顾客、产品或服务、市场、技术、关注生存发展与盈利能力、经营哲学、自我认知、观众公众形象、关注员工”；八要素即“特定的目标顾客或市场、产品或服务的原则、特定的地理区位、核心技术、生存发展与盈利能力、公司哲学、自我认知、关注公众形象”；五要素即“地域、产品、技术、需求、客户”；四要素即“目的、战略目标、量化的计划目标、业务界定”；两要素即“经济和社会两个维度，前者指资本投入的盈利性和资源使用的有效性，后者指组织在社会中承担的责任，如提供就业等，两个维度不可分割”②。

综上所述，社会组织的使命主要包含以下几个要素：目标群体、干预行动或服务、社会关怀。社会组织是通过对目标群体的干预行动或服务来实现其社会关怀的宗旨的。

使命陈述对于社会组织的运行和发展具有不可忽视的价值和作用，主要体现在以下几个方面：

第一，明确社会组织发展的方向。社会组织的存在是以解决社会问题为目的，满足特定群体的需求为终极目标的，使命陈述能够帮助社会组织明确自身的定位和扮演的角色，以及承担的责任。

---

① 唐朝永，彭灿，林琳. 组织衰落与组织创新：管理者风险规避与制度化组织使命的作用 [J]. 研究与发展管理，2018 (1)：34-46.

② 王俊杰. 组织使命陈述的研究现状与简评 [J]. 现代管理科学，2013 (12)：62-64.

第二，指引社会组织确立战略目标和行动策略。明确的使命陈述使社会组织在确定目标与行动时，有清晰的框架，比如社会组织该向哪些人提供服务，满足他们的哪些需求，应该配置什么资源来满足这些需求，等等。可以说，清晰的使命陈述是社会组织确立战略目标与行动策略的指导方针。

第三，激励组织成员，完善内部治理。使命陈述具有统合力，它能将社会组织成员的个人价值和组织价值统合起来，极大地激发组织内部各个部门和成员的使命感和责任感。同时，清晰的使命陈述能够帮助社会组织成员明确权利和责任，有助于社会组织完善内部治理。

第四，提升社会组织公信力。社会组织以服务他人、造福社会为己任，使命陈述彰显对社会弱势群体生存发展、社会公义的人文关怀。把握社会组织使命，认同使命价值，可以帮助社会组织坚持公共精神，更好地为社会服务，提升社会组织公信力，发挥有效动员和配置社会资源的能力。

3. 如何陈述社会组织使命

社会组织使命是社会组织最高层次的目标，对社会组织其他目标的形成有直接和决定性作用。使命陈述能帮助社会组织明确其社会定位和服务。表 3－2 提供了一些社会组织的使命陈述。

表 3－2　个别社会组织的使命陈述

社会组织	使命陈述
自然之友	建设公众参与环境保护的平台，让环境保护的意识深入人心并转化成自觉的行动
中华社会救助基金会	帮老弱者安生，助贫困者自强
中国乡村发展基金会	助力乡村发展，促进共同富裕
腾讯公益慈善基金会	践行科技向善，用公益引领可持续社会价值创新

将使命与愿景结合起来看，可以发现使命陈述有这样几个特点：一是使命陈述简洁清晰，二是使命陈述是以结果的方式呈现的，三是使命陈述包含目标人群。

使命可以采用是什么、为什么、怎么做的思维路径进行陈述，具体分为以下三步：

第一步，明确我们是谁，我们为了谁。社会组织首先要认清自己的定位，知道自己面向的主要服务人群有哪些，才能更好地发展。

第二步，弄清这些人或群体的需求是什么。要弄清服务的群体有什么样的需求，为什么有这样的需求，才可以更好地解决实际问题。

第三步，思考要如何做才能满足需求。面对实际存在的需求，社会组织要明确如何做才能解决困难，满足这些需求，才能更好地向愿景前进①。

（三）宗旨——组织如何而存在

如果说愿景是一种美好的愿望，是一个宏伟的目标，使命能指引社会组织的实际行动，明确社会组织因为什么而存在，那么，宗旨的制定将有利于加强社会组织的管理和规范，有利于明确社会组织的业务范围，有利于社会组织实现其愿景和提升自身专业化能力。具体而言，宗旨规定了组织应从事什么样的业务，成为什么类型的组织，即什么可以做，什么不能做。也就是说，宗旨为社会组织限定了一个明确的业务范围，帮助组织遵守使命，实现愿景。一般来说，社会组织的宗旨是扶危济困，推动社会公平正义，改善民生，促进社会发展。宗旨的陈述简练明确，要素包括具体业务和目的，所以也被称为业务宗旨。

没有具体的宗旨，组织就无法制定出清晰的战略目标和达成目标的策略。如同组织的使命陈述，组织的宗旨也是在组织初创期就予以确立的，而且在组织发展过程中一再地被回顾和强化。

在愿景、使命的基础上，组织要确立明确的宗旨。德鲁克在谈到企业的宗旨时认为，要确定一个企业的宗旨，首先要回答两大问题：一是我们的企业现在是什么，即分析现在的业务和顾客；二是我们的企业将来应该是什么，即要分析和确定潜在的顾客。社会组织在确立宗旨时，在愿景的指引下，要和组织的服务范围、目标人群相关联，要联系其所处的社会环境。确立的宗旨一般都关乎社会建设、关乎民生，体现扶危济困，化解社会矛盾，维护社会秩序，促进社会和谐的精神。

确立宗旨需要找准三个定位：一是组织的目标群体定位，二是目标群体的需求定位，三是满足目标群体需求的方式定位。这三个定位与组织使命陈述思维路径相呼应，印证了有些管理学者认为使命由组织哲学和宗旨两部分组成的观点。其中组织哲学就是组织对内所奉行的价值观、信念和行为准则，以及对外部相关方的态度。成立于 1993 年的环保社会组织——自然之友，一直以来的宗旨是，通过环境教育、生态社区、公众参与、法律行动以及政策倡导等方式，运用一系列创新工作手法和动员方法，重建人与自然的连接，守护珍贵的生态环境，推动越来越多绿色公民的出现与成长。

---

① 克特纳，莫罗尼，马丁．基于效能的项目设计和管理：第 4 版［M］．广州：华南理工大学出版社，2016：101.

二、社会组织的理念、价值观与原则

（一）理念——组织做事的思维体系

一个组织的行动是基于该组织的理念框架和使命的。大多数社会组织未能成功地将使命和理想转化为有意义的社会行动，是因为其未能建立起内外一致、逻辑自洽的理念体系，比如我们如何看待社会进步的核心要素，如何看待我们的服务对象，如何看待弱势群体等，都是理念框架的核心元素。我们理解社会问题和目标人群的理论、概念，我们所秉持的信仰、假设、态度等，都是我们从事社会服务的思维体系。我们是带着“问题视角”将它们看作社会的负担和包袱，还是带着“优势视角”认为它们是有价值、有能动性、有潜能、能做出贡献的事物，关乎着我们的干预方式和干预成效。比如救助弱势群体的社会组织认为，通过建设社会支持系统，弱势群体有潜能摆脱自身的困境。

社会组织在成立时，就要讨论组织的理念系统，包括组织对人类发展的根本问题性问题、人的本质和生命的意义的思考，组织对社会服务行动中人和社会关系的认识，组织对服务对象的假设、态度，组织坚信的价值观和原则，组织所达成的共识，等等。

可以采用理念宣言的方式来确立组织的思维体系，如“组织认为……，组织将秉承……理念和原则，组织采用……方式来开展服务”。比如某基金会的理念系统是这样表述的：我们认为人的本性是积极能动的，社会环境与个人之间是双向互动和影响的，我们秉承每个人都有自我转变和服务社会的价值理念，基金会将聚焦发掘社区成员的潜能，采取积极主动与各方合作的方式开展社会服务，构建和谐社区，推动社会进步。

对于组织来说，理念与实践之间的一致性是最难且最重要的。如何将理念实践化或者如何以服务行动践行组织理念，是每个社会组织面临的一大挑战。可以从以下三个方面进行：第一，达成共识。组织内部要达成共识，这个共识包括理念的共识、思想的共识和行动的共识。第二，检视行动。组织在开展服务行动时，需要时时检视是否秉持着组织的理念而行动，是否偏离了组织的理念。第三，反思和更新。组织的理念不是一蹴而就的，也是随着社会服务行动的开展，随着实践的深入不断得到检视和考验的，组织成员可将实践行动中的反思反馈给组织理念制定者，大家共同讨论，及时更新理念、共识，这样，理念才能经得起事实和时间的检验。

（二）价值观——组织做事的信念系统

价值观是组织的基本信仰，是组成社会组织理念框架的一个重要元素。组织对价值观的践行将决定组织能否在使命的驱动下，实现理念和愿景。因此，价值观和原则是组织的信念系统。不同于营利性的商业组织，以非营利性、社会服务为导向的社会组织在开展社会服务行动时，是受价值驱动的。组织对服务他人和社会的重视，组织对正义、平等、尊重、信任的追求，以及服务人类的愿望对组织的激励等，是指导社会组织开展社会服务事业的价值观。比如自然之友的核心价值观是“与大自然为友，尊重自然万物的生命权利；真心实意，身体力行”。

对于价值观的重要性，《中国基金会发展指导手册》指出，价值观是员工在组织内协力工作的准则，能帮助组织克服困难，为组织提供进行优先性选择的纲领性方向；价值观指导制定组织的愿景和使命的过程既是建设团队精神的过程，也是不断完善组织的价值观的过程；团队的价值观是集体共同行动的依据，是组织从事社会服务活动的理念指导，是通过基金会的具体行动为社会做出贡献的精神力量。

《中国基金会发展指导手册》提出了价值观确立的三个步骤：第一步，全体员工分享各自的生命故事；第二步，提炼成员各自的价值观；第三步，寻找大家共同的价值观，提炼并形成机构的价值观。需要强调的是，作为理念框架的一个组成元素，社会组织的价值观也是在实践和反思中不断完善的。

（三）原则——组织做事的规范和标准

原则也是组织理念框架的一部分。在社会服务行动中，是鼓励竞争还是鼓励合作，是集体磋商做出行动还是个人一意孤行，是否坚持儿童利益优先，是否保护案主隐私等，这些都是组织的原则，它将影响组织社会服务行动的成效，也会影响组织的价值。不同的社会组织会有不同的做事原则。

社会组织原则的确立包括下述策略：首先，社会组织的运行和业务开展必须依法依规，比如《慈善法》对基金会、社会团体和社会服务机构开展慈善募捐、慈善捐赠、慈善服务，慈善组织如何处理慈善财产、如何进行信息公开以及相关法律责任等做出了具体的规定。依据《社会团体登记管理条例》第四条，社会团体必须遵守宪法、法律、法规和国家政策，不得反对宪法确定的基本原则，不得危害国家的统一、安全和民族的团结，不得损害国家利益、社会公共利益以及其他组织和公民的合法权益，不得违背社会道德风尚。社会团体不得从事营利性经营活动。其次，社会组织依据组织愿景和使命、理念和价值观，确立一些组织成员必须践行的原则，比如尊重客观事实、财务公开透明原则、资源节约原则、包容开放原则、协同合作原则等。每个社会组织在运行的各个层面和维度都有自己的原则。最后，专业性社会组织还需遵从专业伦理原则，包括个别化原则、非评判原则、保密性原则、案主自决原则、接纳和尊重案主的原则等。

三、社会组织的战略与目标

（一）战略——组织做事的依据

战略是一个实现组织使命的长期计划和安排，组织的战略回答了“组织要做什么以及怎么做”的问题，涉及的是组织的远期发展方向、长期目标和业务范围。

1. 战略的内涵

格里・约翰逊和凯万・斯科尔斯指出，战略主要涉及组织的远期发展方向和范围。在理想情况下，它应使资源与变化的环境，尤其是它的市场、消费者或名户相匹配，以便达到所有者的预期希望。他们还梳理了战略的七个特点①：（1）战略决策一般与组织的活动范围有关。比如组织应该集中在某个活动领域还是几个活动领域，而组织的活动范围与决策者希望组织是什么和做什么有关。（2）战略要与一个组织的运营环境相匹配，如组织所在国家的经济状况、人口的增长幅度、竞争的激烈程度、商品的需求水平、技术水平等。（3）战略要与组织的资源潜力相匹配，即要将组织的活动与其资源容量相匹配。这不仅指组织将遭遇环境威胁或获得发展机会，还意味着组织的资源要与这些威胁和机会相匹配。（4）战略决策经常作为组织的关键资源要素。战略不仅需要考虑组织现有资源能力适用于环境的程度，还要考虑可获得和控制的资源适用于未来战略发展的程度。（5）战略决策会影响日常的经营性决策。组织中的变化要求经营层做出一整套、一系列的决定。（6）组织战略不仅受到环境和资源可得性的影响，还受到那些在组织内或组织外拥有权力的人的价值观和期望的影响。在某种程度上，战略是组织成员尤其是经营层对那些对组织有强大影响力的人的态度的反应。（7）战略是组织要遵循的长期发展方向。

根据这一定义，战略决定一个组织基本和长期的目标和目的，是组织进行资源配置，从事社会服务行动的基本依据。战略的特点是长期性、目标性以及有具体行动。

---

① 康晓光．非营利组织管理［M］．北京：中国人民大学出版社，2011：25.

2. 如何规划战略

非营利组织管理大师德鲁克曾说，“搬掉大山，不仅需要雄心壮志，更需要推土机”①。对非营利组织来说，使命和计划（如果这就是所有的一切）就是雄心壮志，而战略则是推土机，能将计划转变为实际的成果。社会组织在确定使命后，为把使命、计划转化成实际的成果，应该制定三大战略：（1）营销战略。通过营销战略把客户的需求和机构的使命整合起来，使机构更好地满足客户需求。（2）创新战略。客户的需求是不断变化的，社会组织需要不断创新，更好地满足变化的需求。（3）资金发展战略。因为要解决社会问题，社会组织需要资源，资源来自社会，所以社会组织需要制定资金发展战略，扩大收入来源，培养和发展能长期给机构提供资助的捐赠团体②。

由于不同的研究角度，战略分析有不同的学派和主张，环境-资源学派在整合环境导向学派和资源依赖学派的基础上，采用 SWOT 分析法来进行战略分析，目的是同时兼顾组织自身和外部环境两个变量。

SWOT 分析法中，“S”代表组织自身的优势和长处（strength），“W”指组织自身的劣势（weakness），“O”指外部环境提供的机会和机遇（opportunity），“T”指外部环境中的威胁和挑战（threat）。结合社会组织相关内部、外部因素，战略制定的 SWOT 矩阵如表 3-3 所示。

表 3-3　战略制定的 SWOT 矩阵

	内部优势（S） 如管理、运营、财务、项目设计与开发、品牌营销、社会服务专业性等方面的优势	**内部劣势（W）** 与“内部优势”一栏中相对处于劣势的因素
外部机会（O） 如目前的政策动向、社会经济发展状况、社会需求、资金支持等方面的空间	**SO 战略：最大与最大** 即着重考虑优势因素和机会因素，目的在于努力使这两种因素都趋于最大	**WO 战略：最小与最大** 即着重考虑劣势因素和机会因素，目的是努力使劣势趋于最小，使机会趋于最大
外部威胁（T） 如资源短缺、政策紧缩、社会认同不够等	**ST 战略：最小与最大** 即着重考虑优势因素和威胁因素，目的是努力使优势因素趋于最大，使威胁因素趋于最小	**WT 战略：最小与最小** 即考虑劣势因素和威胁因素，目的是努力使这些因素都趋于最小

资料来源：康晓光．非营利组织管理［M］．北京：中国人民大学出版社，2011：36.

从以上 SWOT 矩阵发现，WT 战略是在最困难的情况下不得已而为之的战略；

① 德鲁克．非营利组织的管理［M］．北京：机械工业出版社，2007：60.

② 徐本亮．社会组织管理精要十五讲［M］．上海：上海社会科学院出版社，2018：6.

WO 战略和 ST 战略是在一般情况下采取的战略；SO 战略是在最为理想的情况下采取的战略。

SWOT 分析法是用系统思想将独立的因素相互匹配进行的综合分析，有利于对组织所处情景进行全面、系统、准确的研究，有助于制定发展战略、计划或对策。社会组织运用 SWOT 分析法制定战略有四个步骤：首先，回顾组织使命。战略是实现组织使命的支点。在制定组织战略时，不能脱离组织的使命。回顾使命，可避免组织制定与使命导向南辕北辙的战略。其次，进行内外环境因素分析。回顾和明晰组织使命后，分析组织所面对的各种内外部因素，包括主观层面的内部优势和劣势，客观存在的外部机会和威胁。再次，构造 SWOT 矩阵。将各种因素列出，构造 SWOT 矩阵，并进行内外部因素的对策匹配，进行战略分析和选择。最后，制定策略行动计划。基本思路是，发挥内部优势，克服自身弱点，抓住机遇，化解威胁。

（二）目标——组织做事的行动指南

组织目标是指一个组织未来在一段时间内希望通过努力争取达到的状况。它是管理者和组织中一切成员的行动指南，是组织决策、效率评价（员工考核）的基本依据。因此，组织目标为组织的活动成功提供了动力和要求。组织目标是多重的而不是单一的，有总体目标，有具体目标；有长期目标，也有中、短期目标；有集体目标，也有许多个人目标。

社会组织的目标经常被置于战略之后，作为战略目标呈现。因此，制定了组织的战略后，就要确定组织的目标。如果战略回答了组织“做什么”和“不做什么”，以及“如何做”的问题，那么目标将回答“要做到什么程度”的问题。

战略具有长期性、目标性，目标则是短期的、具体的，组织的战略一般以五年、十年或三十年为时间节点，而目标一般以一年、三年为时间节点，且是在战略框架下制定的，通过目标实现战略。

战略是抽象的、原则的，不便于直接实施，因此需要把它具体化为长期目标、中期目标和短期目标后才能付诸实践。因此，目标是将战略具体化、程序化、行动化。德鲁克说：“并不是有了工作才有目标，而是相反，有了目标才能确定每个人的工作。所以，管理者应该通过目标对下级进行管理。企业的使命和任务必须转化为目标。”社会组织也逐渐通过有效的管理，将自身的目标转化成具体的行动。

战略的核心内容是确定项目组合。非营利组织的产出是项目，相当于经济组织的产品或服务。因此，“做什么”和“不做什么”就体现为做哪些项目和不做哪些项目。

案　例

南都公益基金会的战略框架和业务规划[①]

南都公益基金会有清晰的阶段性战略目标，并且会根据社会发展和行业需求制定挑战战略。在南都公益基金会 2021—2023 年战略中，将更加注重通过下沉、破圈、链接和协同的方式，促进公益生态发展。南都公益基金会的业务不断调整，但基金会的使命始终是“支持民间公益”，即推动民间公益基础设施建设，为公益行业提供服务。2021—2023 年战略指出，通过行业建设、规模化社会创新、公众倡导、研究和知识生产四个业务板块，实现“建设公益生态系统，促进跨界合作创新”的阶段性战略目标。

下图是南都公益基金会 2021—2023 年战略框架和业务规划。

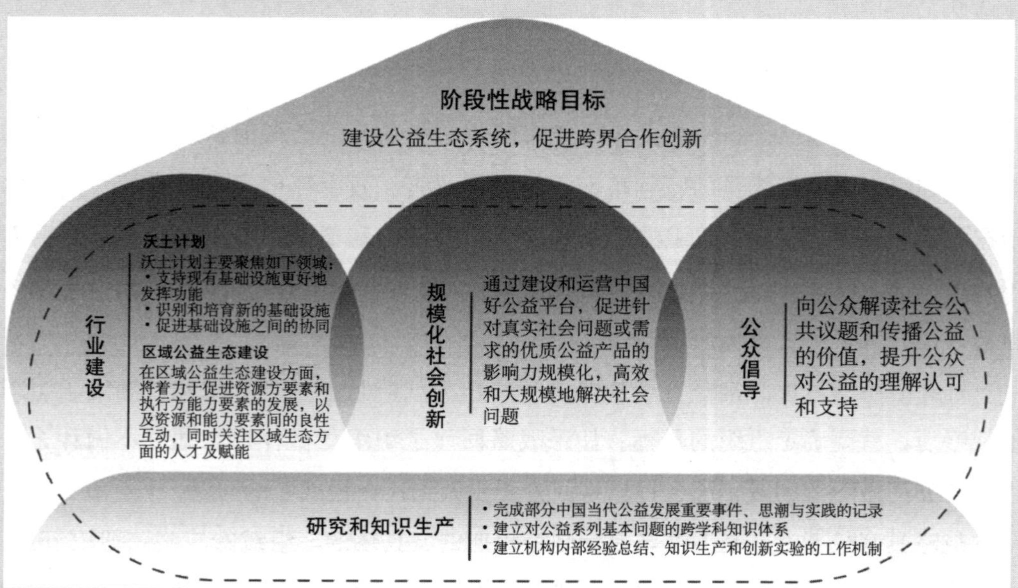

关键术语

党的建设　党建引领　愿景　使命　战略

① 2022 年年度报告［EB/OL］.（2023－05－15）［2023－06－21］. https：//naradafoundation.org/Uploads/file/20230515/6461d4b596e47.pdf.

复习思考题

1. 什么是社会组织中党的建设？它的总体要求是什么？
2. 我国社会组织党建引领的发展进程经历了哪几个阶段？
3. 我国社会组织党建工作存在哪些短板？如何改善优化？
4. 什么是社会组织的愿景和使命？如何确立愿景，如何陈述使命？
5. 什么是社会组织的战略和目标？如何确立战略和目标？

参考书目

1. 习近平．决胜全面建成小康社会 夺取新时代中国特色社会主义伟大胜利：在中国共产党第十九次全国代表大会上的报告［M］．北京：人民出版社，2017.
2. 习近平．在全国组织工作会议上的讲话［M］．北京：人民出版社，2018.
3. 习近平．论坚持全面深化改革［M］．北京：中央文献出版社，2018.
4. 德鲁克．非营利组织的管理［M］．北京：机械工业出版社，2007.
5. 德鲁克．功能社会：德鲁克自选集［M］．北京：机械工业出版社，2022.

第四章　社会组织法律规范

学习目标

1. 了解我国社会组织法律体系的演进过程；
2. 掌握我国社会组织的主要法律体系；
3. 理解我国社会组织主要业务活动的重要法律法规；
4. 树立社会组织法律规范的理念与意识。

我国当前的社会组织法律体系呈现伞状结构，以《民法典》为基础，以《民非条例》[①]、《社会团体登记管理条例》和《基金会管理条例》（简称三大条例）为主干。《民法典》定义了社会组织的法人性质；三大条例分别约束社会服务机构、社会团体和基金会，明确其登记管理制度、监督管理制度和组织机构。

第一节　社会组织的法律定义

社会组织是一个在全国人大及其常委会颁布的法律中虽然多次使用，也有着较为一致的含义，但没有具体的定义的概念，其原因在于国务院拟制定的“社会组织登记管理条例”尚未正式通过并实施。一旦条例生效，社会组织的概念将有了一个行政法规级别的定义。

---

① 2016年《慈善法》出台后，民办非企业单位正式更名为“社会服务机构”，但作为规范社会服务机构的主要行政法规，《民办非企业单位登记管理暂行条例》并未修订。本章提及“民办非企业单位”的，统一根据《慈善法》以“社会服务机构”为法定称谓，只有在提及《民办非企业单位登记管理暂行条例》时仍称为《民非条例》。“民办非企业单位”与“社会服务机构”，在法律性质上有两点重大区别：第一，民办非企业单位有个体型、合伙型等非法人组织的形式，而社会服务机构都属于法人，这属于历史遗留问题；第二，依据《民法典》，社会服务机构都是以公益为目的的法人，但《民非条例》没有这样的规定，只规定了非营利性。

《慈善法》对申请认定或登记为慈善组织的基金会、社会团体和社会服务机构提出了进一步的规范要求，细化了慈善组织开展慈善募捐、慈善捐赠、慈善服务的行为规范，并对慈善组织如何处理慈善财产、如何进行信息公开以及相关法律责任进行了具体的规定。境外非政府组织作为一类在境外成立的特殊的社会组织，其在境内活动的法律权利与义务由《境外法》单独规范。

同时，我国还有《慈善组织信息公开办法》《慈善组织认定办法》《慈善组织公开募捐管理办法》《慈善组织保值增值投资活动管理暂行办法》《社会团体年度检查暂行办法》《民办非企业单位年度检查办法》《民办非企业单位登记暂行办法》《基金会信息公布办法》等法律法规对各类社会组织的具体业务行为进行详细规范。

本章的学习目标是，首先了解社会组织法律体系的构成和发展历程，其次了解我国社会组织法律体系的六部主干法律法规（见图 4－1），最后了解与社会组织具体行为有关的、较为重要的行政法规。围绕学习目标，需要全面掌握六部核心法律法规的基本内容，深入理解社会服务机构、社会团体、基金会、境外非政府组织的组织性质和行为规范，大体了解规范社会组织各类业务行为的法律法规。

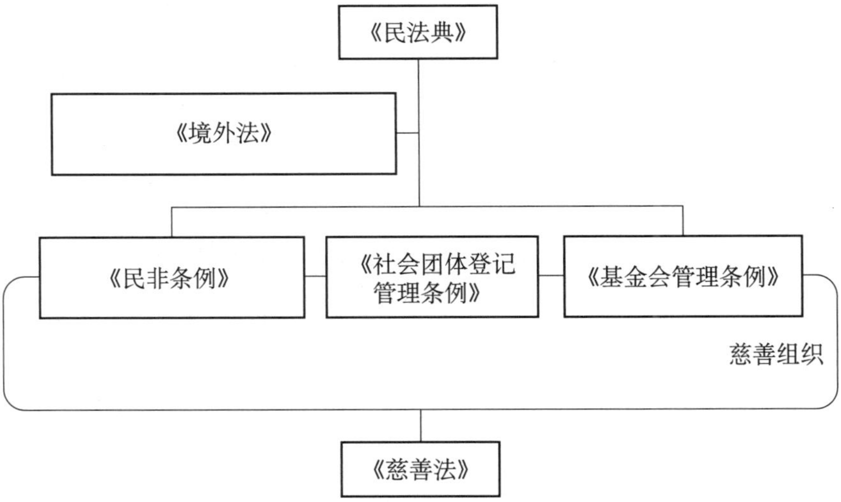

图 4－1　当前我国社会组织法律体系的六部主干法律法规

第二节　社会组织法律体系的演进

我国社会组织法律体系的演进与社会组织本身的发展历程息息相关。1949 年以来，我国社会组织法律体系主要围绕社会组织的登记管理制度和监督管理制度建立和完善。直至2016年《慈善法》出台，增加了公开募捐、信息公开、保值增值等具体的制度内容，才形成了当前全方位的法律规范视角。

从法律法规角度来看，我国社会组织的名称和登记管理制度几度变迁：社会组织的概念经历了“社会团体”“社会团体法人”“民间组织”“社会组织”等阶段的发展；管理方式经历了分级管理、归口登记、双重管理和混合登记等阶段的探索。

第一，社会团体分级管理时期。

20世纪50年代，我国法律法规以“社会团体”笼统地指代人民团体、社会团体、行业协会等具有一定民间性质的组织。1950年出台的《社会团体登记暂行办法》将“社会团体”分为六类，即人民群众团体、社会公益团体、文艺工作团体、学术研究团队、宗教团体及其他合于人民政府法律组成的团体。

这一时期，我国对社会团体采取了分级登记管理制度，即各社会团体向同一级别的人民政府登记。《社会团体登记暂行办法》规定，全国性的社会团体，应向中央人民政府内务部申请登记；地方性的社会团体，应向当地人民政府申请登记，经批准设立的，同时转呈直接上级政府备案。这一时期的社会团体只需要向同级别的人民政府申请登记，除此之外不需要其他政府部门的批准或者同意。

第二，社会团体法人与归口登记时期。

笼统的“社会团体”概念和分散登记管理制度一直延续到20世纪80年代初期。80年代后期，我国法律法规对社会组织的称谓和管理方式有了较大变化。

1986年出台的《民法通则》提出了“社会团体法人”的概念。《民法通则》的规定实际上承认了社会团体的法人地位，但未能为社会团体划定明确的范围，各类法人与非法人组织只能通过部门法与《民法通则》的交叉解释寻求答案。

随后，1988年出台的《基金会管理办法》和1989年出台的《社会团体登记管理条例》分别明确了基金会和社会团体的社会团体法人身份，同时明确了基金会和社会团体的登记管理制度。《基金会管理办法》和《社会团体登记管理条例》一改先前的分散管理原则，初步确立了归口登记、双重负责、分级管理的登记管理体制①。

这一时期的社会团体法人登记管理保留了分级管理的特点，各社会团体向同一级别的人民政府登记。与之前不同的是，民政部门成为社会团体法人的归口管理部门。

第三，社会组织登记管理体制基本确立时期。

1998年出台的《民非条例》和1998年、2004年分别修订的《社会团体登记管

① 王雁红．从双重管理到分类管理：我国社会组织管理的制度变迁与路径创造［J］．江苏社会科学，2018（6）：76－85.

理条例》《基金会管理条例》在继承归口登记、分级管理的基础上，进一步明确了双重管理制度。各级别民政部门作为社会团体、社会服务机构和基金会这三类社会组织的登记管理机关，承担社会组织的成立、变更、注销、年检、监督检查和行政处罚等职责。在登记管理机关之外，另有相关政府部门或政府授权机构担任社会组织的业务主管单位，承担业务角度审查、监督社会组织日常活动的职责，包括但不限于筹备、成立、变更、注销、年检等。自此，登记管理机关和业务主管单位并行的双重管理体制成为我国社会组织的主要监督管理体制。

在2006年党的十六届六中全会上通过的《中共中央关于构建社会主义和谐社会若干重大问题的决定》中，第一次提出了“社会组织”的概念，并用“社会组织”这一概念取代了先前常用的“社会团体”“民间组织”等概念。

2008年，“社会组织”所指代的对象逐渐定形。同年颁布的《国务院关于印发汶川地震灾后恢复重建总体规划的通知》第十三章第八节提及：“支持民办非企业机构、基金会、行业协会等社会组织参与恢复重建，在资金募集、企业重建、职业技能培训和中介服务等方面发挥重要作用。”该文件首次较为清晰地明确了社会组织的范围，即指社会服务机构、基金会和社会团体。

随着“社会组织”称谓和范围的确定和三大条例及其配套规定的完善，社会组织法律体系及配套制度逐步确立。

第四，社会组织混合登记体制与慈善组织时期。

2011年，《民政部、国家发展和改革委员会关于印发〈民政事业发展第十二个五年规划〉的通知》中提出“推进社会组织登记管理创新，拓展社会组织直接登记范围，探索登记管理和业务主管职能一体化”，要求简化社会组织的登记程序。2012年以来，长期执行的分级登记、双重管理制度有所改变。各地在大体保留分级登记、双重管理制度的基础上，开始尝试只向民政部门登记，不寻求业务主管单位同意的直接登记制度。

2013年，《国务院办公厅关于实施〈国务院机构改革和职能转变方案〉任务分工的通知》进一步提出“对行业协会商会类、科技类、公益慈善类、城乡社区服务类社会组织实行民政部门直接登记制度”，明确了初步实践直接登记制度的社会组织范围。2016年，《民政部关于学习宣传贯彻〈关于改革社会组织管理制度促进社会组织健康有序发展的意见〉的通知》再次确认了“依法做好社会组织登记审查，稳妥推进行业协会商会类、科技类、公益慈善类、城乡社区服务类社会组织直接登记”的规划方向，明确了直接登记与双重管理并行的登记管理体制。

2016年《慈善法》的出台正式将“民办非企业单位”更名为“社会服务机构”，并引入了“慈善组织”的概念。通过赋予部分社会组织“慈善组织”的性质，《慈善法》明确了慈善捐赠、慈善募捐的主体资格，定义了慈善财产、慈善服务的含义，规范了慈善捐赠、慈善募捐、慈善信托的法律性质和法律关系，并进一步对慈善组织提出了信息公开等监督管理上的要求。

第三节　社会组织的法律体系

一、《民法典》与非营利法人

（一）从“社会团体法人”到“非营利法人”

《民法通则》将社会组织归类为“社会团体法人”，《民法典》将社会组织归类于非营利法人。法人是拟制人格，是具有民事权利能力和民事行为能力，依法独立享有民事权利并承担民事义务，并以自己的财产承担民事责任的组织。

在《民法通则》中，我国的法人分为企业法人、机关法人、事业单位法人和社会团体法人四类，借鉴了苏联的法人分类模式。现今的三类社会组织在早期均属于《民法通则》中社会团体法人范畴。20世纪80年代以来，随着我国经济快速发展，法人组织的构成情况已经发生了翻天覆地的变化，《民法通则》所确定的法人类型已不再能够涵盖我国实际存在的法人类型①。

《民法总则》(现已编入《民法典》)最终采纳了二分法，将法人分为营利法人和非营利法人，并设置特别法人作为补充。对于《民法总则》选用营利法人与非营利法人二分这一法人体系的原因，时任全国人大常委会法工委主任的李适时解释道：(1)这一分类能反映法人之间的根本差异，即是否营利，延续了《民法通则》按照企业和非企业进行分类的基本思路，符合我国的立法习惯；(2)非营利性法人能够涵盖事业单位、社会团体、基金会和社会服务机构，符合我国的国情；(3)创设非营利法人类别有利于改革社会组织管理制度、促进社会组织健康有序发展②。

《民法典》延续了《民法总则》的法人分类方式。目前，我国的法人主要分为营利法人和非营利法人两类，并以特别法人作为补充。其中，非营利法人不仅包括基

---

① 王利明．民法总则研究［M］．北京：中国人民大学出版社，2003：389.

② 《民法总则立法背景与观点全集》编写组．民法总则立法背景与观点全集［M］．北京：法律出版社，2017：16－17.

金会、社会服务机构、社会团体这三类公认的社会组织，还包括事业单位和先前难以定位的宗教活动场所，如图4-2所示。

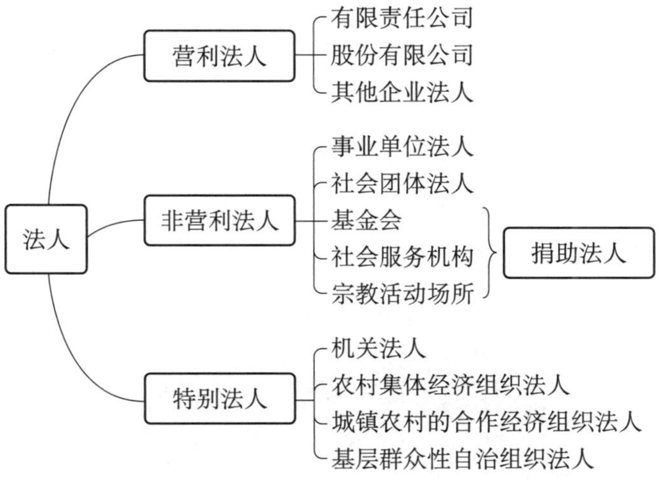

图4-2 营利法人、非营利法人和特别法人的三分法

对比《民法典》和《民法通则》中关于非营利法人和社会团体法人的规定，不难发现《民法典》对于非营利法人的定义和规范更为全面具体，从第八十七条到第九十五条一共有九款条文规定，而《民法通则》只有第五十条一款条文。《民法典》不仅提出并定义了非营利法人的性质，还将非营利法人细分为事业单位法人、社会团体法人和捐助法人。《民法典》定义的社会团体法人不再宽泛地指代三类社会组织，而是仅指代社会团体法人这一特定的法人类型。

（二）《民法典》中“非营利法人”的定义

为厘清社会组织的基本法律概念，理解《民法典》对非营利法人的定义至关重要。

《民法典》第八十七条将非营利法人定义为：为公益目的或者其他非营利目的成立，不向出资人、设立人或者会员分配所取得利润的法人。应当注意定义并区分公益目的和非营利目的的定义。

1. 公益目的

《民法典》要求社会组织具有公益目的，规范的是社会组织的业务范围，要求社会组织必须围绕法律法规定义的公共利益开展活动，并以促进公共利益为组织的使命愿景。

我国法律对于公益目的未做概念化定义，但在部分法律法规中以列举的方式提出了符合公共利益的行为。结合《信托法》第六十条和《慈善法》第三条分别提出的“公共利益目的”和“慈善活动”的相关定义，公益目的可以概括为——救助、扶助有困难的社会群体，并关注救灾、教育、科技、文化、艺术、体育、卫生医疗、环保等其他相关社会公益事业的一切行为和活动。

2. 非营利目的

从具体行为上看，非营利的内涵大于公益的内涵。在教育、救灾、艺术等具有明显公益目的的行为之外，开展学术研究、制定行业标准、交流生活、学习经验等也是符合非营利目的的行为。据此，商会、同学会、行业协会等组织虽然不具有公益目的，但也是非营利法人，具有非营利性。关于非营利和公益的内涵分析可见图 4-3。

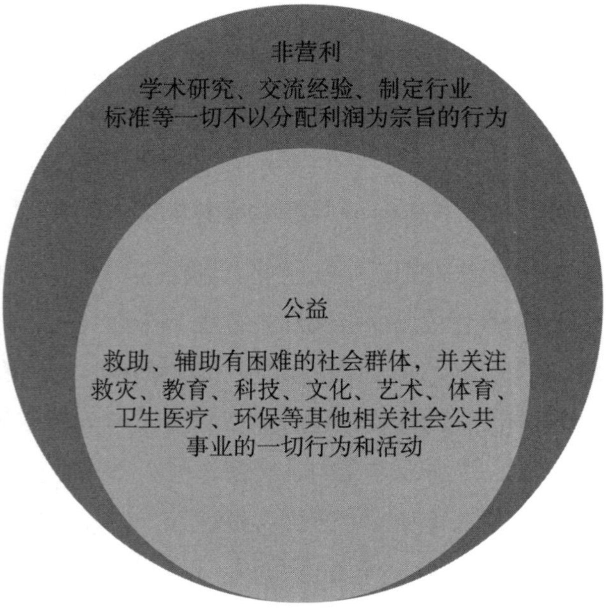

图 4-3 关于非营利和公益的内涵分析

从法律角度看，非营利目的指不以分配利润为宗旨和目的。《民法典》第八十七条也明确了非营利的内涵，即“不向出资人、设立人或者会员分配所取得利润”。换言之，社会组织可以开展业务并收取费用，也可以依法投资获取利息，但不能将取得的利润分配给他人，而是必须用于机构的发展，以实现机构的公益目的。

许多人认为非营利即一律不能从事经营性活动，进而要求社会组织组织或提供服务时不能收取任何费用。这是对非营利的误解，违背了《民法典》的原意，也混淆了盈利和营利的词义。根据《现代汉语大词典》，盈利指的是“扣除成本后获得的利润”，而营利指的是“谋求利润”，前者侧重组织运营的结果，后者侧重组织运营的动机。非营利组织可以盈利但不能营利，也就是说，非营利组织在运营的过程中可以获得利润并以此为经费继续运营以实现公益目的，但不能将为自身团体、出资人或设立人积累和创造财富作为组织运营的动机。否则，非营利法人就违背了非营利性这一本质属性。非营利法人本身的非营利性也是《民法典》第九十五条规定“为公益目的成立的非营利法人终止时，不得向出资人、设立人或者会员分配剩余财产”的理由和法理基础。

3.《民法典》中捐助法人的定义

捐助法人是非营利法人中的一类，具备非营利法人的一切性质。

在公益性和非营利性之外，捐助法人的独特性在于其必须是通过捐赠财产发起设立的非营利法人。在社会组织中，通过捐赠财产发起设立的基金会、社会服务机构都是捐助法人。

4. 社会组织与非营利法人、捐助法人的异同

虽然事业单位法人和宗教活动场所与基金会、社会团体法人和社会服务机构同为《民法典》定义的非营利法人，但通常意义上，社会组织仍限于基金会、社会团体和社会服务机构。这是因为一方面社会组织这一词汇在民政文件和社会公众的日常运用中已形成约定俗成的语义概念，另一方面，事业单位法人和宗教活动场所不符合社会组织法人的特征，无法被纳入社会组织的概念中。

概言之，《民法典》只是定义了非营利法人和捐助法人，社会组织仍然主要指代基金会、社会团体和社会服务机构。在《民法典》出台后，社会组织法人的法人性质发生了变更，从原本的社会团体法人变更为非营利法人。基金会、社会服务机构则更进一步被定义为捐助法人。关于社会组织的类型及其法人的概念区分可见表 4-1。

表 4-1　关于社会组织的类型及其法人的概念区分

机构类型	法人性质	习惯称谓
基金会	非营利法人、捐助法人	社会组织
社会团体	非营利法人、社会团体法人	
社会服务机构	非营利法人、捐助法人	

（三）三大条例与基金会、社会团体、社会服务机构

本节主要解读三大条例对基金会、社会服务机构和社会团体的具体规范。

1. 基金会

2004 年《基金会管理条例》出台，一共四十八条，对基金会的设立、变更和注销，组织机构，财产的管理和使用，监督管理，法律责任五个方面做出了基本规范，

是我国基金会管理的主要法律法规，从此基金会的内部管理要求日益规范，外部监管体系也日趋完善。

2006年出台的《基金会年度检查办法》和《基金会信息公布办法》进一步提出了基金会年度检查的形式和实质要求，以及基金会信息公开的程序和内容，弥补了《基金会管理条例》在监管实践上的缺失，也对基金会的内部管理提出了更进一步的要求。

首先，基金会的登记设立。根据《基金会管理条例》第六条的规定，国务院民政部门和省、自治区、直辖市人民政府民政部门是基金会的登记管理机关。国务院民政部门负责下列基金会、基金会代表机构的登记管理工作：（1）全国性公募基金会；（2）拟由非内地居民担任法定代表人的基金会；（3）原始基金超过2 000万元，发起人向国务院民政部门提出设立申请的非公募基金会；（4）境外基金会在中国内地设立的代表机构。省、自治区、直辖市人民政府民政部门负责本行政区域内地方性公募基金会和不属于前款规定情况的非公募基金会的登记管理工作①。

其次，基金会的监管体制。我国的基金会当前仍然是分级登记、双重管理体制，这一体制不仅体现在基金会的登记管理制度上，也体现在基金会的监管体系中。换而言之，登记管理机关和业务主管单位不仅是基金会的登记机关，也是基金会的管理机关。民政部门作为基金会的登记管理机关，不仅负责基金会的登记，也对基金会履行监督管理职责，包括：（1）对基金会、境外基金会代表机构实施年度检查；（2）对基金会、境外基金会代表机构依照本条例及其章程开展活动的情况进行日常监督管理；（3）对基金会、境外基金会代表机构违反本条例的行为依法进行处罚②。而基金会的业务主管单位配合登记管理机关的监管，主要履行下列监督管理职责：（1）指导、监督基金会、境外基金会代表机构依据法律和章程开展公益活动；（2）负责基金会、境外基金会代表机构年度检查的初审；（3）配合登记管理机关、其他执法部门查处基金会、境外基金会代表机构的违法行为③。

2. 社会服务机构

自2016年《慈善法》提出社会服务机构这一称谓后，之前统称的民办非企业单位更名为社会服务机构。随后颁布的《民法总则》以及其他法律都承袭了这一称谓。根据全国人大常委会法制工作委员会和民政部的相关释义，《慈善法》《民法总则》中提到的社会服务机构就是先前根据《民非条例》登记的民办非企业单位，即社会

---

① 《基金会管理条例》第六条。

② 《基金会管理条例》第三十四条。

③ 《基金会管理条例》第三十五条。

服务机构是2016年以后法律法规对该类组织的规范用词[①]。

在民政部门登记的非营利性民办医院、民办学校、博物馆、养老院等均属于典型的社会服务机构。社会服务机构提供服务可以收取合理服务费用，以确保成本，略有盈余，对于维持其活动，促进和扩大其业务规模是非常必要的，这与从事营利性经营活动是完全不同的概念，必须严格加以区分。所收取费用的剩余部分或清算后的资产只能用于社会公益服务事业，不得在成员中分配。

《民非条例》共计三十二条，对社会服务机构的登记、监督管理和法律责任等进行了初步规范。

首先，社会服务机构的登记设立。国务院有关部门和县级以上地方各级人民政府的有关部门、国务院或者县级以上地方各级人民政府授权的组织，是有关行业、业务范围内社会服务机构的业务主管单位；国务院民政部门和县级以上地方各级人民政府民政部门是本级人民政府的社会服务机构登记管理机关，负责同级业务主管单位审查同意的社会服务机构的登记管理。根据《民非条例》第八条规定，申请登记社会服务机构，应当具备下列条件：（1）经业务主管单位审查同意；（2）有规范的名称、必要的组织机构（名称应当符合国务院民政部门的规定，不得冠以“中国”“全国”“中华”等字样）；（3）有与其业务活动相适应的从业人员；（4）有与其业务活动相适应的合法财产；（5）有必要的场所。

其次，社会服务机构的监管体制。民政部门作为社会服务机构的登记管理机关，履行下列监督管理职责：（1）负责社会服务机构的成立、变更、注销登记；（2）对社会服务机构实施年度检查；（3）对社会服务机构违反《民非条例》的问题进行监督检查，对社会服务机构违反本条例的行为给予行政处罚。业务主管单位履行下列监督管理职责：（1）负责社会服务机构成立、变更、注销登记前的审查；（2）监督、指导社会服务机构遵守宪法、法律、法规和国家政策，按照章程开展活动；（3）负责社会服务机构年度检查的初审；（4）协助登记管理机关和其他有关部门查处社会服务机构的违法行为；（5）会同有关机关指导社会服务机构的清算事宜。

3. 社会团体

《社会团体登记管理条例》共三十七条，是我国规范社会团体登记成立、变更注销、监督管理和法律责任的主要行政法规。

首先，社会团体与基金会、社会服务机构的主要区别。基金会、社会服务机构

① 民政部对“关于进一步明确‘民办非企业’名称和性质的建议”的答复［EB/OL］. （2018-08-27）［2022-11-02］. https：//www.mca.gov.cn/article/gk/jytabljggk/rddbjy/201810/20181000011835.shtml.

均为捐助法人，但社会团体独立为社会团体法人。依据《民法典》和《社会团体登记管理条例》，社会团体与基金会、社会服务机构的主要区别在于：其一，法人资格的取得方式不同。一些社会团体类型不需要办理法人登记即可取得法人资格（如中国红十字会总会以及政协会议的八大人民团体），而基金会、社会服务机构则均需经依法登记成立方可取得法人资格。其二，法人资格的类型不同。社会团体取得的法人资格为社会团体法人资格，其他两类社会组织取得的法人资格为捐助法人资格。其三，设立目的不同。基金会、社会服务机构作为公益法人，均为公益目的而设立，而社会团体可以为公益目的而设立，也可为会员共同利益等其他非营利目的而设立。如上文所述，非营利目的相对公益目的，其指代范围更广。其四，内部治理结构不同。依据《民法典》第九十一条和第九十三条，会员大会或者会员代表大会是社会团体的权力机构，而理事会是社会团体的执行机构，且相关法律法规不要求社会团体设监事或监事会这类监督机构。对于基金会、社会服务机构这类捐助法人而言，理事会是其权力机构且必须设监事或监事会作为监督机构。

其次，社会团体的登记设立。国务院民政部门和县级以上地方各级人民政府民政部门是本级人民政府的社会团体登记管理机关；国务院有关部门和县级以上地方各级人民政府有关部门、国务院或者县级以上地方各级人民政府授权的组织，是有关行业、学科或者业务范围内社会团体的业务主管单位①。申请成为社会团体，应当经其业务主管单位审查同意，由发起人向登记管理机关申请登记。成立社会团体，应当具备下列条件②：（1）有 50 个以上的个人会员或者 30 个以上的单位会员；个人会员、单位会员混合组成的，会员总数不得少于 50 个。（2）有规范的名称和相应的组织机构。（3）有固定的住所。（4）有与其业务活动相适应的专职工作人员。（5）有合法的资产和经费来源，全国性的社会团体有 10 万元以上活动资金，地方性的社会团体和跨行政区域的社会团体有 3 万元以上活动资金。（6）有独立承担民事责任的能力。

再次，社会团体的组织机构。社会团体的组织机构包括会员大会或者会员代表大会、理事会，可以根据需要设立常务理事会、监事或者监事会。会员大会或者会员代表大会是社会团体的权力机构③，行使制定、修改章程和会费标准，制定、修改负责人、理事和监事选举办法，审议批准理事会的工作报告和财务报告，决定社会

① 《社会团体登记管理条例》第六条。
② 《社会团体登记管理条例》第十条。
③ 《民法典》第九十一条。

团体的终止事宜，以及章程规定的其他职权。与基金会、社会服务机构不同，理事会不是社会团体的权力机构，而是会员大会或者会员代表大会的执行机构，即理事会行使章程规定的职权，对会员大会或者会员代表大会负责。

最后，社会团体的监管体制。在分级登记、双重管理的监管体系下，民政部门作为社会团体的登记管理机关，相关职能部门作为社会团体的业务主管单位，其履行监督管理职能与其对社会服务机构履行的监督管理职能大致相同，在此不再赘述①。

4. 行业协会、商会

行业协会、商会都是社会团体。在登记管理、组织机构和监督管理上，行业协会、商会与其他社会团体并无本质不同。行业协会由同业的企业以及其他组织自愿组成，如中华全国律师协会、中国证券业协会、中国软件行业协会等。行业协会多以行政区域为范围组建，同一行业在不同地区可以设立不同的行业协会，例如大连市木业协会、天津市木业协会、太仓市木材行业协会等。但根据《社会团体登记管理条例》第十三条的规定，在同一行政区域内已有业务范围相同或者相似的社会团体，没有必要成立的，登记管理机关不予登记。因此，同一地区在实践中一般不登记注册两个业务范围相同或者相似的行业协会，这一原则也被称为“一业一地一会”原则。

与行业协会不同，商会不是同业企业的联合，而是为达到某种目标，突破行业、籍贯限制，联合多个行业、多个地域组成的团体，例如中国国际商会、中国对外承包工程商会、中华潮汕商会等。

早期的行业协会、商会大多具有官方背景，或由行政机关主办、主管，或挂靠某行政机关。在发展初期，行业协会、商会借助与行政单位的紧密关系，在为政府提供咨询、服务企业发展、优化资源配置、加强行业自律、创新社会治理、履行社会责任等方面发挥了积极作用。随着我国政府机构改革和职能转变，行业协会、商会与政府的关系有所改变。党的十八大提出，要构建“政社分开、权责明确、依法自治”的现代社会组织体制。2015 年 7 月 8 日，《行业协会商会与行政机关脱钩总体方案》公布，国家开始引导行业协会、商会逐步与行政机关脱钩，又称为“政会脱钩”，具体要求包括：（1）机构分离，规范综合监管关系；（2）职能分离，规范行政委托和职责分工关系；（3）资产财务分离，规范财产关系；（4）人员管理分离，规

① 《社会团体登记管理条例》第二十四条、第二十五条。

范用人关系；（5）党建、外事等事项分离，规范管理关系。

截至 2022 年 8 月，全国纳入脱钩改革范围的行业协会、商会共计 73 706 家，除部分暂不具备脱钩条件外，应脱钩 70 612 家，完成脱钩 70 428 家，完成率 99.7%。至此，我国已经初步建立起政社分开、行业指导、权责明确、依法自治的新社会组织管理体制①。

二、《慈善法》与慈善组织

2023 年修正的《慈善法》将于 2024 年 9 月 5 日起正式施行，分为总则、慈善组织、慈善募捐、慈善捐赠、慈善信托、慈善财产、慈善服务、信息公开、促进措施、监督管理、法律责任和附则十三章、一百二十五条。《慈善法》规定，开展慈善活动，应当遵循合法、自愿、诚信、非营利的原则，不得违背社会公德，不得危害国家安全、损害社会公共利益和他人合法权益，并确定了每年的 9 月 5 日为“中华慈善日”。

（一）慈善组织

慈善组织是《慈善法》所创制的法律概念。符合条件的社会组织，即基金会、社会团体、社会服务机构，都可以申请登记或认定为慈善组织。换言之，慈善组织是符合条件的社会组织可以取得的一种法律资格，而非一种新的法人性质，也不是一种新的社会组织。社会组织申请并认定为慈善组织后，并不丧失其本来的法人性质，只是在原本的性质上添加了慈善组织这一特别的法律资格。当前，所有的慈善组织都是社会组织，但并不是所有的社会组织都是慈善组织，二者的具体关系可见图 4－4。

（二）慈善组织与社会组织的区别

社会组织认定为慈善组织后，不仅需要遵守《民法典》和符合自身法人性质的三大条例，还应当依据《慈善法》开展活动。《慈善法》的法律要求与三大条例是不同的，且在法律效力位阶上高于三大条例、在时间上后于三大条例，在《慈善法》与三大条例不符之处，慈善组织须优先遵守《慈善法》。除了是否必须以开展慈善活动为宗旨这个本质性的不同之外，慈善组织与社会组织在活动开展规范、监管制度等方面均有一定差别。

---

① 半月改革动态（2022 年 8 月 16 日—8 月 31 日）[EB/OL].（2022－09－06）[2022－11－17]. https://www.ndrc.gov.cn/fggz/tzgg/byggdt/202209/t20220906_1335232.html?code=&state=123.

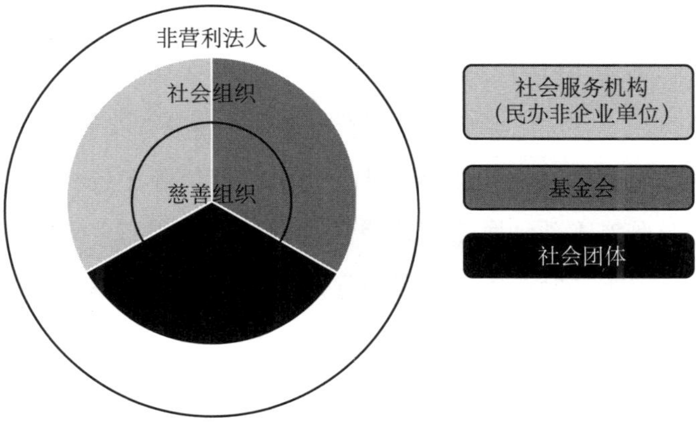

图4-4　关于社会组织相关概念的内涵界定

注：图中各部分的大小并不代表各形式的组织机构实际数量的比例的大小。

第一，年度支出与管理费用规定不同。对于基金会而言，即便其没有申请认定为慈善组织，法律法规对基金会的年度公益事业支出与管理费用也有一定要求，而对于其他两类社会组织法律上没有相关明确要求。《慈善法》与《关于慈善组织开展慈善活动年度支出和管理费用的规定》对慈善组织的年度慈善活动支出和管理费用有明确的要求，不论其组织形式为何种。

第二，年度检查、年报制度不同。社会组织遵循相关行政法规依旧需要年检，而认定为慈善组织的社会组织，可适用《慈善法》下的年度报告制度，无需年度检查。如上文所述，年度检查是登记管理机关、业务主管单位应当履行的监督管理职责之一，也是我国对社会组织采取的主要管理措施。社会组织应当每年向登记管理机关报送上一年度的工作报告和财务会计报告，且年度工作报告在报送登记管理机关前应当经业务主管单位审查同意①。认定为慈善组织后，慈善组织依据《慈善法》以年报制度取代年检制度。慈善组织每年向办理其登记的民政部门报送年度工作报告和财务会计报告。未依法报送年度工作报告、财务会计报告的，由县级以上人民政府民政部门责令限期改正，予以警告；逾期不改正的，责令限期停止活动并进行整改②。

第三，信息公开的要求不同。慈善组织的信息公开要求比社会组织更为严格，在后文“信息公开”一节有详述，在此不再赘述。

① 《基金会管理条例》第三十六条；《社会团体登记管理条例》第二十八条；《民非条例》第二十三条。

② 《慈善法》第一百一十条。

（三）慈善组织的认定与设立

慈善组织是一种法律身份与资格，而不是一种法人组织形式。因此，申请设立或被认定为慈善组织的社会组织仍然按照自身的法人性质申请设立。

对申请设立为慈善组织的基金会、社会团体、社会服务机构仍然按照三大条例的要求进行登记与监督管理。属于直接登记类别的慈善组织，可以直接登记。双重管理的慈善组织，依然需要业务主管单位完成事先的审查同意，再向县级以上人民政府民政部门申请登记。

就申请登记的条件，慈善组织除了符合三大条例所要求的具体的法人登记条件，还应当同时符合成为慈善组织的条件，包括：（1）以开展慈善活动为宗旨；（2）不以营利为目的；（3）有自己的名称和住所；（4）有组织章程；（5）有必要的财产；（6）有符合条件的组织机构和负责人；（7）法律、行政法规规定的其他条件[①]。

（四）慈善组织的监管体制

县级以上人民政府民政部门对慈善组织是否合法、合规开展慈善活动负主要监督检查责任。相对三大条例，《慈善法》赋予了登记管理机关更为多样的监督管理手段和更为广泛的监督管理责任。

根据《慈善法》第一百零四条的规定，县级以上人民政府民政部门对涉嫌违反本法规定的慈善组织、慈善信托的受托人，有权采取下列措施：（1）对慈善组织、慈善信托的受托人的住所和慈善活动发生地进行现场检查；（2）要求慈善组织、慈善信托的受托人做出说明，查阅、复制有关资料；（3）向与慈善活动有关的单位和个人调查与监督管理有关的情况；（4）经本级人民政府批准，可以查询慈善组织的金融账户；（5）法律、行政法规规定的其他措施。慈善组织、慈善信托的受托人涉嫌违反本法规定的，县级以上人民政府民政部门可以对有关负责人进行约谈，要求其说明情况、提出改进措施。其他慈善活动参与者涉嫌违反本法规定的，县级以上人民政府民政部门可以会同有关部门调查和处理。

对于经调查有违法、违规行为的慈善组织，县级以上人民政府民政部门有权采取下列措施：予以警告；责令限期改正；责令限期停止活动并进行整改；吊销登记证书并予以公告；有违法所得的，予以没收；对直接负责的主管人员和其他直接责任人员处二万元以上二十万元以下罚款，并没收违法所得，情节严重的，禁止其一年至五年内担任慈善组织的管理人员。

---

① 《慈善法》第九条。

三、《境外法》与境外非政府组织

境外非政府组织是一类特殊的社会组织，是指在境外合法成立的基金会、社会团体、智库机构等非营利、非政府的社会组织。境外非政府组织在我国境内并无独立法人地位，但能够根据《境外法》的要求在境内开展、参与公益慈善活动。

（一）《境外法》主要内容

境外非政府组织在我国境内已经开展了许多年的活动，但一直缺乏全面、统一的法律规范，由此导致其活动的开展与监管欠缺充分的法律依据。

2016年颁布、2017年修正的《境外法》是我国首部专门针对境外非政府组织的法律法规，共五十四条，包括总则、登记和备案、活动规范、便利措施、监督管理、法律责任和附则七个章节。主要内容概括如下：（1）界定了境外非政府组织的概念内涵及其在中国境内开展活动可采取的方式；（2）明确了境外非政府组织可以开展和不得从事的活动；（3）规范了对境外非政府组织的登记和监管体制；（4）规定了境外非政府组织的法律责任。

（二）境外非政府组织在中国境内开展活动的合法形式

境外非政府组织在中国境内开展活动的合法形式有两种：第一，设立境外非政府组织代表机构；第二，临时活动备案。

根据《境外法》第五十三条，境外学校、医院、自然科学和工程技术的研究机构或者学术组织与境内学校、医院、自然科学和工程技术的研究机构或者学术组织开展交流合作的，按照国家有关规定办理，但其在中国境内的活动违反《境外法》第五条规定[①]的，依法追究法律责任。

（三）境外非政府组织代表机构

我国对境外非政府组织的登记管理同样采取归口登记、双重管理的体制。但不同于在境内登记设立的社会组织，境外非政府组织代表机构的登记管理机关不是民政部门，而是公安部门，且任何种类的境外非政府组织驻华代表机构都不得直接登记，必须取得业务主管单位同意后才能够在公安机关申请设立登记。

境外非政府组织符合下列条件可以申请在中国境内登记设立代表机构：第一，

① 《境外法》第五条规定："境外非政府组织在中国境内开展活动应当遵守中国法律，不得危害中国的国家统一、安全和民族团结，不得损害中国国家利益、社会公共利益和公民、法人以及其他组织的合法权益。境外非政府组织在中国境内不得从事或者资助营利性活动、政治活动，不得非法从事或者资助宗教活动。"

在境外合法成立；第二，能够独立承担民事责任；第三，章程规定的宗旨和业务范围有利于公益事业发展；第四，在境外存续二年以上并实质性开展活动；第五，法律、行政法规规定的其他条件。

代表机构不具有独立法人资格，在法律层面不具有民事权利能力和民事行为能力。所以境外非政府组织在开展民事活动时：（1）能够以自己的名义对外签署合同，但因不具有独立财产，无法承担民事责任，需由境外法人主体以其自有财产承担民事责任；（2）若发生民事纠纷，理论上应当以境外法人主体参与民事诉讼、仲裁。

（四）临时活动备案

临时活动备案实质上是公安部门授权境外非政府组织以境外法人的身份直接在中国境内合法开展活动的短期行政许可，一般情况下临时活动期限不超过一年。

境外非政府组织提交临时活动备案前，应当寻找中方合作单位，并与中方合作单位合作开展备案活动。中方合作单位包括国家机关、人民团体、事业单位和社会组织。确定中方合作单位后，应当由中方合作单位（而不是境外非政府组织）向其所在地的公安部门提交临时活动备案。

临时活动期间，境外非政府组织应当以境外法人本身的名义与境内法人、个人签署合同与开展活动。若境外非政府组织在临时活动期间违反民事法律法规，侵害境内个人、法人民事权利的，境内个人、法人有权根据合同索赔或提起诉讼。

境外法人在中国境内开展活动的，应当尊重中华人民共和国相关法律法规。若境外非政府组织作为境外法人在中国境内开展临时活动违反法律规定的，有关部门有权根据相关法律法规对直接责任人员做出行政处罚，并对境外非政府组织、境外非政府组织代表机构做出警告、责令限期停止活动、没收非法财物和违法所得、吊销登记证书、取缔临时活动等行政处罚。

（五）境外非政府组织代表机构的内部管理

《境外法》对境外非政府组织代表机构的内部管理没有提出特定要求，只规定境外非政府组织代表机构应当设一名首席代表，可以根据业务需要设一至三名代表[①]。首席代表是代表处的负责人。《境外法》对于首席代表、代表的法律责任未做出明确规定。在境外非政府组织违法、违规的情况下，其首席代表或代表是否承担责任以及承担何种责任尚不明确。按照《境外法》第四十六条、第四十七条的规定，若境外非政府组织有违法、违规、犯罪活动的，公安机关有权对直接责任人员给予警告、

① 《境外法》第二十九条。

处十日或十五日以下拘留，甚至可以依法追究刑事责任。

（六）境外非政府组织的监督管理

对境外非政府组织代表机构，以登记管理机关、业务主管单位的监管为主，其他政府机关在其职权范围内对境外非政府组织的具体活动开展监管。对于开展临时活动的境外非政府组织，中方合作单位是境外非政府组织的合作方，也是第一责任人，配合公安部门一同完成监管。

第一，境外非政府组织代表机构。《境外法》规定，作为境外非政府组织登记管理机关的国务院公安部门和省级人民政府公安机关是境外非政府组织及其代表机构的主要监督管理机关，依法对于境外非政府组织及其代表机构在中国境内开展活动实施监督管理，包括对违法、违规行为的调查和处罚。除了公安机关外，其他政府机关也在其各自职责范围内对境外非政府组织及其代表机构的行为进行监督管理。《境外法》第三十一条规定，登记管理机关主要通过审查境外非政府组织代表机构的年度活动计划和年度工作报告监管境外非政府组织代表机构。境外非政府组织代表机构应当于每年 1 月 31 日前向业务主管单位报送上一年度工作报告，经业务主管单位出具意见后，于 3 月 31 日前报送登记管理机关，接受年度检查。年度工作报告应当包括经审计的财务会计报告、开展活动的情况以及人员和机构变动的情况等内容。

第二，临时活动备案。根据《境外法》第十七条的规定，中方合作单位应当在开展临时活动十五日前向其所在地的登记管理机关备案。公安部门认为备案的临时活动不符合《境外法》规定的，有权要求中方合作单位停止临时活动。临时活动在一年期内完成的，中方合作单位无需另行备案，但超过一年且确实需要延长期限的，中方合作单位应当重新备案。临时活动结束后三十日内，境外非政府组织、中方合作单位应当将活动情况、资金使用情况等书面报送登记管理机关①。

第四节　社会组织业务活动法律规范

本节主要关注针对社会组织开展业务活动出台的法律规范，涉及社会组织各项业务活动的全国性法律法规如表 4－2 所示。

---

① 《境外法》第三十条。

表 4-2　社会组织业务活动的全国性法律法规

序号	业务活动	法律法规
1	捐赠与募捐	●《慈善法》 ●《公益事业捐赠法》 ●《慈善组织公开募捐管理办法》
2	志愿服务	●《慈善法》 ●《志愿服务条例》
3	信息公开	●《慈善法》 ●《慈善组织信息公开办法》 ●《社会组织信用信息管理办法》
4	保值增值投资活动	●《慈善法》 ●《公益事业捐赠法》 ●《慈善组织保值增值投资活动管理暂行办法》
5	税收优惠	●《慈善法》 ●《企业所得税法》 ●《企业所得税法实施条例》 ●《关于非营利组织免税资格认定管理有关问题的通知》 ●《关于非营利组织企业所得税免税收入问题的通知》

一、捐赠与募捐

（一）捐赠

捐赠是指为了公益慈善事业而自愿、无偿地向非营利法人赠与财产。当前主要规制捐赠行为的法律法规是《公益事业捐赠法》和《慈善法》。《公益事业捐赠法》规范所有的捐赠行为，不论捐赠人或者受赠人是否是社会组织或慈善组织，《慈善法》主要规范涉及慈善组织的捐赠和募捐行为。

捐赠是一项特殊的民事赠与行为。民事赠与的对象可以是任何人，可以为任何合法目的；但捐赠的接收对象必须是非营利法人，必须为公益慈善目的。在“水滴筹”“轻松筹”等个人大病求助互联网筹款平台上发起的向个人赠与款项的行为均属于民事赠与，而非捐赠行为。

个人或企业向非营利法人可以捐赠货币，也可以捐赠其他财产，包括实物、房屋、有价证券、股权、知识产权等有形和无形财产。根据《慈善法》第三十六条的规定，捐赠人捐赠的实物应当具有使用价值，符合安全、卫生、环保等标准。捐赠人捐赠本企业产品的，应当依法承担产品质量责任和义务。

接受捐赠的社会组织必须根据捐赠人指定的捐赠目的使用捐赠财产。社会组织接受捐赠应当注意要符合自身宗旨和业务范围。例如，某社会组织的业务范围是资助困难学生改善学习条件，即能够接受以为资助困难学生购买学习用品、建造校舍、聘请教师、培养教师等为目的做出的捐赠，但不能接受救灾、环保等其他目的相关捐赠。

（二）募捐

慈善募捐是指慈善组织基于慈善宗旨而开展的募集财产的活动。慈善募捐的结果会引发捐赠行为，所以，慈善募捐也需要符合捐赠的法律规范。

《慈善法》下所称的“慈善募捐”包括面向特定对象的定向募捐和面向社会公众的公开募捐[①]。只有慈善组织才能开展慈善募捐活动，且只有取得公开募捐资格的慈善组织才能开展公开募捐[②]。

第一，定向募捐。《慈善法》第二十九条规定，慈善组织在向发起人、理事会成员、会员等特定对象说明募捐目的以及募得款物用途等事项的前提下，可以面向该等特定对象开展定向募捐。与特定对象就现金捐赠或物资等非货币捐赠协商一致后，特定对象与慈善组织签署捐赠协议并转移捐赠财产，即完成了定向捐赠。

第二，公开募捐。公开募捐是指基于慈善宗旨，面向社会公众开展的募集财产的活动[③]。公开募捐面对社会公众，具有很强的社会性，因此《慈善法》对公开募捐提出了更为严格的规范，限制开展公开募捐的慈善组织的资格和行为，以保护捐赠人的利益。《慈善法》第二十二条规定，只有获得公开募捐资格的慈善组织才能开展公开募捐。常见的公开募捐形式包括：在公共场所设置募捐箱，举办面向社会公众的义演、义赛、义卖、义展、义拍、慈善晚会等，通过广播、电视、报刊、互联网等媒体发布募捐信息，等等。第二十四条规定，取得公开募捐资格的慈善组织开展公开募捐应当制定募捐方案并在开展募捐活动前报慈善组织登记的民政部门备案。募捐方案应当包括募捐目的、起止时间和地域、活动负责人姓名和办公地址、接受捐赠方式、银行账户、受益人、募得款物用途、募捐成本、剩余财产的处理等。第二十五条规定，开展公开募捐活动时，应当在募捐活动现场或者募捐活动载体的显著位置，公布募捐组织名称、公开募捐资格证书、募捐方案、联系方式、募捐信息查询方法等。

第三，合作募捐。根据《慈善法》第二十六条的规定，不具有公开募捐资格的组织或者个人基于慈善目的，可以与具有公开募捐资格的慈善组织合作开展公开募捐。这通常被称为合作募捐。不具有公开募捐资格的组织或者个人与具有公开募捐资

① 《慈善法》第二十一条。
② 《慈善法》第二十二条。
③ 《慈善法》第二十一条。

格的慈善组织开展合作募捐时，应当以该慈善组织的名义开展公开募捐活动，并由该慈善组织管理募得的款项和物品，且该慈善组织应当对募得款物承担相应的责任。

第四，慈善组织互联网公开募捐信息平台。互联网线上募捐利用了互联网在流量、数据、技术等方面优势，面向群体更广，投放更精准高效，能够有效提高慈善募捐的效率。互联网公开募捐必须在民政部门指定的互联网公开募捐服务平台进行，并可以同时在其网站进行。《慈善法》颁布实施以来，民政部依法公开遴选了三批共30家互联网慈善公开募捐信息平台，包括腾讯公益、小米公益、字节跳动公益、哔哩哔哩公益、360公益、芒果公益等。需要注意的是，互联网公开募捐信息平台并不是公开募捐的主体，仅仅是发布公开募捐信息的平台。具有公开募捐资质的慈善组织通过与互联网公开募捐信息平台的合作，可以在互联网公开募捐信息平台发布项目信息，开展慈善募捐；不具有公开募捐资质的慈善组织可以与具有公开募捐资质的慈善组织合作，在互联网公开募捐信息平台发布项目信息，开展公开募捐。

二、志愿服务

（一）志愿服务的性质

志愿服务是指志愿者、志愿服务组织和其他组织自愿、无偿向社会或者他人提供的公益服务。我国主要规范志愿服务的法律法规包括《志愿服务条例》和《慈善法》。《志愿服务条例》针对所有志愿服务行为，《慈善法》规范慈善组织提供的志愿服务。

志愿服务的特点是自愿性、无偿性和公益性。其中无偿性包括两方面：（1）志愿者不通过提供志愿服务而获得报酬；（2）任何志愿服务都不得向服务对象收取费用。例如，志愿服务组织不能就其志愿服务向服务对象收费，志愿者也不能就其服务向组织志愿服务的法人要求报酬。但组织志愿服务的法人可以就志愿者为参与志愿服务支出的交通费用、用餐费用提供一定补贴。

（二）志愿服务组织

个人参与志愿服务，可以以个人身份依法无偿开展，也可以参与志愿服务组织开展的志愿活动。《志愿服务条例》规定，社会组织，即社会团体、社会服务机构、基金会都可以申请登记为志愿服务组织，也可以在设立时选择同时登记为志愿服务组织。

（三）志愿服务组织承担的义务

志愿服务组织开展志愿服务活动时，对志愿者承担一定组织和安全义务。根据《志愿服务条例》，志愿服务组织对提供志愿服务的志愿者承担如下义务：（1）志愿服务组织安排志愿者参与志愿服务活动，应当与志愿者的年龄、知识、技能和身体状况相适应，不得要求志愿者提供超出其能力的志愿服务；（2）志愿服务组织安排志愿者参与的志愿服务活动需要专门知识、技能的，应当对志愿者开展相关培训；（3）开展专业志愿服务活动，应当执行国家或者行业组织制定的标准和规程；（4）法律、行政法规对开展志愿服务活动有职业资格要求的，志愿者应当依法取得相应的资格；（5）志愿服务组织应当为志愿者参与志愿服务活动提供必要条件，解决志愿者在志愿服务过程中遇到的困难，维护志愿者的合法权益；（6）志愿服务组织安排志愿者参与可能发生人身危险的志愿服务活动前，应当为志愿者购买相应的人身意外伤害保险；（7）志愿服务组织安排志愿者参与志愿服务活动，应当如实记录志愿者个人基本信息、志愿服务情况、培训情况、表彰奖励情况、评价情况等信息，按照统一的信息数据标准录入国务院民政部门指定的志愿服务信息系统，实现数据互联互通；（8）志愿者需要志愿服务记录证明的，志愿服务组织应当依据志愿服务记录无偿、如实出具；（9）志愿服务组织、志愿服务对象应当尊重志愿者的人格尊严，未经志愿者本人同意，不得公开或者泄露其有关信息。

三、信息公开

社会组织的财产虽然可能来源于私有财产，可一旦捐赠给了社会组织就成为社会公共财产。慈善捐赠、慈善活动享受国家、社会给予的各种优惠便利，涉及公众利益，必须坚持公开透明，接受全社会的监督。

我国法律法规对社会组织信息公开的相关要求散落在三大条例中。例如，《基金会管理条例》第二十五条规定，公募基金会组织募捐，应当向社会公布募得资金后拟开展的公益活动和资金的详细使用计划；《民非条例》第二十一条要求，社会服务机构应当将接受、使用捐赠、资助的有关情况以适当方式向社会公布。

法律法规对于慈善组织信息公开有完整的体系性要求。《慈善法》第九章对慈善组织的信息公开规定如下：（1）国家建立健全慈善信息统计和发布制度；（2）国务院民政部门建立健全统一的慈善信息平台，免费提供慈善信息发布服务；（3）县级以上人民政府民政部门应当在前款规定的平台及时向社会公开慈善信息；（4）慈善组织和慈善信托的受托人应当在本条第二款规定的平台发布慈善信息，并对信息的真实性负责[①]。

① 《慈善法》第七十五条。

（一）社会组织信息公开要求

社会组织信息公开的要求散落在三大条例中。

《基金会管理条例》没有具体规定基金会的信息公开平台，但对基金会应当公开的信息提出了要求，包括：（1）基金会组织募捐、接受捐赠，应当符合章程规定的宗旨和公益活动的业务范围。境外基金会代表机构不得在中国境内组织募捐、接受捐赠。公募基金会组织募捐，应当向社会公布募得资金后拟开展的公益活动和资金的详细使用计划①。（2）基金会开展公益资助项目，应当向社会公布所开展的公益资助项目种类以及申请、评审程序②。（3）基金会、境外基金会代表机构应当在通过登记管理机关的年度检查后，将年度工作报告在登记管理机关指定的媒体上公布，接受社会公众的查询、监督③。基金会不履行信息公布义务或者公布虚假信息的，作为登记管理机关的民政部门可以给予警告、责令停止活动；情节严重的，可以撤销登记。

《民非条例》和《社会团体登记管理条例》对社会服务机构和社会团体的信息公开要求是一致的，要求社会服务机构、社会团体将接受、使用捐赠、资助的有关情况以适当方式向社会公布①。此外，按照民政部的文件，社会团体要向会员公开信息，包括年度工作报告、第三方机构出具的报告、会费收支情况以及经理事会研究认为有必要公开的其他信息②。社会服务机构信息公开的主要内容包括：社会服务机构的登记证书、税务登记证书、组织机构代码证书、收费许可证的有关信息，经登记管理机关核准（或备案）的章程（或章程摘要），接受、使用捐赠、资助的有关情况，年度工作报告，等等③。

法律对于社会组织信息公开平台没有做出明确要求。但实践中，民政部已经搭建了“中国社会组织政务服务平台”（https：//chinanpo. mca. gov. cn/），社会组织可以通过该平台的社会组织入口登录，并在该平台依法公开信息。社会公众可以通过该平台下属的“全国社会组织信用信息公示平台”查询社会组织的公开信息。

（二）慈善组织信息公开要求

1. 统一信息公开平台

《慈善法》规定民政部门应当在统一信息平台及时向社会公开慈善信息，并免费

① 《民非条例》第二十一条，《社会团体登记管理条例》第二十六条。
② 《民政部关于进一步规范社会团体涉企收费等行为切实减轻企业负担的通知》第七条。
③ 《民政部关于深入开展民办非企业单位信息公开和承诺服务活动工作的意见》第二条。

向慈善组织提供慈善信息发布服务。为了落实《慈善法》的要求，民政部已于2017年9月1日开通了全国慈善信息平台，即“慈善中国”（https：//cszg.mca.gov.cn），供全国各级民政部门和所有的慈善组织免费使用。民政部发布的《关于〈慈善组织信息公开办法〉的有关问答》明确规定，“凡是与人民群众关系密切、社会关注度高的信息”，都要在“慈善中国”公开，以便于统一查询、统一监督。开展公开募捐时，除了在“慈善中国”平台公开相关信息，同时应当在募捐活动现场或者募捐活动载体公开信息。

2. 慈善组织基本信息

慈善组织应当面向社会公开组织基本信息，包括：经民政部门核准的章程；决策、执行、监督机构成员信息；下设的办事机构、分支机构、代表机构、专项基金和其他机构的名称、设立时间、存续情况、业务范围或者主要职能；发起人、主要捐赠人、管理人员、被投资方以及与慈善组织存在控制、共同控制或者重大影响关系的个人或者组织（简称重要关联方）；本组织的联系人、联系方式，以本组织名义开通的门户网站、官方微博、官方微信或者移动客户端等网络平台；本组织的信息公开制度、项目管理制度、财务和资产管理制度①。

3. 慈善组织公开募捐信息

具有公开募捐资格的慈善组织从社会公众处广泛获取捐赠，应当接受更为严格的监督。《慈善组织信息公开办法》从以下三个方面对具有公开募捐的慈善组织做出了特别要求：第一，慈善组织内部管理费用。慈善组织应当按年度公开在本组织领取报酬从高到低排序前五位人员的报酬金额，本组织出国（境）经费、车辆购置及运行费用、招待费用、差旅费用的标准②。第二，募捐活动全流程公开。具有公开募捐资格的慈善组织应将公开募捐活动全过程对外公开，满足社会监督的需要。在开展公开募捐活动时，慈善组织应当在募捐活动现场或者募捐活动载体的显著位置，公布组织名称、公开募捐资格证书、备案的募捐方案、联系方式、募捐信息查询方法等，并在“慈善中国”向社会公开前述信息。公开募捐活动结束后三个月内，慈善组织需要在“慈善中国”公开募得款物情况、已经使用的募得款物的用途和尚未使用的募得款物的使用计划。公开募捐周期超过六个月的，至少每三个月公开一次募得款物情况和已经使用的募得款物的用途③。第三，慈善项目实施情况。慈善组织

① 《慈善组织信息公开办法》第四条。
② 《慈善组织信息公开办法》第五条。
③ 《慈善组织信息公开办法》第七条、第八条。

在慈善项目终止后三个月内应当对慈善项目实施情况进行一次全面公开，包括：项目名称、项目内容、实施地域、受益人群、来自公开募捐和其他来源的收入、项目的支出情况，项目终止后有剩余财产的还应当公开剩余财产的处理情况。项目实施周期超过六个月的，至少每三个月公开一次项目实施情况①。

4. 慈善财产的使用和关联交易

《慈善组织信息公开办法》要求慈善组织公开重大慈善财产的使用和关联交易信息。慈善财产的使用信息包括：重大资产变动、重大投资、重大交易及资金往来。有关重大财产活动的标准可由慈善组织依据有关法律法规规章在本组织章程或者财务资产管理制度中规定②。《慈善组织信息公开办法》要求慈善组织公开关联交易信息。慈善组织的发起人、主要捐赠人、管理人员、被投资方以及与慈善组织存在控制、共同控制或者重大影响关系的个人或者组织等均为慈善组织的重要关联方③。慈善组织可以与关联方进行交易，但这些所有关联交易都应当对社会公众公开，并接受监督，包括捐赠、资助、共同投资、委托投资、交易、资金往来都纳入公开范畴④。对关联交易采取全面公开，既没有限制关联方对慈善组织作贡献，又可以有效防止慈善组织的财产被侵吞、挪用、滥用，有利于慈善事业健康发展。

四、保值增值投资活动

保值增值投资活动是指社会组织利用自有财产进行对外投资以实现资产保值增值的行为。《公益事业捐赠法》第十七条和《慈善法》第五十五条均对社会组织、慈善组织保值增值提出了三大原则性要求，即合法、安全、有效。

所有社会组织都可以对其自有财产进行保值增值，但慈善组织对其自有财产进行保值增值时，除了遵守《公益事业捐赠法》之外，还应当遵守《慈善法》《慈善组织保值增值投资活动管理暂行办法》（简称《暂行办法》）对于慈善组织保值增值做出的法律规范。

（一）社会组织财产

社会组织可以利用自有财产进行投资。三大条例和《公益事业捐赠法》未对社会组织自有财产进行限定，只有《慈善法》第五十二条对慈善组织的财产做出了定

① 《慈善组织信息公开办法》第十条。
② 《慈善组织信息公开办法》第三条、第十二条。
③ 《慈善组织信息公开办法》第四条。
④ 《慈善组织信息公开办法》第十三条。

义，其中包括发起人捐赠、资助的创始财产，募集的财产和其他合法财产。

结合《公益事业捐赠法》和社会组织、慈善组织的业务范围，社会组织和慈善组织自有财产的范围大致可以包括：发起人捐赠、资助的创始财产，募集的财产，自然人、法人或者其他组织自愿无偿捐赠的财产，提供服务、开展业务获得的收益，通过先前保值增值活动获得的利息。

从财务角度来讲，社会组织的财产大致可以分为限定性资产和非限定性资产。限定性资产主要是指捐赠人对捐赠用途和捐赠时间做出明确要求的限定性捐赠财产，则该部分财产是社会组织的限定性资产。非限定性资产不仅包括捐赠人所做出的非限定性捐赠，也包括我们上文提到的：（1）发起人捐赠、资助的创始财产；（2）提供服务、开展业务获得的收益；（3）通过先前保值增值活动获得的利息。

并非所有的社会组织自有财产都可以用于保值增值。可以用于保值增值活动的财产限于：（1）非限定性资产，（2）在投资期间暂时不需要拨付的限定性资产，具体可见图 4－5。

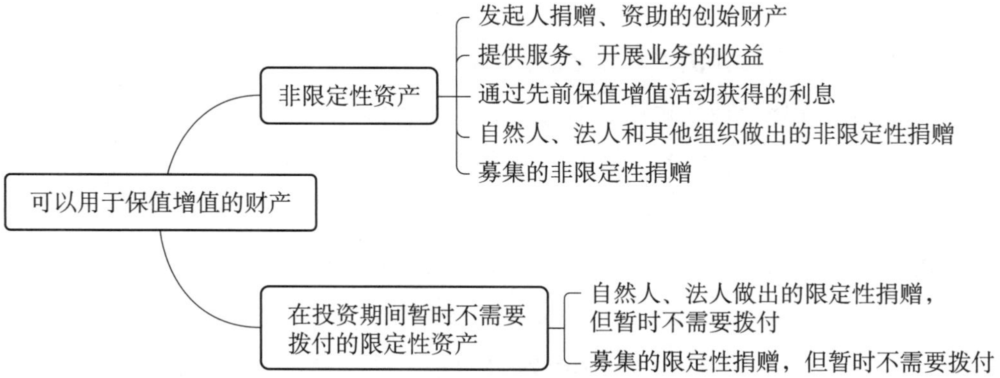

图 4－5　社会组织可以用于保值增值的财产分类

若慈善组织违反以上规定，使用需要拨付的限定性资产开展保值增值活动，慈善组织将对捐赠人承担民事责任，比如做出限定性捐赠的捐赠人可以依照捐赠协议要求法院撤销捐赠协议，并要求接受捐赠的慈善组织承担返还慈善财产。除此之外，根据《慈善法》和《暂行办法》的规定，慈善组织还将因违法行为受到民政部门的行政处罚。

（二）保值增值

社会组织、慈善组织的主要保值增值手段是投资。《暂行办法》第四条明确规定了慈善组织能够开展的三类投资活动，即：直接购买银行、信托、证券、基金、期货、保险资产管理机构、金融资产投资公司等金融机构发行的资产管理产品；通过发起设立、并购、参股等方式直接进行股权投资；将财产委托给受金融监督管理部门监管的机构进行投资。

《暂行办法》第七条列举了慈善组织不得进行的八类投资活动，即：直接买卖股票，直接购买商品及金融衍生品类产品，投资人身保险产品，以投资名义向个人、企业提供借款，不符合国家产业政策的投资，可能使本组织承担无限责任的投资，违背本组织宗旨、可能损害信誉的投资，非法集资等国家法律法规禁止的其他活动。

社会组织、慈善组织虽然应当对其合法财产积极保值增值，但社会组织、慈善组织的首要任务仍然是根据其宗旨和业务范围开展公益慈善活动，而非进行投资活动。《公益慈善捐赠法》和《慈善法》规定，社会组织在保证捐赠财产用于捐赠人要求的合法目的并及时拨付、基金会在保证用于资助公益事业的年度资助金额满足国家规定的比例、慈善组织在保证年度慈善活动支出符合法定要求的前提下，可以开展保值增值活动。

五、税收优惠

依据国家的相关法律法规，社会组织在企业所得税、增值税、城市维护建设税、关税、房产税、城镇土地使用税、车船税、土地增值税、印花税以及契税等税种上都可以享受各项优惠政策。本小节针对社会组织普遍适用的企业所得税方面非营利组织免税资格进行专题解读。

根据《企业所得税法》第二十六条规定，符合条件的非营利组织的收入为免税收入。

《企业所得税法》第二十六条规定较为粗略，《企业所得税法实施条例》第八十四条和第八十五条对符合条件的非营利组织的收入做出了进一步的解释，厘清了符合条件的非营利组织和收入的概念。《财政部、税务总局关于非营利组织免税资格认定管理有关问题的通知》（财税〔2018〕13 号）进一步明确了非营利组织免税资格认定的相关步骤和确切标准。根据财税〔2018〕13 号的规定，希望享受税收优惠的社会组织必须先通过各地税务局、财政部的非营利组织免税资格认定，只有获得非营利组织免税资格认定的非营利法人才能够就其免税收入享受税收优惠。

（一）非营利组织免税资格认定

《企业所得税法实施条例》第八十四条对符合条件的非营利组织做出了进一步的定义，财税〔2018〕13 号进一步细化了非营利组织免税资格认定的要求，一共规定了八个构成要件。社会组织是非营利法人。理论上，非营利法人应当具备上述全部要件，否则将不具备非营利性，进而使得其法人性质出现偏差。但在实践中，并不是所有非营利法人都实质满足上述全部要求。换言之，并不是所有登记注册为非营利法人的社会组织都能够自觉履行《民间非营利组织会计制度》，在财务上实际满足非营利性要求。因此，我国财政、税务部门要求非营利组织通过实质性审查，认定其在财务上具有非营利性，即被其所在地省级税务、财政机关认定为具备非营利组织免税资格①，才能够享受税收优惠。

（二）免税收入

根据《企业所得税法实施条例》第八十五条的规定，非营利组织的免税收入不包括非营利组织从事营利性活动取得的收入，但国务院财政、税务主管部门另有规定的除外。

根据财政部、国家税务总局《关于非营利组织企业所得税免税收入问题的通知》第一条的规定，社会组织的下列收入为免税收入：接受其他单位或者个人捐赠的收入；除《企业所得税法》第七条规定的财政拨款以外的其他政府补助收入，但不包括因政府购买服务取得的收入；按照省级以上民政、财政部门规定收取的会费；不征税收入和免税收入孳生的银行存款利息收入；财政部、国家税务总局规定的其他收入。可以看出，对于社会组织而言，主要的免税收入为捐赠收入、政府补助收入、会费（仅限于社会团体）收入以及银行存款利息收入。

关键术语

社会组织　慈善组织　非营利法人　《慈善法》

复习思考题

1. 我国的社会组织分为哪几类？
2. 非营利法人与捐助法人的关系是什么？
3. 社会组织与慈善组织的关系是什么？有哪些异同？
4. 我国社会组织的登记管理体制（同时也是监管体制）是什么？我国社会组织的登记管理机关是哪些部门？
5. 基金会、社会服务机构、社会团体分别具备什么职能？

---

① 财政部、国家税务总局《关于非营利组织免税资格认定管理有关问题的通知》第二条。

参考书目

1. 陆璇．公益慈善法律教程［M］. 西安：西安交通大学出版社，2022.

2. 上海复恩社会组织法律服务中心．中国社会组织法律实务指南［M］. 北京：法律出版社，2016.

3. 陆璇，林文漪．中国慈善法手册［M］. 北京：法律出版社，2019.

4. 陆璇．基金会实务一本通［M］. 北京：法律出版社，2021.

第五章　社会组织的内部治理

学习目标

1. 了解社会组织内部治理的治理结构和治理机制；

2. 掌握社会组织内部治理的日常管理规范；

3. 理解社会组织财务管理的概念、特征与功能；

4. 了解社会组织预算管理的概念与特征，理解预算管理的功能，掌握预算编制的方法与步骤；

5. 了解社会组织内部控制的概念与要素，掌握相关措施；

6. 掌握社会组织财务会计报告的内容。

第一节　社会组织内部治理结构和治理机制

社会组织规范的内部治理是其健康可持续发展的保障，也是其有序有效参与社会建设的前提。社会组织内部治理主要包括内部治理结构和内部治理机制。前者是围绕社会组织内部的权责划分而设置的权力结构，反映了社会组织决策、执行、监督等方面的权责安排；后者是治理运作的规范与制度。

一、内部治理结构

（一）各种类型社会组织的治理结构

社会组织采取基金会、社会团体、社会服务机构等组织形式，其内部治理结构既有共性，也有差异；其中基金会和社会服务机构的决策机构都是理事会，而社会团体的最高权力机构是会员大会（或会员代表大会）。由会员大会（或会员代表大会）、理事会、监事（或监事会①）等组成社会组织内部治理结构，形成保障社会组

① 3 名及 3 名以上监事应设监事会。

织有效运行的基本结构。

1. 基金会的治理结构

基金会的治理结构反映了基金会内部在决策、执行、监督等方面的权责安排。无论是公募基金会还是非公募基金会，其治理结构均应设立理事会、监事（或监事会）等。以中国青少年发展基金会为例[①]，图 5-1 展示了基金会的治理结构，其中理事会履行决策职能，监事会发挥监督作用。

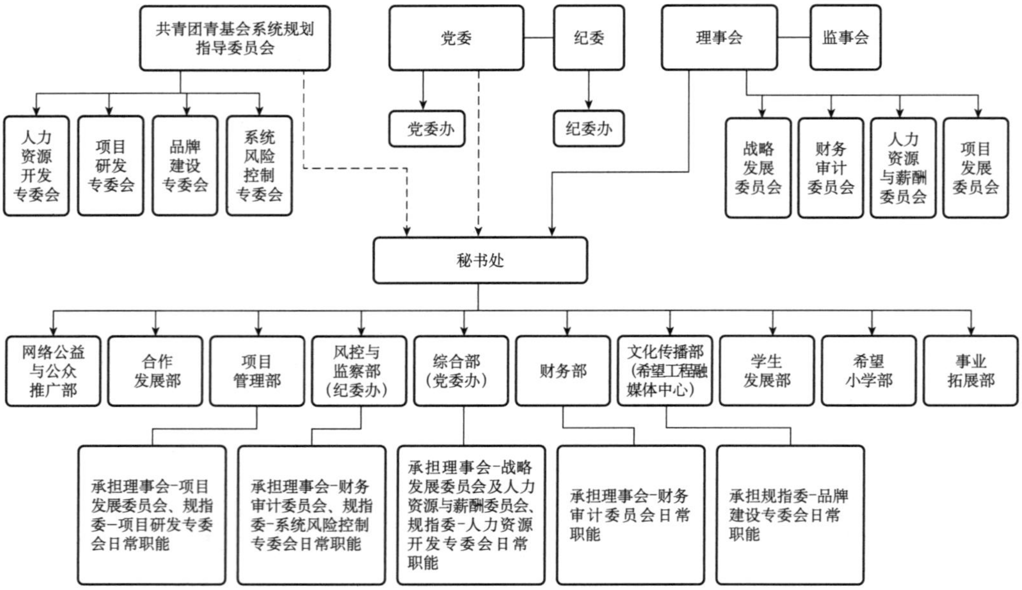

图 5-1　中国青少年发展基金会治理结构

2. 社会团体的治理结构

社会团体由个人会员或者单位会员或者个人会员和单位会员组成，会员享有并履行章程规定的权利、义务和责任，其治理结构应设立会员大会（或会员代表大会）、理事会、常务理事会、监事（或监事会）等。

以中国慈善联合会为例，会员大会是最高权力机构，理事会是会员大会的执行机构，由全体理事组成，在会员大会闭会期间领导联合会开展日常工作，向会员大会负责；常务理事会在理事会闭会期间，行使部分理事会职权，监事会发挥监督作用。中国慈善联合会的治理结构[②]如图 5-2 所示。

---

① 治理结构［EB/OL］.（2019-06-05）［2023-10-25］. https：//www.cydf.org.cn/#/about/manage? type=4.

② 组织结构［EB/OL］.（2019-06-05）［2023-10-25］. http：//www.charityalliance.org.cn/framework/1871.jhtml.

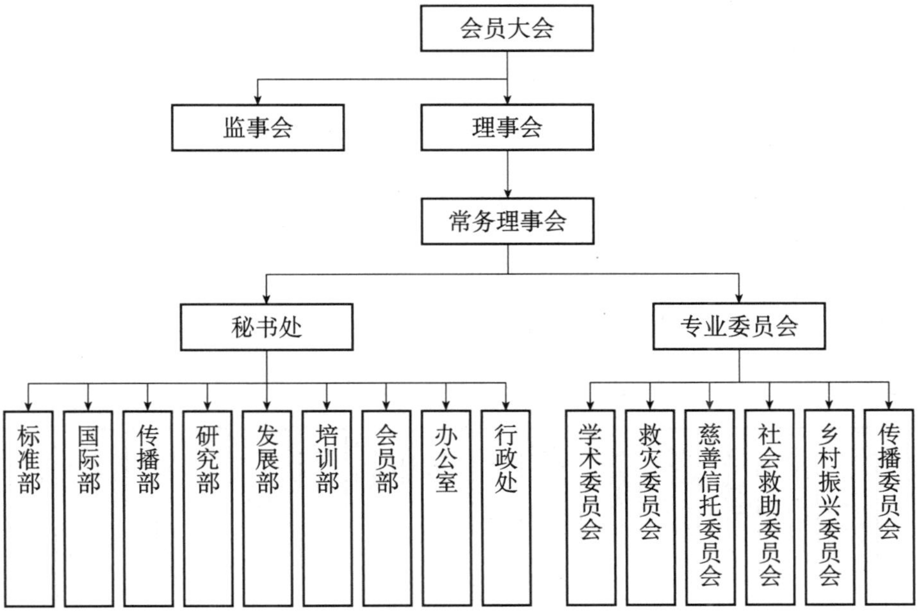

图 5－2　中国慈善联合会治理结构

3. 社会服务机构的治理结构

社会服务机构的治理结构包括理事会、监事（或监事会）等。以杭州滴水公益服务中心为例，其中理事会履行决策职能，监事会发挥监督作用。其治理结构[①]如图 5－3 所示。

（二）治理结构的构成要素

1. 理事会

基金会和社会服务机构的理事会是决策机构，依法行使章程规定的职权。基金会和社会服务机构的理事会由理事组成，理事是自愿为社会组织发展承担决策、指引、资源整合等责任的人；社会团体理事会的理事由会员大会（或会员代表大会）选举产生，社会团体的理事会是会员大会（或会员代表大会）的执行机构，在会员大会（或会员代表大会）闭会期间领导社会团体开展日常工作，依照会员大会（或会员代表大会）的决议和社团章程履行职责。

第一，基金会理事会的职权。基金会设理事会，理事为 5～25 人，理事任期由章程规定，但每届任期不得超过 5 年。理事任期届满，连选可以连任。理事会设理

① 组织结构［EB/OL］.［2023－10－25］. http：//www. hzds. org/Dcmain/About/jiegou. aspx.

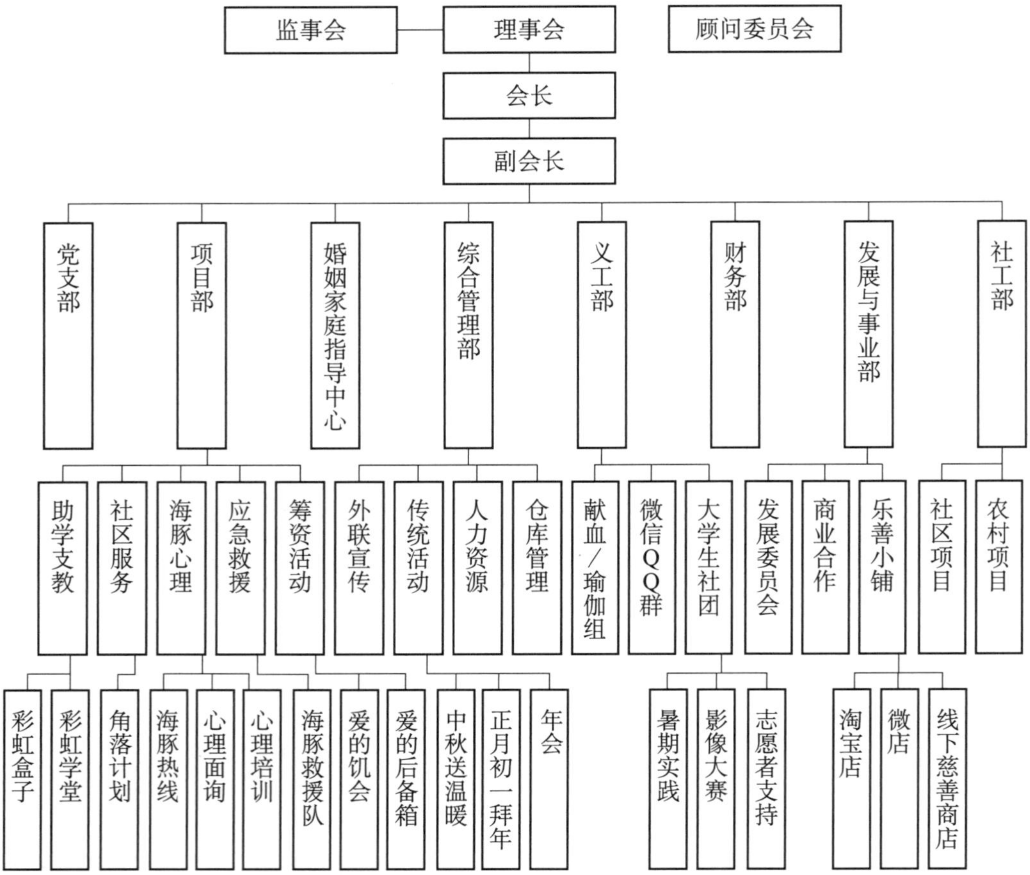

图 5-3　杭州滴水公益服务中心治理结构

事长、副理事长和秘书长，从理事中选举产生，理事长是基金会的法定代表人。基金会理事会每年至少召开 2 次会议。理事会会议须有 2/3 以上理事出席方能召开；理事会决议须经出席理事过半数通过方为有效（重要事项的决议，须经出席理事 2/3 以上表决通过方为有效）。理事会行使的职权包括：修改章程；选举或者罢免理事长、副理事长、秘书长；决定重大业务活动计划，包括资金的募集、管理和使用计划；审定年度收支预算及决算；制定内部管理制度；决定设立办事机构、分支机构、代表机构；决定由秘书长提名的副秘书长和各机构主要负责人的聘任；听取、审议秘书长的工作报告，检查秘书长的工作；决定基金会的分立、合并；等等。

第二，社会服务机构理事会的职权。社会服务机构的理事由举办者（包括出资者）、职工代表（由全体职工推举产生）及有关单位（业务主管单位）推选产生；理事会成员为 3～25 人；理事任期 3 年或 4 年；理事任期届满，连选可以连任；理事会设理事长 1 名，副理事长 1～2 名；理事会每年至少召开 2 次会议。理事会行使的职权包括：修改章程，审议通过业务活动计划、年度财务预算、决算方案，审议增加开办资金的方案，决定机构的分立、合并或终止，聘任或者解聘机构的负责人（例如院长、校长、所长、主任等）及财务负责人，罢免、增补理事，决定从业人员的工资报酬，制定内部管理制度，等等。

第三，社会团体理事会的职权。社会团体的理事会是会员大会（或会员代表大会）的执行机构，在会员大会（或会员代表大会）闭会期间领导社团开展日常工作，对会员大会（或会员代表大会）负责。理事会的职权包括：执行会员大会（或会员代表大会）的决议，选举和罢免理事长（会长）、副理事长（副会长）、秘书长，筹备召开会员大会（或会员代表大会），向会员大会（或会员代表大会）报告工作和财务状况，决定会员的吸收或除名，决定设立办事机构、分支机构、代表机构和实体机构，决定副秘书长、各机构主要负责人的聘任，领导团体各机构开展工作，制定内部管理制度，等等。

2. 监事（或监事会）

监事遵守有关法律法规和社会组织章程的规定，对社会组织履行监督职责，3 名及 3 名以上监事应设监事会。监事列席理事会会议，有权向理事会提出质询和建议，并且应向登记管理机关、业务主管单位以及税务、会计主管部门反映情况。监事不得从社会组织获取报酬；监事及其近亲属不得与社会组织有任何交易行为。理事、理事的近亲属和社会组织财会人员不得任监事。

二、内部管理制度

（一）章程

1. 社会组织章程的内涵

社会组织章程是社会组织经特定的程序制定的关于社会组织规程和办事规则的规范性文书，是社会组织规章制度的根本。《慈善法》要求慈善组织应符合有组织章程等必要条件。社会组织应当根据法律法规以及章程的规定，建立健全内部治理结构，明确决策、执行、监督等职责权限，开展慈善活动。社会组织的章程应当符合法律法规的规定，并载明社会组织的名称和住所、组织形式、宗旨和活动范围、财产来源及构成、决策和执行机构的组成及职责、内部监督机制、财产管理使用制度、项目管理制度、终止情形及终止后的清算办法，以及其他重要事项。

2. 社会组织章程的制定与修订

社会组织制定章程的示范文本须向登记管理机关申领，章程的制定和修订应按照有关管理规定进行。基金会和社会服务机构的章程制定和修订，按照规定须由 2/3 以上理事出席理事会会议，并且到会的理事 2/3 以上表决通过。章程制定与修订通过理事会会议产生并由理事会会议纪要、书面会议决议体现，且出席理事、监事全部签名。章程制定或修订结果须在规定时间内报业务主管单位审核，经业务主管单位同意后，在规定时间内报登记管理机关核准。

社会团体对章程进行修改、调整，应在报会员大会（或会员代表大会）审议前，书面征求业务主管单位和登记管理机关意见。章程修改经会员大会（或会员代表大会）审议通过后，社会团体应按照《社会团体登记管理条例》规定，及时报登记管理机关核准。社会团体修改章程未履行规定程序的，登记管理机关不予受理章程核准。未经核准的章程，不作为社会团体开展活动的依据，社会团体不应擅自发布。

（二）内部管理制度

1. 内部管理制度的种类

按照《慈善法》的有关规定，社会组织内部管理须建立内部监督机制、财产管理使用制度、项目管理制度等，主要包括理事会（常务理事会）工作制度、监事（监事会）工作制度、秘书处（执行团队）工作制度、人力资源管理制度、项目管理制度、财务管理制度、关联交易管理制度、资产保值增值管理制度、重大事项报告制度、信息公开制度、诚信自律准则以及突发事件预警和应急处理制度等内部管理制度。

2. 制定内部管理制度时的注意事项

社会组织内部虽划分不同部门，但各部门间为分工协作关系，制定内部管理制度时既要明确划分各部门的职责，同时又要兼顾各部门间都会涉及的工作领域如何分工合作，避免推诿，提高工作效率。

第一，理事会（常务理事会）与监事（监事会）工作制度。理事会（常务理事会）工作制度应清晰描述理事长、副理事长及理事的职责，对于理事会与秘书处（执行团队）、监事（监事会）的职责边界要清楚。监事发挥监督作用，因此，监事（监事会）工作制度应载明监事长、监事各自的职责，使其能够公正、独立地发挥作用，并且与秘书处（执行团队）、理事会的边界应清楚合理。

第二，秘书处（执行团队）工作制度。秘书处（执行团队）工作制度应清晰描述秘书长（执行主任）的职责，秘书处（执行团队）应具有一定的能够自主运作的空间，执行理事会（常务理事会）的决策，而不受社会组织发起方（或创始人、理事）等个人影响。

第三，人力资源管理制度。人力资源是社会组织项目活动得以实施的基本保障，应重视社会服务人才的培养与发展，在人力资源制度中应载明绩效管理及相关激励机制；同时，人力资源管理制度中对于志愿者的职责与管理也应做出详细说明，尤其对于志愿者的权益保障措施应有明确规定；志愿者是社会组织人力资源的有力补充。

第四，项目管理制度。项目管理制度中对于项目准备阶段的论证、调研、计划、申报、立项，项目实施阶段的管理、监督、反馈，项目总结阶段的评估、反思、改进都应有详细的管理要求和措施，并应明确对项目痕迹资料的留存要求。

第五，财务管理制度。社会组织的财务管理制度应包括会计核算要求、财务会计人员岗位职责、支出审批权限程序及费用支出标准、货币资金管理、资产管理、投资（实体、刊物）管理、分支机构财务管理、项目（业务活动）收支管理、专项基金的审计与监督、预算管理、票据管理、财务报告编制与财务分析、会计电算化管理、会计档案管理要求等内容。

第六，关联交易管理制度。关联方是指一方控制、共同控制另一方或对另一方施加重大影响，以及两方或两方以上同受一方控制、共同控制或重大影响的相关各方①。关联方交易是指关联方之间转移资源、劳务或义务的行为，而不论是否收取价款。关联方交易的类型通常包括购买或销售商品及其他资产、提供或接受劳务、提供或接受捐赠、提供资金、租赁、代理、许可协议、代表民间非营利组织或由民间非营利组织代表另一方进行债务结算、关键管理人员薪酬②。关联交易管理制度中应载明发生关联交易信息公开的具体操作程序以及关联方回避具体要求等。

第七，资产保值增值管理制度。按照《暂行办法》的规定，社会组织应当在财务和资产管理制度中规定投资遵循的基本原则，投资决策程序和管理流程，决策机构、执行机构、监督机构在投资活动中的相关职责，投资负面清单，重大投资的标准，投资风险管控制度，投资活动中止、终止或者退出机制，违规投资责任追究制度等。

第八，重大事项报告制度。社会组织重大事项报告制度应依据社会组织所在地区的社会组织登记管理机关对所辖社会组织重大事项报告的要求，载明重大事项所指的范围，以及报告重大事项的时限要求和具体方式。

第九，信息公开制度。社会组织应当依法履行信息公开义务，信息公开应当真

① 《〈民间非营利组织会计制度〉若干问题的解释》第十二条（二）。

② 《〈民间非营利组织会计制度〉若干问题的解释》第十二条（三）。

实、完整、及时。信息公开制度应明确信息公开的范围、方式和责任。信息公开制度内容应当包括向社会公开组织章程和决策、理事会、监事（或监事会）、机构成员信息以及每年向社会公开机构年度工作报告和财务会计报告，以及向社会公开募捐情况、慈善项目实施情况，及时向捐赠人告知募捐情况、募得款物的管理使用情况，并注意涉及国家秘密、商业秘密、个人隐私的信息，以及捐赠人、慈善信托的委托人不同意公开的姓名、名称、住所、通信方式等信息不得公开。

第十，诚信自律准则。社会组织应依法从业、诚信执业，重视诚信建设，主动向业务主管单位、登记管理机关、其他相关部门报送开展活动的信息、结果、经验等情况；按照《慈善组织信息公开办法》及时公开年度工作报告和财务会计报告，公开社会组织资金的使用情况；多种渠道详细公开项目运作的相关信息，便于资助方和公众了解与监督。在诚信自律准则中还应公开社会组织的联系方式（电话、地址、邮箱等），公开社会组织接受访问与质询的部门、负责人、联系方式等，应建立社会组织主要负责人的职务行为与金融信用档案的规定等。

三、日常管理规范

社会组织在日常运作管理中，内部治理方面须依据《慈善法》《基金会管理条例》《社会团体登记管理条例》《民非条例》等法律法规的要求，及时进行理事会、监事（或监事会）换届，进行备案变更登记，按时参加年检评估，及时进行重大事项报告，积极主动配合抽查审计，并对办公场所与办公设备进行规范管理。

（一）换届

依据《基金会管理条例》《社会团体登记管理条例》《民非条例》等法律法规的要求，社会组织的理事会、监事（或监事会）应在任期届满进行换届，连选可连任。社会组织的理事会、监事（或监事会）的换届应按照登记管理机关的换届指引要求进行；换届需要履行规定的程序，在召开换届会议前应准备全面的会议材料。理事会负责换届的组织领导，负责提出工作计划、提名候选人、准备换届材料、履行选举程序等工作；业务主管单位、党建领导机关和登记管理机关负责换届选举工作的指导和监督。

（二）备案

社会组织的印章式样、银行账号、开展公开募捐、慈善信托、变更捐赠财产用途、负责人变动等信息须按照《慈善法》《基金会管理条例》《社会团体登记管理条例》《民非条例》等法律法规的要求进行备案登记，是登记管理机关对社会组织进行监管的一种方式。

（三）变更

社会组织的名称、法定代表人、业务主管单位、住所、原始基金数额、开办资金、活动资金等事项发生变化，依据《慈善法》《基金会管理条例》《社会团体登记管理条例》《民非条例》等法律法规要求应进行变更登记。社会组织办理变更登记业务，均须先在网上填报，网上审核通过后再提交纸质材料。

（四）年检

《慈善法》要求慈善组织每年向办理其登记的民政部门报送年度工作报告和财务会计报告。报告应当包括年度开展募捐和接受捐赠、慈善财产的管理使用、慈善项目实施、募捐成本、慈善组织工作人员工资福利以及与境外组织或者个人开展合作等情况。

每年 3 月 31 日前基金会、境外基金会代表机构应当向登记管理机关报送上一年度工作报告，接受年度检查；社会服务机构和社会团体也应向业务主管单位报送上一年度的工作报告，经业务主管单位初审同意后，于 5 月 31 日前报送登记管理机关，接受年度检查。年检结论分为“年检合格”、“年检基本合格”和“年检不合格”。

（五）重大事项报告

社会组织在机构日常运作中，须按规定报告情况的重大事项主要包括：召开会员（代表）大会、理（董）事会，决定变更登记、注销登记、换届改选、修改章程等事项；举办大型论坛、研讨会、活动、庆典；吸收境外人士担任本组织职务；接受境外组织、个人捐赠及资助；与境外组织开展项目合作或者联合举办活动；组团出国出境，开展交流考察；参加国际会议、加入国际组织；开展评比达标活动，进行认证排名；设立经济实体，参加重大投资项目；具有公开募捐资格，面向公众开展募捐活动；在社会组织活动中发生重大人员伤亡、事故、财产损失，导致本组织不能正常开展工作的纠纷、冲突，了解和掌握重要社会情况；违反法律、法规，受到有关行政机关处罚；等等。

社会组织可以通过登记管理机关的社会组织服务管理系统填写《社会组织重大事项报告表》，向登记管理机关报告重大事项，也可以通过电话、传真等方式报告。

（六）评估

《慈善法》规定县级以上人民政府民政部门应当建立慈善组织评估制度，鼓励和支持第三方机构对慈善组织进行评估，并向社会公布评估结果。《民政部关于推进民间组织评估工作的指导意见》以及《社会组织评估管理办法》对社会组织评估都有明确要求。社会组织评估按照“政府指导、社会参与、独立运作”的总体要求，按照评估指标和评分细则，邀请第三方机构组建专家团队对社会组织进行全面客观的考察、评价；通过公正、公平、科学的运作，发挥导向激励作用，促进社会组织的健康发展。《社会组织评估管理办法》规定社会组织评估结果分为五个等级，由高至低依次为5A级（AAAAA）、4A级（AAAA）、3A级（AAA）、2A级（AA）、1A级（A）。社会组织评估等级的有效期为5年。获得3A以上评估等级的社会组织，可以优先接受政府职能转移，可以优先获得政府购买服务，可以优先获得政府奖励。获得3A以上评估等级的基金会、慈善组织等公益性社会团体可以按照规定申请公益性捐赠税前扣除资格。获得4A以上评估等级的社会组织在年度检查时，可以简化年度检查程序。

社会组织评估围绕社会组织的内部治理、党建工作、发挥作用情况、遵章守规情况以及诚信建设情况，对社会组织的办公条件、组织机构、内部规范、资产管理、党的组织覆盖、党的工作覆盖、开展的业务活动、行政审批、日常监管、行政执法、合规性、非营利性、信息公开、信用信息、诚信意识等方面进行全面客观的评价。

（七）抽查审计

《慈善法》要求县级以上人民政府民政部门应当依法履行职责，对慈善活动进行监督检查，对慈善行业组织进行指导。为规范社会组织管理，促进社会组织健康有序发展，根据《基金会管理条例》《民非条例》《社会团体登记管理条例》《社会组织抽查暂行办法》等的规定，对社会组织开展抽查审计。

抽查审计查看社会组织的年度工作报告书、会计报表、相关账簿、审批单据、财务票据、合同协议等资料；了解社会组织的内部控制制度建立、执行情况；评价其内部控制系统是否健全且有效执行；查看会计核算、财务管理、业务活动管理是否规范；检查是否存在违反非营利法人要求，违反《民法典》《社会团体登记管理条例》《民非条例》《基金会管理条例》《民间非营利组织会计制度》及其他相关法律法规规定的行为。

抽查审计的实施主要采取进驻现场、听取介绍、收集资料、查阅制度等方式，同时，采用审验会计凭证和相关财务资料，盘点实物，函证其他单位或个人，调查取证，重新计算及分析等方法进行。

（八）场所与设备管理

社会组织在日常管理中，应重视办公场所与办公设备的管理。首先，应注意办公场所应体现社会组织服务社会的特色，即办公场所的装饰应与社会组织的定位与职能相符。其次，注意社会组织应有独立的办公用房，且面积能够满足组织发展需要；社会组织的名称牌匾应悬挂于办公场所外；在社会组织办公场所明显位置应悬挂社会组织登记证书正本。社会组织的基本办公设施，如电脑、打印机、复印机、桌椅等办公设备的数量和状况应能够满足社会组织开展工作的需要；且团队内部沟通的信息平台应丰富便捷、办公自动化水平应较高。社会组织对办公设备设施等固定资产应进行管理，建立固定资产标识卡、定期进行盘点，并做好记录。

四、内部控制

（一）内部控制的概念

内部控制作为一个审计词汇最早是由美国注册协会在 1936 年颁布的《注册会计师对财务报表的审查》中提出的。1992 年，美国反虚假财务报告委员会下属的发起组织委员会（Committee of Sponsoring Organizations，COSO）颁布了《内部控制——整合框架》（简称《内控框架》）。1994 年，COSO 对《内控框架》进行了修订，此后其成为指导全球内部控制最权威的行动指南[①]。在《内控框架》中，COSO 将内部控制定义为：一个受到董事会、经理层和其他人员影响的过程。该过程旨在为实现以下三类目标提供合理保证：第一，经营的效果和效率；第二，财务报告的可靠性；第三，遵守法律法规。除了上述三类目标之外，内部控制还应确保企业资产的安全和企业目标的实现。

COSO 的《内控框架》同样适用于社会组织的内部控制，并被认为具有重要意义[②]。因此，本书借鉴 COSO 对于内部控制的定义，将社会组织内部控制界定为一个受到社会组织各利益相关方影响的过程，这一过程能够为社会组织的有效运行、财务报告的真实可靠、法律法规的严格遵守提供合理保证。

（二）内部控制的要素

如前所述，COSO 颁布的《内控框架》是企业内部控制的实务指南，本书借鉴

---

① 高顿财经研究院．财务报告、规划、绩效与控制［M］．2 版．北京：中国财政经济出版社，2017：490.

② 李视磊．基于 COSO 框架的现代社会组织内部控制体系研究［J］．国际商务财会，2018（1）：95－96.

其核心内容，对社会组织内部控制的五大要素进行具体说明。

1. 控制环境

控制环境不仅是其他四个内部控制要素的基础，而且还影响着三类目标的实现及社会组织的运行，即社会组织整体上对于内部控制的态度、意识和行为，由七个要点构成：诚信和价值观，这是构成控制环境的基本因素，影响着其他内部控制要素的设计、管理和监督；对胜任力的承诺，这意味着机构管理者要考量将适当人选安排在适当的岗位上并给予充分的培训；理事会，一个有着内部控制理念和相应知识的理事会能够充分行使必要的治理和监督职能；管理哲学和运行风格，这不仅影响机构的管理方式，而且触及管理者对于风险的态度及其承受风险的限度；组织架构，包括权责分工及其相应的报告途径，无论何种类型的社会组织都需要在该架构内有序且高效地开展实现既定目标的业务活动；权责分配，涉及机构业务活动的权责分配、报告关系和授权协议的确立；人力资源政策和措施，这些措施往往与机构对员工的培养、使用、评价和激励直接相关。

2. 风险评估

所有社会组织都时刻面临风险，而且没有一个实际的办法可以彻底消除风险，因此，机构管理者必须对风险进行有效的评估和积极的管理，力争将风险保持在可承受的范围之内。在内部控制中，风险是指可能对社会组织使命与目标的实现产生负面影响的事件，或者出现损失的可能性。在风险评估的过程中，社会组织的管理者需要通过识别和分析那些会对社会组织使命与目标的实现产生负面影响的风险，并以此作为管理风险的基础。

3. 控制活动

识别和分析风险是为了控制风险，因而控制活动是社会组织内部控制中最关键的要素，指的是需要执行的政策和步骤，以保证机构所设定的风险管理措施得以切实执行。控制活动的主要方法有：

第一，职责分离。作为内部控制中最有效的控制活动，职责分离是将一些具有利益相关性的重要职责交由不同的员工来执行，或是一名员工不能同时承担两个具有利益相关性的工作，以此来降低风险。一般而言，社会组织至少要对以下四个职能进行职责分离：第一，授权，即所有交易事项都必须经过相应管理者的授权；第二，记录，即必须有符合相关要求的会计记录；第三，资产监管，即对机构的资产进行实际的控制；第四，定期核对，即定期对实有的资产数量与记录的资产数量进行核对。对上述四个职能进行独立的划分意味着，负责授权的不能进行记录，负责记录的不能进行监管，负责监管的不能进行核对，负责核对的不能进行授权。也就是说，从职责分离的角度来看，这四项职能必须是互斥的。

第二，适当授权。有效的内部控制体系必须以授权作为起点，即对所有交易事项都应当有适当的授权。授权的意义在于确保每项交易的真实性与合法性，例如，某社会组织在提供开展社会服务所需物资时应有相应负责人的签字授权。

第三，对于资产和记录的实际保管。用于保护资产和记录的预防措施必不可少，包括但不限于：用防火的保险柜来存放机密文件、现金和印章等，安装远程控制摄像头进行监控，对记录进行备份，等等。

第四，充分的文档记录。文档是对于过去已发生事实的记录，充分的文档记录不仅是编制财务报告的基础，而且为控制活动提供必要的证据。作为文档记录的最重要的措施之一，预编号码通过简易的识别和追踪来确保文档记录的精确性，比如有效防止多次记录或是被漏记。

第五，独立核查。进行独立核查是一项非常有价值的控制活动，可以确保核查结果的真实性和精确性。独立核查的具体方法包括：强制休假、定期轮岗或转岗，或是让与会计记录无关的员工进行银行对账等。

4. 信息与沟通

获取实时且精确的信息对于社会组织的生存和发展而言非常重要，用于机构内部控制的信息应具备适当性、及时性、当前性、精确性和可获得性。沟通的价值在于将信息传递给适当的信息使用者，使其能够更好地履行职责。机构内部的沟通应能做到双向沟通，确保管理者能够及时获得有效信息；同时外部的沟通也必不可少，其能促进机构更好地掌握外部的机会与挑战，并更容易得到外部的理解与支持。

5. 监督

风险会随着时间的推移和所处环境的变化而发生相应的变化。新的风险与新的环境都会降低社会组织控制风险的能力。因而，社会组织管理者需要通过监督来判断内部控制是否能持续有效地应对变化中的风险。监督可以通过持续监督或者独立评估的方式进行，持续监督的程度和有效性越强，独立评估的需求自然就越少。

（三）内部控制的策略

1. 加强社会组织的内部控制环境

机构管理者需要切实理解与高度重视内控制度的现实意义，建设良好的内部支持环境。在明确规章制度的基础上，对机构全体员工开展专项培训，提高其相关方面的知识和技能，丰富其严格遵循职业道德的经验。

2. 建立健全社会组织内部控制风险评估体系

社会组织要自觉建立有效的风险识别、评估和应急体系。日常工作中要实时监控工作中面临的主要风险，根据风险发生的可能性及其影响程度进行风险评估，并制定相应的风险应对措施。此外，应建立应急机制，一旦发生无法预计和无法控制的风险，就启动应急预案，将损失程度控制到最低，将损失降到最小。

3. 完善社会组织内部控制机制

社会组织应该严格制定和执行授权审批制度，规定授权审批的范围、权限、程序，并且要有相应的监督机制和追责制度，对重大事项实行集体决策。社会组织应按照业务活动的性质和功能将其内部控制活动划分成若干具体工作岗位，并根据岗位性质赋予相应的工作任务和职责权限，保证不相容岗位相互分离，确保不同岗位之间权责分明、相互制约、相互监督。

4. 保证机构内外信息沟通与交流

社会组织应该在机构内部建立信息传递通道，并使其为员工所熟知，从而使信息交流与反馈得到保障。社会组织各部门、各岗位之间应进行必要的沟通协调，利用信息技术积极开展信息公开，通过举报投诉及时有效掌握信息，防止错误与舞弊行为的发生。

5. 充分发挥内部监督作用

在健全完善社会组织内部控制体系的过程中，社会组织管理者需要通过监督来判断内部控制是否能持续有效地应对变化中的风险。此外，内部审计也应当发挥重要作用，通过定期制定相关的内部控制审计计划、定期和不定期审查单位各部门内部控制执行情况，及时发现内部控制制度的缺陷和薄弱环节，并针对相关问题制定合理有效的改进措施。

第二节　社会组织的财务管理

一、社会组织财务管理概述

（一）社会组织财务管理的概念

社会组织的财务管理被视为管理的绝对底线，不仅涉及开展业务活动所需的财务资源的确认和获取，而且涉及确保这些资源能够被有效地使用和恰当地记录。因而，社会组织的财务管理实际上指的是社会组织在运作过程中涉及的所有财务资源的管理工作，包括财务资源的计划管理（主要是预算管理）、来源管理（有关筹资管理）、支出管理（涉及内部控制），以及实施情况（比如财务报告）等。

具体而言，社会组织的财务管理主要包括六项内容：第一，规划和预测机构在财务方面的需求；第二，分析机构筹资状况及其来源；第三，对所筹集资金进行适当分配；第四，记录业务活动开展中的财务执行情况；第五，合理控制机构开支；第六，报告和解释机构的财务状况。

（二）社会组织财务管理的特征

在遵循相关法律法规、政策与理论的前提下，基于社会组织的属性与特征，社会组织的财务管理也具有独特之处①，具体体现为以下几点：

1. 管理目标的非营利性

社会组织的成立、运作和发展均需服务于全社会或一定范围的公共利益，获取的所有财务资源均是为了实现机构的公益性目标，因此，社会组织财务管理的首要任务是通过财务资源管理工作，为机构开展业务活动实现公益性目标保驾护航。

2. 产权形式的特殊性

社会组织的财产所有权、管理权和受益权是分离的，这与企业等营利组织完全不同。捐赠者将财产捐赠给社会组织后，这些被捐赠财产的所有权便被赋予了公益性属性，即全社会共同拥有其所有权；与此同时，财产的管理权则被转移给了社会组织，而受益权则属于机构开展业务活动的服务对象。产权分离对于社会组织的财务管理提出了更高要求。

3. 筹资渠道的独特性

社会组织的资金来源十分多样，包括政府资助与购买服务、社会捐赠、服务收费、会员费等。近年来，我国社会组织在筹资渠道上有了更多选择，比如进行一些投资活动。但是总体上看，这些财务资源主要还是政府和社会的投入，而且均是为了实现机构的公益性目标，因而在使用这些财务资源时要兼顾资方的意愿和机构目标的实现。

（三）社会组织财务管理的功能

良好的财务管理，有助于社会组织掌控机构资源、妥善使用资金、掌握收支数据、预防财务危机等，更重要的是能为机构可持续发展累积动力。

一般而言，社会组织财务管理的功能包括：

---

① 周俊，张冉，宋锦洲．社会组织与慈善组织管理［M］．北京：北京大学出版社，2017：286.

1. 赢得社会信任

财务管理不仅是会计计算，更是信任管理。社会组织的财务状况要能够反映出机构是否负责任与讲信用。例如，财务收支状况是否明晰，预算是否按要求执行，决算与预算是否差距很大，财务报告是否清楚，等等。这些都是认识一个社会组织运作的最重要指标。哈佛大学赫兹琳杰教授研究发现，社会组织出现违法犯罪、管理不善等事件，会严重破坏社会信任，而其中主要的问题有四个①：一是成效不佳，没有达成机构的使命和承诺；二是效率太低，投入和产出不成正比；三是公器私用，管理者利用免税的优惠从中中饱私囊或浪费经费；四是过于冒进，用不稳定的收入来运营机构，导致周转不灵，甚至破产。可以看到，这些问题或多或少与财务管理有关。因此，财务管理是社会组织获得社会信任的利器。

2. 妥善使用资金

在传统观念中，财务管理只是对收支的监督，以便社会组织得以生存，而管理者需要掌握某笔钱要用到哪一部分而非另一部分。时至今日，这些观念在财务管理中依然重要，不过随着社会组织的发展，社会组织将面对更多竞争并力求脱颖而出。为了在诸如政府购买社会服务项目招投标等竞争中取得先机，将社会组织的社会服务推陈出新是一方面，而有说服力的资金预算则是另一方面，因此预算也被视为财务管理的核心。社会组织在取得资金支持后，更需要按照要求在保质保量提供社会服务的同时，严格执行各项资金预算。服务与管理是相互影响的，若发现资金预算与实际情况确实存在不匹配的情况，也能够及时调整、合理支出。因此，财务管理是社会组织妥善使用资金的工具。

3. 保障机构运行

对内来说，系统的财务管理能够为社会组织管理者提供一些相关信息，帮助管理者用于规划和控制社会组织常规性的运作，同时还能够作为一些策略性规划的参考。例如，从社会组织的发展来看，如果可获取的财务资源较多，就可以考虑拓展社会组织规模、扩大业务活动；反之，则需要思考如何在有限的经费内既维持机构的生存又保证业务活动的开展。对外来说，良好的财务评估结果，能够作为社会组织获得相关资源支持的依据。比如，某社会服务机构在上一年的政府购买社会服务项目的末期评估中，财务审计结论为“不合格”，那就很有可能会影响到本年度申请项目的资格。因此，财务管理是社会组织保障机构运行的基石。

---

① 赫兹琳杰，等．非营利组织管理［M］．北京：中国人民大学出版社，2000：4-6.

二、社会组织的预算管理

（一）社会组织预算的概念与特征

基于社会组织的概念与特征，社会组织预算指的是以货币语言，对社会组织未来一段时间（通常为数月或一年）的行动计划的说明。预算可以帮助社会组织在年度计划开始前，作为机构运行的蓝图，让资源聚焦使用在与机构愿景、使命和宗旨相关的业务活动上，并在年度计划的执行过程中提供参考，即监督各项活动的方向与进展是否与预计的一致。

社会组织预算具有两个特征：一方面，预算与机构的战略或目标具有一致性，因为预算是为实现社会组织的目标而对各种资源和业务活动做的详细安排；另一方面，预算是数量化的并具有可执行性，因为预算作为一种数量化的详细计划，是对行动计划的细致、周密安排，是未来业务活动的依据。因此，数量化和可执行性是社会组织预算最主要的特征。

（二）社会组织预算的功能

社会组织预算能够帮助机构规划和联结未来一段时间的相关活动，控制并评估活动的开展，并激励管理者和员工努力达成目标。具体来说，预算的功能有①：

第一，规划。预算可以让管理者思考未来情境可能的变化，进而事先采取应变措施；同样地，预算也可能让管理者确认其所期望的改变，进而在预算之下做好预案。简单来说，预算的过程可以让管理者“防患于未然”，并减少仓促的决策。

第二，协调。社会组织一般下设多个部门（也可以理解为多个项目、团队），这些部门的行动可以藉由预算而形成共同的计划，预算可以让管理者检查各部门在运转方面的相互关系，以及各自的资源和需求，以便做出最符合机构实际的调整和安排。

第三，沟通。为了让社会组织有效运行，机构要有明确的沟通渠道，让所有员工都知道管理者所期待完成的计划，以及可能的限制。通过预算，这些员工都应该要知道各自在完成机构的计划及相应的预算中所被期待扮演的角色，而机构也可以确定是否安排了适当的人选负责预算的执行。

第四，激励。预算是一种影响和激励管理者的行之有效的设计，然而，预算也可能导致不同管理者之间的效率低下甚至冲突。例如，如果预算仅由某些管理者“说了算”，将是一种威胁而非挑战，且可能遭遇来自其他管理者和员工的抗拒。因

---

① 黄源协．社会工作管理［M］．上海：华东理工大学出版社，2018：302－303.

而，理想的做法是组织成员共同参与预算制定过程，积极发挥参与管理的功能。

第五，监督。预算可以协助管理者管理和控制其所负责的业务活动，藉由实际结果与预算项目的比较，管理者可以发现某些成本偏离预期的情况，进而找出效率低下的原因。预算控制至少包含两件事，即持续对预算进行监督以及分析预算执行中发生的偏差以及时纠偏。

第六，评估。社会组织可以藉由预算对部门（也可以是团队、项目）、管理者和员工进行绩效评估。但是要警惕过度强调完全遵照预算而忽略开展业务活动过程中实际发生的情况和组织内外部环境的变化，使得机构丧失创造性与弹性。

（三）社会组织预算的编制

1. 社会组织预算编制的方法

社会组织比较常用的预算编制方法有单项预算法与项目预算法。

（1）单项预算法。

单项预算法指的是以本年度的预算作为规划下一年度预算的基准，因而也被称为历史预算法。单项预算通常以渐增方式为基础规划来年的预算，因而又被称为渐进式预算法。例如，某社会组织当年的预算是 100 万元，明年可能增加到 120 万元。在稳定的内外部环境下，这种预算编制方法可以在编制预算的过程中节约时间、提高效率。但是，单项预算法也有缺点，诸如不能够说明机构的目的、目标、计划或结果等，也不能够说明效率、优先序等，加上缺乏弹性，近些年来受到了诸多批评。

（2）项目预算法。

项目预算法是指将现有资源按比例分配给不同的项目，并将预算过程与评估过程紧密地结合在一起，以考察项目实施效果，并检验机构是否实现其使命与目标的预算编制方法。项目预算法主要用于社会组织提供的以项目为载体开展的业务活动，特别是藉由机构的具体项目得以开展的社会服务。例如，某社会服务机构主要针对不同人口群体开展社会工作专业服务，其中，针对老年人的项目预算为 120 万元，针对儿童的项目预算为 60 万元，针对残疾人的项目预算为 20 万元，全部项目预算总数为 200 万元。项目预算能够反映出多少资源分配给不同的项目，而且预算能够将项目的计划、执行和评估等环节紧密联系起来。总的来说，项目预算法能够说明社会组织的目的和目标，明晰机构开展的业务活动及其侧重，并且有助于管理者检查成本和效益之间的关系。

2. 社会组织预算编制的步骤

社会组织预算的编制过程，通常包括以下几个主要步骤[①]：

---

① SKIDMORE R A. Social work administration：dynamic management and human relationships [M]. 3rd ed. London：Pearson Education，1995：101.

第一，设定与机构需求相关的特定目标。要设定有意义的目标，必须要在固定时间内检查机构的规章制度，同时这些目标最好要符合 SMART 原则①，以便日后的执行和评估。

第二，确定有关机构运行的实际情况。要收集并研究机构当前和过去运行的基本信息，包括那些已开展或尚未开展的业务活动，兼顾机构的整体发展和员工的个人发展，此外，如何获得所需的财务资源也要详加考虑。

第三，从财源的角度出发思考新的可能性。要思考未来可能会有的不同资金来源以及获取方式，管理者要有一定的创新能力，对机构未来发展谋求其他可能的选择。

第四，决定机构的优先次序。管理者应该就所发现的替代项目，根据机构的政策、目标和未满足的需求，以及机构的财务配合状况，列出优先次序。

第五，确定有关预算的决策。实际的预算通常是预算过程中最困难的，在社会组织之中，服务对象的权益考量以及机构的生存发展，都应该考虑在内。

第六，提供充分的解释。当预算的蓝图完成后，管理者还需要向可能的利益相关方解释为什么预算要这样编制，以取得其理解和支持。

三、社会组织的内部审计

（一）社会组织内部审计的概念

从会计控制的角度来说，外部审计与内部审计在形式上可以是重合的。然而，由于根本目标是不一致的，两者在本质上具有很大差异。外部审计师的首要职责是对社会组织的财务报告发表审计意见，其目标在于判断财务报告是否真实公允地反映了机构在某一既定时间段内的业务活动结果和相应财务状况。内部审计师则为整个机构管理者提供有效履行其职责所需要的信息，对机构运行进行独立评价，并在此基础上提出改进方案并进行后续监督。

内部审计指的是一种独立、客观的确认和咨询活动，通过系统和规范的方法，评价并改善风险管理、控制和治理过程的效果，旨在改善社会组织的运行，帮助实现其使命和目标②。要想有效地进行内部审计，必须确保内部审计的独立性，以及内部审计师在开展审计工作时的客观性。在这里，独立性是指免于受那些会损害客观性的重大利益的影响，这与内部审计师的个人能力、内部审计业务的水平和机构的整体水平有关，内部审计不应被其他部门干预，也不能偏袒某些部门，而且要向最

① 关于 SMART 原则详见第 166 页。

② 高顿财经研究院．财务报告、规划、绩效与控制［M］．2 版．北京：中国财政经济出版社，2017：504.

高层如理事会报告；客观性是指一种公正的态度，指内部审计师在执行审计工作时，对自己的工作成果抱有诚实的信条，不会在任何方面达成重大的质量妥协，客观性也要求内部审计师不能把对其他事物的判断凌驾于对审计事物的判断之上。

（二）社会组织内部审计的范围

内部审计的范围具体包括但不限于以下内容：评估信息的可靠性和真实性，以及用于识别、衡量、分类和报告这些信息的方法；评估那些用于确保符合政策、计划、流程、法律法规的系统，这些系统会对机构产生重大的影响；评估资产监管与核实的方法；评估资源使用的效用和效率；评估业务活动或程序是否能使结果与预设目标保持一致以及业务活动或程序是否按计划开展；监督和评估治理过程；监督和评估风险管理过程的有效性；评估外部审计工作的品质和与内部审计工作的协调程度；开展针对治理、风险管理和控制的适当的咨询活动；定期报告内部审计工作的目标、权利、职责及其与内部审计计划相关的活动；重大的风险和控制事项，包括舞弊风险、治理问题以及理事会需要或要求的其他事项。

在上述具体的内部审计内容中，有两个高频词可以显示内部审计的特征——评估和监督。如果说内部控制的核心在于通过具体的政策和措施来降低社会组织的风险，那么内部审计则是通过评估和监督来检测社会组织的内部控制是否存在，并且衡量其内部控制是否有效。总的来说，内部审计必须协助社会组织维持有效的内部控制。内部审计师的工作重点并不是参与被审计机构内部控制目标的实现，而是评估内部控制的政策和措施是否到位，是否被正确实施，目标是否已经实现。

四、社会组织的财务报告

（一）资金使用的核算与监督

社会组织的资金使用需要遵循我国《民间非营利组织会计制度》的相关要求，社会组织的资金主要分为业务活动成本、管理费用、筹资费用和其他费用等，下面分别予以说明：

1. 业务活动成本

业务活动成本是社会组织为实现其业务活动目标、开展其项目活动或者提供服务所发生的费用。如果社会组织从事的项目、提供的服务或者开展的业务比较单一，可以将相关费用全部归集到“业务活动成本”科目下进行核算和列报；如果社会组织从事的项目、提供的服务或者开展的业务种类较多，应当在“业务活动成本”科目下分项目、服务或者业务大类进行核算和列报。

2. 管理费用

管理费用是社会组织为组织和管理其业务活动所发生的各项费用，包括机构董事会、理事会或者类似权力机构的经费和管理性质人员的工资、奖金、住房公积金、住房补贴、社会保障费、离退休人员工资与补助，以及办公费、水电费、邮电费、物业管理费、差旅费、折旧费、修理费、租赁费、无形资产摊销费、资产盘亏损失、资产减值损失、因预计负债所产生的损失、聘请中介机构费和应偿还的受赠资产等。

3. 筹资费用

筹资费用是社会组织为筹集业务活动所需资金而发生的费用，包括为了获得捐赠资产而发生的费用以及应当计入当期费用的借款费用、汇兑损失等。社会组织的筹资费用，包括举办筹款活动、印刷和发放筹款资料，以及其他与筹款或争取捐赠等有关的费用。

4. 其他费用

其他费用是社会组织实际发生的、无法归属到上述业务活动成本、管理费用或者筹资费用中的费用，包括固定资产处置净损失、无形资产处置净损失等。

另外需要指出的是，社会组织的某些费用如果属于多项业务活动或者同上述费用同时发生，而且无法直接归属于某一类业务活动的，应当将这些费用按照合理的方法在各项活动中进行分配。

（二）财务会计报告的内容

财务会计报告和前述的预算和费用紧密相连，前者是后者的具体实施的集中呈现。根据我国《会计法》《民间非营利组织会计制度》的规定，只要是注册登记的社会组织，其财务会计报告由会计报表、会计报表附注和财务情况说明书组成。根据报告周期，可以分为年度财务会计报告和中期财务会计报告。年度财务会计报告是以整个会计年度为基础编制的财务会计报告；而中期财务会计报告则是短于一个完整的会计年度的周期（如月度、季度和半年度）编制的财务会计报告。在编制中期财务会计报告时，其内容相较于年度财务会计报告可以适当简化，但是仍应采用与年度财务会计报告相一致的形式，需要包含一定周期内与社会组织的财务状况、业务活动情况和现金流相关的重要财务信息。

需要指出的是，社会组织的年度财务会计报告至少应当于年度终了后四个月内对外提供，被要求对外提供中期财务会计报告的，应当在规定时间内对外提供。

1. 会计报表

无论是年度财务会计报告，还是中期财务会计报告，社会组织的财务会计报告至少应包括资产负债表、业务活动表、现金流量表三张报表，其样例分别如表5-1、表5-2、表5-3所示：

表5-1 资产负债表样例

资产负债表

年月**日

编制单位：　　金额单位：人民币元

资产	行次	年末数	年初数	负债和净资产	行次	年末数	年初数
流动资产：				流动负债：			
⋮				⋮			
流动资产合计				流动负债合计			
长期投资：				长期负债：			
⋮				⋮			
长期投资合计				长期负债合计			
固定资产：				受托代理负债：			
⋮				⋮			
固定资产合计							
				负债合计			
无形资产：							
⋮				净资产：			
				⋮			
受托代理资产：				净资产合计			
⋮							
资产总计				负债和净资产总计			

表5-2 业务活动表样例

业务活动表

年月**日

编制单位：　　金额单位：人民币元

项目	行次	本年累计数			上年累计数		
		非限定性	限定性	合计	非限定性	限定性	合计
一、收入							
⋮							
收入合计							

续表

项目	行次	本年累计数			上年累计数		
		非限定性	限定性	合计	非限定性	限定性	合计
二、费用							
⋮							
费用合计							
三、限定性净资产转为非限定性净资产							
四、净资产变动额							
⋮							

表 5-3　现金流量表样例

现金流量表

年月**日

编制单位：　　　　　　　　　　　　　　　　　　　　　　　　金额单位：人民币元

项目	行次	本年金额	上年金额
一、业务活动产生的现金流量：			
⋮			
现金流入小计			
现金流出小计			
业务活动产生的现金流量净额			
二、投资活动产生的现金流量：			
⋮			
投资活动现金流入小计			
投资活动现金流出小计			
投资活动产生的现金流量净额			
三、筹资活动产生的现金流量			
⋮			
筹资活动现金流入小计			
筹资活动现金流出小计			
筹资活动产生的现金流量净额			

续表

项目	行次	本年金额	上年金额
四、汇率变动对现金及现金等价物的影响			
五、现金及现金等价物余额			
六、期末现金及现金等价物余额			
⋮			

2. 会计报表附注

财务会计报表附注至少应包括以下内容：重要会计政策及其变更情况的说明；董事会、理事会或者类似权力机构的成员和员工的数量、变动情况以及获得薪资等报酬情况的说明；会计报表重要项目及其增减变动情况的说明；资产提供者设置了时间或用途限制的相关资产情况的说明；受托代理交易情况的说明，包括受托代理资产的构成、计价基础和依据、用途等；重大资产减值情况的说明；公允价值无法可靠取得的受赠资产和其他资产的名称、数量、来源和用途等情况的说明；对外承诺和有关事项情况的说明；接受劳务捐赠情况的说明；资产负债表日后非调整事项的说明；有助于理解和分析会计报表需要说明的其他事项。

3. 财务情况说明书

财务情况说明书至少应当对下列情况做出说明：社会组织的宗旨、结构以及人员配备情况；业务活动基本情况，年度计划和预算完成情况，产生差异的原因分析，下一会计期间业务活动计划和预算等；对社会组织运作有重大影响的其他事项。

关键术语

内部治理　财务管理　预算　内部控制　财务会计报告

复习思考题

1. 什么是社会组织内部治理结构，由哪些要素构成？
2. 什么是社会组织的章程？章程如何制定与修订？
3. 社会组织的日常管理规范涉及哪些方面？
4. 社会组织内部控制的要素有哪些，如何进行内部控制？
5. 什么是社会组织财务管理，特征与功能有哪些？

6. 社会组织预算管理的功能有哪些，如何编制预算？

7. 社会组织财务会计报告有哪些组成部分？

参考书目

1. 财政部会计资格评价中心. 财务管理（2023）[M]. 北京：经济科学出版社，2023.

2. 高顿财经研究院. 财务报告、规划、绩效与控制 [M]. 2版. 北京：中国财政经济出版社，2017.

3. 时立荣. 社会工作行政 [M]. 2版. 北京：中国人民大学出版社，2020.

4. 周俊，张冉，宋锦洲. 社会组织与慈善组织管理 [M]. 北京：北京大学出版社，2017.

5. 切尔哈特，比勒菲尔德. 非营利组织管理 [M]. 北京：社会科学文献出版社，2021.

6. SKIDMORE R A. Social work administration：dynamic management and human relationships [M]. 3rd ed. London：Pearson Education，1995.

第六章　社会组织的项目、品牌与筹资

学习目标

1. 理解项目、项目化及项目管理等概念；
2. 掌握项目规划与设计、项目实施与管理、项目监测与评估的基本技能；
3. 理解社会组织品牌的内涵、类型与功能；
4. 了解社会组织品牌建设的概念、内涵与理论模型，理解品牌建设的内外管理；
5. 了解社会组织品牌传播的对象与媒介，掌握品牌传播的策略；
6. 了解社会组织筹资的概念与原则，了解筹资的策略与流程。

第一节　项目与项目管理

社会组织以项目为载体完成自己的使命、理想与价值。尤其是随着政府以项目制方式购买社会服务的全面推进，社会服务的项目化思维和项目管理能力越来越受到重视。本节将重点辨析项目、项目化和项目管理概念。

一、项目的定义与特点

（一）项目的定义

项目的概念随着工业革命的到来而诞生。随着人类的工程建设对时间期限、具体目标以及规模范围等方面的要求不断提升，人们把这套包含技术和管理的活动体系称为项目。人类有组织的活动往往都以项目的形式进行管理和执行，大到国家发展规划，比如我国的乡村振兴计划、奥运会的举办等，小到日常的活动，比如社区内花卉栽培、儿童手工活动等。

美国项目管理协会将项目界定为“为了创造特定的产品或服务的一项有时限性的任务”；也有人认为项目是指，为实现一个或几个特定目标，有一定预算，在特定的时限内完成的一系列相互联系并且相互作用的活动或工作；也有人认为项目是在一定时间内为了达到特定目标而调集到一起的资源组合，是为了取得特定的成果而开展的一系列相关活动，它的完成需要有具体的主体和目标、计划、技能、投入和管理，是一项系统的工作。

总之，项目一般与有组织的活动相伴随，既有大且复杂的项目，也有小而简单的项目。项目是在一定时间内为达成特定目标而开展的一系列相关活动①，它包含活动、时限、资源、目标这几个要素。

（二）项目的特点

项目是为实现一个特定的目标所做的努力，它在范围领域、时间进度、成本效率等方面有明确的要求和目标。

具体到一个项目而言，它有如下几个特征：第一，项目的可行性。一个项目必须具有一定的可行性，如果没有可行性，就不能将某一目标付诸实践，那么它就是一种美好的梦想或幻想。第二，时间的有限性。项目有长期项目，也有短期项目，但是无论是长期项目还是短期项目都有一定的时间范围。在一定时间范围内需要完成哪些任务是一个项目在开展前需要策划好的内容。第三，目标的明确性。项目的实施需要一定的目标来指引实际行动的开展。如果没有目标，就没有为了达成目标而存在的任务，只是人们单纯的行动。第四，主体的多元性。项目不是一个人就可以完成的，它通常需要与社会上的其他个人、组织、机构或政府相联系。比如免费午餐项目，需要依靠社会上的人或组织来筹集资金，还需要有人来监测项目的执行，项目的最终受益人是获得免费午餐的人，由此可以看出项目需要多方的参与。第五，资源的有限性。项目的执行需要使用各类资源，比如需要人力资源去设计、筹备、执行、监督等，需要资金支撑整个项目的运行。在开展项目前就需要对所需要使用的资源进行估算，并对资源实际投入情况进行记录。

项目的特征还可以表达为，每个项目都有一个实施机构即实施主体，有其明确的既定目标，并需要一系列相互关联的活动来达成此目标，需要投入各种资源开展活动。而且项目有特定的时间框架和生命周期，有特定的区域范围和具体的受益群体。

二、项目管理和项目化思维

美国项目管理协会出版的《项目管理知识体系指南》是项目管理领域的权威，

---

① 赵海林．社会服务项目运作实务［M］．北京：中国人民大学出版社，2018：2.

该指南认为项目管理是将知识、技能、工具与技术应用于项目活动，以满足项目要求的行为。该指南提出项目生命周期的概念，即项目从启动到收尾所经历的一系列阶段，并认为项目生命周期是项目管理中重要的方法论，为项目管理提供了一套基本框架。在这一生命周期内，项目管理过程可以归纳为五大类，即五大项目管理过程组：启动过程组、规划过程组、执行过程组、监控过程组和收尾过程组①。这五大项目管理过程组包含十大知识领域，即项目整合管理、项目范围管理、项目时间管理、项目成本管理、项目质量管理、项目人力资源管理、项目沟通管理、项目风险管理、项目采购管理以及项目干系人管理。

事实上，这五大项目管理过程组和十大知识领域既体现在工程项目管理中，也体现在社会服务项目中，只是在不同类型的组织中有不同的表述。本书将其整合、细分，将项目管理分为三大阶段、五大过程、十大知识主题，如图 6－1 所示。

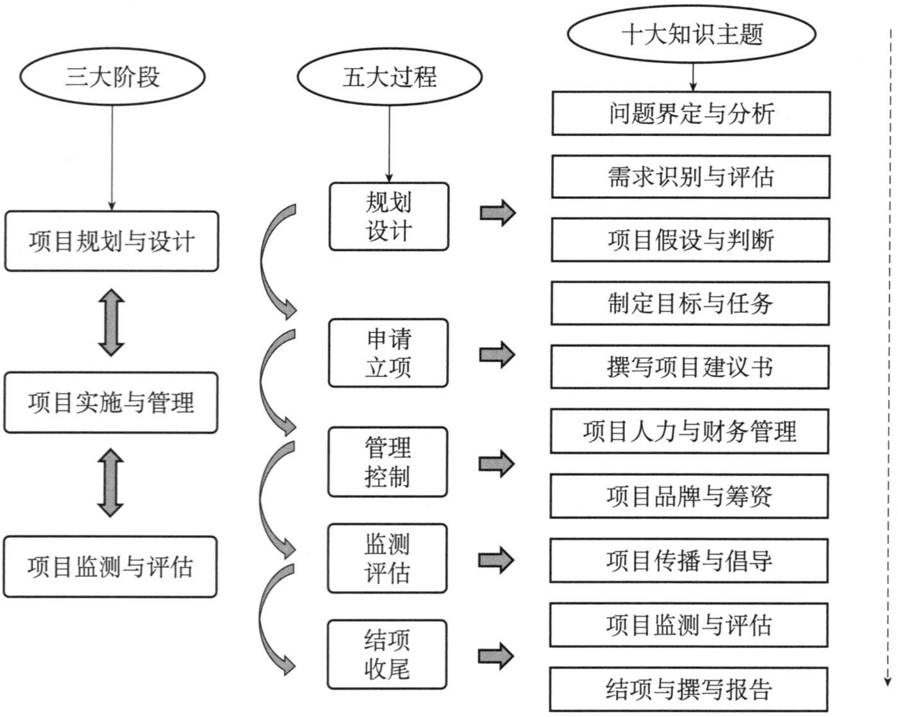

图 6－1　社会组织项目管理内容框架

“项目化”这一概念在政府购买社会服务和社会工作领域被广泛应用，目的是将各项活动和各类服务以项目的形式来进行，从需求评估、目标设定，到服务策划、

① Project Management Institute. 项目管理知识体系指南：第 5 版［M］. 北京：电子工业出版社，2013.

分工实施再到绩效考核等，都以项目管理的流程来完成。有学者提出社会工作项目化管理的四大策略，即“四化”建设：一是理念活动化，二是活动项目化，三是项目品牌化，四是品牌社会化。这就是项目化思维，社会组织的项目管理首先要形成项目化思维[①]。

第二节　社会组织的项目规划与设计

好的项目始于好的设计，规划与设计是项目管理的第一阶段。这一阶段涉及两个过程（规划设计和申请立项）和五个知识主题（问题界定与分析、需求识别与评估、项目假设与判断、制定目标与任务、撰写项目建议书）。

一、问题界定与分析

社会服务项目的目的是解决社会问题。社会问题又称为社会病态、社会解组、社会反常或社会失调，是指在社会中存在的人与自然、人与社会以及人与人之间关系的严重失调或冲突现象[②]。有许多学者对社会问题这一概念进行了阐述与界定，综合来看，它具有以下特点：首先，影响具有负面性，带给社会与大众的是消极的、负面的影响；其次，涉及的范围广泛，社会问题绝不是指个人所面临的问题，往往是某一类群体或者某一地区内的人所共同面临的问题，而且依靠个人的力量难以解决，需要大家共同寻找解决问题的方法；再次，社会问题也不是由个人原因引起的，而主要是由社会因素引起的；最后，社会问题是长期的、未解决或正在解决的问题，社会问题通常很复杂，涉及诸多方面。

问题界定与分析是规划与设计的第一步，而理解问题是问题分析的关键。在分析问题时，我们容易只考虑解决方案，事实上，我们应该重新审视问题，尤其是不要被以往的假设所束缚。在进行问题分析时，可以提出一系列问题来阐明问题状况、问题程度、问题规模和问题原因，所以这个分析框架可以表述为下列问题：

①出现了什么样的问题？

②具体的问题表现是什么？

③那些经历过该状况的人的特点是什么？

---

① 王瑞鸿．社会工作项目精选［M］．上海：华东理工大学出版社，2010.

② 向德平．社会问题［M］．2版．北京：中国人民大学出版社，2015：2.

④该状况的规模和分布是什么？

⑤这种状况的存在威胁了哪些社会价值观？

⑥该状况多大程度上被大家所认知和关注？

⑦是谁将该状况定义为一个问题的？

⑧这个问题产生的原因是什么？

系统和有序的项目规划需要首先关注：问题是什么，问题包含哪些方面，其原因是什么，被认为具有那些社会问题的人有什么特点，有多少人受到影响，可以定位他们的具体位置吗，等等。基于效能的项目规划只有假定这些问题能得到回答时才能够对需求进行回应[①]。项目规划者最初的关注点是问题本身，只有全面深刻地理解和分析了这些问题，才能设计有针对性的项目方案。

二、需求识别与评估

（一）需求的种类

英国学者布拉德肖（Bradshaw）将需求分为四大类：规范性需求、感知性需求、表达性需求以及比较性需求。以贫困为例，这四类需求的界定如下[②]：

（1）规范性需求：基于一定标准和规范，将需求界定为低于某个标准或准则的状态，而此标准的建立来自惯例、权威或者普遍共识。以贫困为例，贫困线就是基准，低于贫困线就是处于贫困状态。

（2）感知性需求：透过认知和感受而被发现，将需求界定为人们主观认定或感受到的需求。以贫困为例，人们表达出对所处状况的认知、态度以及对未来的期望，比如“我最近感到很困难，为孩子的学习费用犯难”。

（3）表达性需求：通过实际需要协助之人数来界定，这种需求被界定为人们用言行表达出来的需求。以贫困为例，某国一个城市在特殊时期有 1 万人排队申请领取失业保障金。

（4）比较性需求：通过同类的对比，即将一个相似社区的状况与目标社区或人群的状况进行对比，关注的是如何开发最好的标准先满足需求层次相对较低的群体或有更大需求的区域。以贫困为例，X 社区中低于贫困线的家庭数量要高于 Y 社区中同类家庭。

①② 克特纳，莫罗尼，马丁．基于效能的项目设计和管理：第 4 版［M］．广州：华南理工大学出版社，2016：34.

（二）需求评估的方法和工具

好的项目在于能够瞄准目标对象并满足他们的真实需求。要实现这一目标，首先需要思考与分析：项目关注与分析的是谁的需求，他/她们真正的需求有哪些，项目关注他/她们哪方面的需求，等等。

为发现服务对象的真实需求，项目规划与设计者可以采用以下方法和工具：

（1）运用现有资料和资源清单进行推断，为规范性需求的界定提供依据。进行需求调查时，以现有的资料，比如政府的统计数据、相关研究的发现和结论等，比如留守儿童的调查数据，作为需求评估的衡量基准。同时，运用资源清单，通过分类，指定某一目标群体，根据目的和功能来评估服务提供方对这一目标群体的现有服务系统是否发挥了作用。了解服务内容是否重叠，是否需要拓展服务，提供的服务是否满足目标群体不断增长的需求，等等。而资源清单可以帮助项目规划者了解更具体的数据。

（2）通过定量研究进行分析。可以通过问卷、量表、实验等方式来收集数据，这些数据可以为感知性需求或表达性需求提供依据。

（3）通过定性研究获取信息。定性研究可以通过以下方法获取资料：第一，关键人物访谈。找到社区中的一些关键人物或代表性人物，了解他们对一些重要问题的看法、认识和经验。可以通过一些核心问题进行，比如目前社区面对的主要问题是什么？你期待看到哪些改变？我们可以做什么来让这些改变发生？第二，焦点小组访谈，也称小组座谈法。与10～20个人组成的中心小组座谈，对有关问题进行深入了解。小组成员可以就社区需求，发表自己的看法并达成共识。其实小组座谈的开始意味着社区项目的开始。可以通过以下问题来进行：目前社区中大家面对的主要问题是什么？如果在这个社区中你只能改变一件事情，应该是哪件事情，为什么？第三，绘制社区资源图。邀请一些社区成员绘制一张他们心目中的社区资源地图，详细标出社区拥有的资源。可分不同的颜色，贴在最喜欢的地方，列出社区中最有待改善的地方。地图绘制完成后，可以讨论以下问题：哪些是最重要的部分？从这张资源地图中，我们可以了解社区有哪些需求？社区资源图的绘制，可以帮助参与者发现和有效利用社区资源，从中让项目规划者包括社区居民发现社区需求。

（4）发现首要和关键的需求。发现和确定一些需求后，可以让社区成员来决定他们所认为的首要和关键的需求。可以用石头、瓶盖等作为筹码，放在不同的袋子里，给不同的东西附上权重，每个人根据自己的首要和关键需求往袋子里放筹码，最后统计结果。

（三）需求评估的步骤

需求评估的目的在于明确项目地域的问题和需求，精准定位目标人群，识别地方资源。其步骤包括：一是界定目标人群，描述目标人群的特点；二是制定需求评估方案，准备评估工具或材料，确定评估人员；三是根据评估方案展开实地评估，识别需求，分析问题和产生原因；四是确定评估结果并向利益相关方反馈，最终达成一致；五是撰写需求评估报告，据此提出干预行动的策略和方式。

三、项目假设与判断

项目规划与设计的行动逻辑是解读和分析社会问题，将其转化为社会需求，并识别与评估需求，然后做出假设与判断，选择合适的干预策略，基于机构的使命与理念，制定包含目标与任务的行动方案。

项目假设包含两个层面：一个是项目外假设，即会对项目施加影响的因素，包括项目风险或项目的外部条件，比如政策、经济环境、社会动向等。可以将其表达为，假设政策允许、环境许可、有利益群体可以接受，我们将能够开展这个项目。另一个是项目内假设即项目假设，就是项目推行时所秉持的信念、原则、理论。通常来说，项目的设计是基于需求判断的假设，项目是基于“预感”“好像”“应该”“可能”等的设计。比如，给乡村教师更多的薪水和补贴能提高乡村教师的教育热情，如果他们有机会获取教学相关的知识，那么就能提升教育水平。事实上，项目的内在假设是变量之间的逻辑关系，在此我们将假设定义为在相关文献和理论研究基础上的变量间的相关性陈述，是一系列“如果……那么……”的陈述，项目假设的形成过程是从问题到结果的逻辑。

以免费午餐项目为例①：

问题：2011 年 2 月，国务院发展研究中心中国发展研究基金会一项关于中国贫困地区学生营养状况的调查报告揭示出，中西部贫困地区儿童营养摄入严重不足。受调查的学生中 12%发育迟缓，72%上课期间有饥饿感，学校男女寄宿生体重分别比全国农村学生平均水平低 10 千克和 7 千克，身高低 11 厘米和 9 厘米。

后果：学生身体健康受阻，学习成绩下降，人口素质受影响。

---

① 资料来自免费午餐的官方网站（http：//www.mianfeiwucan.org）。该项目的基础调研开始较早，至今仍在开展，并取得了十分突出的成效和社会影响，故收录在本章。

理论：根据生物学、营养学等理论，营养、身体发育、学习成绩存在着密切关系，营养不良不仅会导致身体发育迟缓，还会导致智力发育迟缓，比如记忆力下降、注意力不集中等，进而导致学生学习成绩下降。

假设：如果我们可以定位中西部贫困地区有营养不良儿童的学校，将他们纳入项目，如果我们可以为儿童提供营养午餐，那么我们就可以缓解儿童的饥饿感，那么我们就可以改善儿童发育状况，他们的身高体重就可以达到全国农村学生平均水平，随之我们还会发现学生成绩也会有所提升。

从以上项目假设的形成过程可以看出，进行项目假设，可以帮助项目规划者明晰问题、需求、干预行动和结果之间的逻辑关系[①]：

（1）项目假设使得项目着眼于问题而非活动；

（2）项目假设可以将项目活动与结果相联系；

（3）项目假设可以为长期规划提供基础；

（4）项目假设可以为连续性监测及评估所提供的服务建立框架；

（5）项目假设可以为成本-收益分析提供数据库。

四、制定目标与任务

项目目标与任务是项目的行动框架。我们设计出的项目服务是否相关且有效，取决于我们是否基于对问题与目标人群的认知建立起了清晰且有逻辑的项目假设。项目假设由两个子假设组成：问题引发的原因假设与工作干预假设[②]。问题引发的原因假设指，通过对问题及人群进行分析，整合出原因-结果关系，即因为A，所以发生B。而工作干预假设则强调干预问题引发的原因，整合出手段-结果关系，即通过手段X，获得结果Y，也就是说期待对原因的干预行动能产生一定的效果。

在这一框架下，项目的目标和结果就很清晰了。目标是解决了问题之后达到的理想状态，为项目提供总体方向。结果是项目希望达到的作用，精确说明项目想要获得的成果，并包含一个时间框架。任务与行动定义了项目要进行的干预行为，同时也为项目监测、绩效测评以及评估提供框架。活动要具体列出将要执行的工作，任务与活动的层级关系如图6-2所示。这个层级关系与项目管理“输入—行动—产出—结果—影响”的逻辑关系一致。

① 克特纳，莫罗尼，马丁．基于效能的项目设计和管理：第4版［M］．广州：华南理工大学出版社，2016：97.

② 同①95.

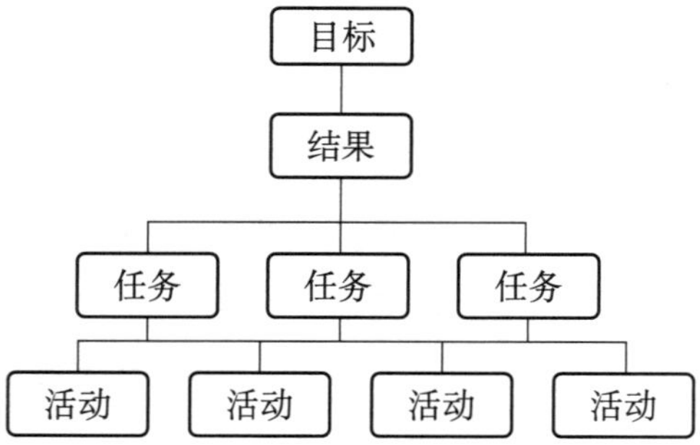

图 6-2　任务与活动的层级关系

项目目标的陈述和组织的使命陈述一样，是项目的导航仪。结果的描述应该清楚地表明问题干预对目标人群将产生什么样的影响，如问题解决或问题减少。任务的要求要清晰，时间框架要明确，要有过程、有结果、有衡量标准。

五、撰写项目建议书

在明确了问题界定与分析、需求识别与评估、项目假设与判断、制定目标与任务后，就可以将以上这些内容文本化，即撰写项目建议书，提出项目申请。

（一）项目申请

项目申请是以项目建议书的方式向政府部门、慈善组织或企业等资助方提出支持项目立项的申报。

第一类，政府购买服务项目。政府购买服务是指将政府需要提供的一部分公共服务或政府履职所需服务事项，按照一定的方式和程序，委托具备条件的社会力量和事业单位承担，并由政府根据合同约定向其支付费用。目前，为老服务、社会救助、残障康复、就业援助等为居民提供的服务大多都是由政府通过购买专业的社会工作服务项目来实现的。政府一般通过公开招标、竞争性谈判以及单一采购来源等方式，以项目制形式，向具有专业资质的社会工作服务机构和能提供专业社会工作服务的企事业单位购买服务。社会组织可以申报承接，负责制定项目资金预算，进行财务管理和会计核算，定期向服务购买方及有关部门报告进展情况，接受有关部门和社会的监督检查及考核评估，按要求提供项目执行情况的报告及有关材料。

第二类，慈善组织资助的社会服务项目。《慈善法》第六十二条规定："慈善组织开展慈善服务，可以自己提供或者招募志愿者提供，也可以委托有服务专长的其他组织提供。"慈善组织如基金会通过公益创投、定向资助、公开申请等形式，在扶老助老、儿童关爱、扶残助残、救助帮扶、助力乡村振兴、服务城乡社区等领域发挥重要作用。社会组织可以申请慈善组织资助的社会服务项目。

第三类，企业资助的社会服务项目。越来越多的企业通过系列项目或活动来履行社会责任。近年来，企业在扶贫济困、生态环境改善、弱势群体帮扶、防灾赈灾、公益创业、社区发展、关爱生命、社会援助等领域也发挥着重要作用。社会组织可以申请企业资助的社会服务项目。

（二）项目建议书的撰写

关于项目建议书的撰写，不同类型的资助机构对项目建议书的具体要求有所差异，但核心在于以结果和绩效导向来评审项目建议书的可行性，包括项目实施的必要性、已有基础、具体方法和途径、实施进度安排、预期效果等。总体来说，项目建议书的评审主要从以下几个方面进行：

一是项目涉及问题和需求是否有明显的迫切性，是否有明确的受益群体。

二是项目是否具有可操作性，比如是否有良好的社区基础和群众基础，是否符合政策导向，项目预算是否合理，项目的执行团队是否有较强的执行能力和专业水平。

三是项目是否具有可持续性，是否有清晰的发展模式和资金支持。

慈善组织和企业资助的社会服务项目，资助方往往会设计项目建议书模板。但总体来说，项目建议书框架大致如下：

一、项目信息：这部分包括项目名称、项目主题、项目周期、实施机构以及项目联系人等信息。

二、项目背景与问题：可通过对以下问题的回应来进行分析。

（一）问题描述

- 关键问题、困难、瓶颈或发展障碍是什么？
- 这些问题影响哪些人群？具体影响是什么？
- 产生这些问题的区域特征是什么？
- 产生这些问题的原因是什么？
- 有没有相关的政策实施？实施效果如何？
- 有没有现有的社会组织进行干预？干预的效果如何？

（二）服务需求分析

- 基于以上问题和原因，目标人群当前有哪些服务需求？
- 针对这些需求，我们能满足哪些或者我们能提供什么服务？

（三）目标群体分析

- 哪些人可以从项目（培训、其他服务、资金等）中直接受益？

● 哪一类人群或机构需要被强化，即重点关注对象？

三、项目目标与策略：

（一）项目策略：策略是指在设计和实施项目时所采取的整体方法。它包括：

● 最适合的执行方式（比如政策或行动导向的研究、能力建设和宣传等）。

● 合作方的作用是什么？

● 项目要解决的问题在过程中如何被强调？

● 发布和分享项目活动成果的宣传策略是什么？

（二）项目目标与活动（任务）

(1) 项目目标：项目目标分为宏观目标（总体目标）和具体目标（分目标）。宏观目标指项目结束后进一步的影响。具体目标是实施项目后要实现的直接目标。

● 该项目的宏观目标是什么？

● 该项目的具体目标是什么？

(2) 项目活动：项目的具体行动和任务，即项目的内容。

● 该项目的具体行动和任务有哪些？

● 针对不同目标人群，开展哪些具体服务活动？

(3) 项目产出和结果。

● 这些活动的产出和结果是什么？

● 这些产出和结果是否能达到项目的具体目标？

四、项目计划与进度安排

● 项目如何开展，分哪几个阶段进行？

● 进度如何安排？

● 人员如何安排，任务分工是如何进行的？

五、项目监测与评估

● 项目计划以何种方式进行监测和评估？

● 从哪几个方面进行评估？

六、经费预算与效益：预算以表格形式附在正文后，具体要求请见项目预算表。效益方面需要回答以下两个问题：

● 项目将会产生什么效果？

● 将产生哪些社会效益？

七、项目风险与控制

● 项目开展过程中将有哪些风险?

● 项目团队打算如何应对这些风险?

八、附件：如有重要的文件不适于放在正文，可放在附件中，比如机构的年报、财务审计报告等。

第三节　社会组织的项目实施与管理

项目申请被批准立项后，就进入项目实施与管理阶段。项目管理团队可在项目建议书的基础上，设计具体的项目实施方案和详细的进度安排，项目执行团队依据项目进度计划来开展具体的活动。项目主管按照项目进度计划表来督促和监测项目活动的开展情况和产出成果。

社会服务项目实施阶段的项目管理三大核心要素是人、事、钱，即团队管理、活动管理、财务管理。同时，与工程项目一样，还包括项目常规管理，如进度管理、档案管理、物资管理、沟通管理等。作为社会服务项目，除了以上这些管理外，项目品牌与筹资、项目传播与倡导也是社会组织非常重视的，因此，本节将重点介绍制定项目实施方案、项目团队管理、项目财务管理、项目监测与评估。

一、制定项目实施方案

项目实施初期，社会组织依据项目建议书的内容，制定具体的实施方案，即将项目建议书具体化、细化、制度化。方案内容包括具体的进度安排、团队分工、监管内容等。

第一，分解项目任务。

依据项目期限将项目内容进行分解，明确每月、每周甚至每天的工作安排。项目建议书或项目申报书中，项目的进度安排是粗线条的，项目任务和活动大致按照季度或月度来安排，在项目实施阶段，需要对任务做更加细致具体的安排，使项目执行人员能够清楚地知道自己的工作任务。为更好地控制不同类别的费用，避免费用超支，任务分解还可依据项目的服务支出类别，把全部费用分解到每项活动中，而每项活动再分解为材料费用、劳务费用等，最后把服务支出类别分解到每个月中①。

① 赵海林．社会服务项目运作实务［M］．北京：中国人民大学出版社，2018：41－43.

第二，明确项目监测内容。

在项目实施过程中，要进行项目的监测与过程管理，其中，有两个重要的方面：一是以过程为导向，可依据以项目时间为基础的基准日历，也可依据以活动为基础的基准日历，采用活动完成情况对照表和支出记录表来监测项目资金的花费，确保项目按照项目计划进行。二是以结果为导向，监测项目阶段性产出和成果，确保项目发展不偏离项目阶段性目标和最终目标。

第三，召开项目实施协调会。

与各个相关利益方，如项目资助方、项目落地方、项目实施机构和其他相关利益方召开项目协调会，明确各方诉求和各方的职责义务，最终形成项目制度化文件。项目的顺利进展与项目各个利益相关方之间的精诚合作、坦诚沟通以及高效配合密不可分。

二、项目团队管理

工程项目管理的三个核心要素是成本、质量和时间，即在一定时间内，以最低成本完成最高质量的产品或服务。社会服务项目管理的三大核心要素是团队、活动及资金，即人、事、钱，就是在一定资金范围内，动员和激励项目团队成员高效完成项目活动。

项目是由项目团队完成的，因此，建立一个团结高效的团队对于顺利开展项目至关重要。团队就是由两人及以上，为达成特定的目标而组成的共同体。具体到一个项目中，团队就是在组织共同的愿景和使命驱使下，由秉承共同的理念，且彼此信任、彼此协作、相互沟通、共担责任，为共同目标而努力的成员组成的群体。项目团队的特征是：有明确的目标，共享项目信息，承担不同角色，遵循共同的项目管理制度，秉承组织共同的愿景、使命、理念和价值观。

社会组织项目团队的管理，是在组织人力资源管理的框架下进行的，项目团队管理就是项目范围的人力资源管理，内容包括：组建项目团队，明确团队分工；开展团队培训，加强团队管理；整合项目志愿者资源。

（一）组建项目团队，明确团队分工

德鲁克认为：“要组建成功的团队，不能从人员着手，而应该从工作着手。首先需要考虑，什么是我们想努力促成的事情？接着考虑，什么是关键的活动……然后你才可以问，每位高层管理者各有什么优势？成功所必需的关键的活动与组织成员的技能互相匹配吗？”①

① 德鲁克．非营利组织的管理［M］．北京：机械工业出版社，2007：157.

项目管理，首先要根据工作需求来选择合适的人员，注重任务与人才优势之间的匹配，这是人力资源管理中的一条重要原则，即以岗定人，不因人设岗。将个人优势和项目活动结合起来，分配适当的活动是组建项目团队重要的考量。其次，每位项目成员要清楚地知道自己应该做什么，也要知道其他成员做什么。再次，明确项目负责人，委托负责人代表组织处理项目进程中的各类问题。最后，组建项目成员，明确项目成员的角色、任务和个人目标。

（二）开展团队培训，加强团队管理

项目团队的方向、目标和任务明确后，若要成就一个高效团结的团队，还需要对项目团队进行持续的培育和激励，以提高他们的能力和技能。可以通过培训课程、教练和辅导、工作坊等方式对团队进行正式的能力建设，以适应项目的需求和变化。同时，也可以通过一些非正式的方式提高团队的项目运作能力，如适当的放权，使成员进行自我管理和自我激励，增加项目团队成员的非工作沟通和交流的机会（如聚会、郊游等）。

除了正式和非正式的团队能力建设，项目团队管理还需要一套绩效考核与激励机制，以对团队成员的项目管理业绩做出公正的评价。这个评价旨在恰当适时反映成员的实际能力、职位适应程度以及项目贡献程度。

此外，还要及时识别和解决项目团队中出现的问题和矛盾，保证项目团队在理念、目标和行动上的团结一致。同时对工作出色的项目人员进行奖励和表彰，以认可他们的努力，激发他们充分发挥自己的潜能，为实现项目目标服务。

（三）整合项目志愿者资源

志愿者是自愿贡献个人的时间和精力的人，是在不计物质报酬的前提下为推动人类发展、社会进步和社会福利事业而提供服务的人员。志愿服务则是志愿者自愿贡献自己的时间和精力，在不为物质报酬的前提下为推动人类发展、社会进步和社会福利事业而提供的服务。充分整合和利用好基于利他奉献精神的志愿者资源是社会服务项目成功的重要保证。一个社会服务项目的成功，离不开志愿者资源的调动和管理。一方面，整合志愿者资源可以凝聚社会力量，降低项目成本；另一方面，大量的志愿服务可以逐渐沉淀和形成志愿型社会，这对于项目发展和基层治理有重要作用。

我们可以面向社会公开招募志愿者，也可以根据需要有针对性地面向特定地区或单位进行定向招募。对于具体的项目，可根据项目特点和需求进行定向招募。同时我们也需要有一套专门的志愿者培育和管理制度与体系。

三、项目财务管理

财务是项目活动中至关重要的元素，社会组织项目财务管理是在组织财务管理制度框架内，在遵循组织财务管理制度基础上，每个项目独有的财务管理流程和机制，即社会组织项目的专款专用，这是社会组织使用项目经费中一个非常重要的原则。项目财务管理包括项目预算编制、财务过程控制以及财务总结与分析。

（一）项目预算编制

项目是通过一系列有内在逻辑联系的活动完成的，即通过一整套服务来达成目标。这些活动和服务的顺利开展需要一定的资金来保证。因此财务计划对于项目至关重要，是项目计划的重要组成部分，被称为项目经费预算。项目的预算是指一系列有目的的、有序的、在一定期限内待完成的、关于某些活动的财务计划[①]。项目经费预算一般以预算表的形式附在项目建议书里。

1. 预算编制

编制项目预算时要遵循以下几个原则：第一，合理准确，符合规范。要根据项目的实际需求，以明确的和当时当地的财务标准来制定项目预算。费用标准既要遵照政策文件里的规定，也要遵照项目出资方或服务购买方的财务要求。第二，清晰具体，符合要求。项目预算中，要有明细，比如每一笔费用都要明确的金额以及具体用途，避免打包和打统账的做法。同时，要按照项目出资方或服务购买方对财务管理的要求来做预算，比如是否可以购买固定资产、是否可以给服务对象发礼品、志愿者的补贴标准是多少、误餐补贴是多少等，都要符合项目资金方的规定。第三，对应活动，符合审计。制定项目经费预算时，要和项目计划对应，即一一对应项目计划中的每一项任务和活动，再根据每项任务和活动所需经费来确定预算。计划越详细具体，预算也就越清晰合理。同时，考虑到项目的审计，项目经费预算要符合财务规定，在制定预算时可咨询会计以保证项目经费符合审计要求。

2. 项目预算内容

项目预算一般包含三大类，即业务活动费、项目管理费以及税费。第一，业务活动费。这是项目实施过程中发生的所有费用，包括人员劳务费、差旅费、交通费、培训费、场地费、宣传费、材料费、志愿者补贴、误餐补贴等。根据每个项目的实际情况来确定费用类别。第二，项目管理费。由于社会组织是非营利性的，组织的

---

① 徐本亮．社会组织管理精要十五讲［M］．上海：上海社会科学院出版社，2018：110.

运行需要成本，这些成本一般从各个项目的管理费用里支出。项目管理费是指组织在执行项目过程中发生的行政管理费用，包括办公费、水电费、折旧费、修理费等。管理费原则上不超过业务活动费用总支出的10%，但有的地方政府购买服务项目的项目管理费超过了10%的限制①。第三，税费。并非所有的社会组织都具有免税资格，编制预算时要以国家规定的税率来编报税费。税费的比例既要参照国家规定的税率，也需要和资金方沟通合理的范围。

在实际项目开展中，要严格遵循项目预算，如果某一些类别中的实际支出预计会超出预算，则须向资助方提出书面调整申请，对方批复后方可调整。有些资助方比如基金会，在最初项目申请时，就确定了项目预算调整的比例，根据资金的多少，有些项目在合同里有明确的条文规定，比如如果超出预算500元，须提出书面申请。

此外，如有特殊情况，比如有不可抗力导致无法继续实施项目，应向资助方提出终止申请，双方讨论确定资金退回渠道。

（二）财务过程控制

项目的资金使用应遵循以下原则：

第一，合法合规。项目资金的使用必须遵守组织内部的政策和财务制度，符合国家法律法规，符合资助方对财务管理的要求，符合项目管理的相关规定。

第二，专款专用。每一个项目在组织内容中都是单列的，项目资金全部用于项目申报书中规定的服务项目、受益群体，不得挪作他用。

第三，经济合理。社会组织是通过项目来完成解决社会问题的使命和目标的，在资金使用上，要严格按照项目规定的范围和开支标准，厉行节俭节约，努力做到经济、高效。

第四，财务信息必须公开透明、真实可靠。

在项目财务管理过程中首先需要建立项目资金使用制度。一方面，健全内部管理制度。建立有效的内部控制程序，购买物资或服务要履行必要的询价或比价程序，并保存过程性资料，比如签订的合同。另一方面，建立资金使用审批制度。比如：明确支出审批的权限、程序、责任和相关控制措施，明确经办人、项目负责人、授权批准人、审核（复核）人员的职责和工作要求②，明确审批手续和项目报销程序，明确物品购买列支和报销程序，明确人员劳务成本发放制度和审批程序。

---

① 徐本亮．社会组织管理精要十五讲［M］．上海：上海社会科学院出版社，2018：114.

② 赵海林．社会服务项目运作实务［M］．北京：中国人民大学出版社，2018：110.

其次，需要严谨规范资金使用，即对项目实施过程中的费用支出要进行严格的监控。依据项目预算中的数量标准，据实列支，并完好保存支出记录、原始凭证等原始资料，避免被滥用或意外损坏。按规定合理区分项目的费用成本，比如管理费用和业务活动成本费用，严格监控进度，查验票据、审批和项目归属。项目财务的管理极为严格，发现差异要及时沟通和调整。

（三）财务总结与分析

项目结项时，项目执行机构要出具项目财务报告，并对项目的资金成本和收益进行财务总结和分析，可根据受益人数量和规模、服务内容和时长来核算项目的效益，并在此基础上，总结经验，提出未来改进计划。

四、项目监测与评估

（一）项目监测概述

项目监测是项目的管理人员根据原先制定好的项目规划和目标，在项目实施的过程中对项目的开展状态和影响项目执行效果的内外因素进行及时、连续、系统的记录和报告的活动过程。项目监测主要针对项目计划、项目任务和项目成员。有研究也将项目监测称为项目监管，由于发生在项目的实施过程中，它也被称为形成性评估。

项目监测主要围绕项目的计划实施情况、任务完成情况、项目成员的安排，以及工作人员对项目的反思等几个维度对项目进行监测，以此来了解项目开展和实施的情况，以达到以下目的：（1）根据实际情况做出相应调整。每个项目在实施前都会有详细的计划，但是这些计划不是一成不变的，在项目的运行过程中，如果发现有不足之处，可以根据现实的情况做出灵活的调整，进一步完善，以达到项目开展的目的。（2）保证项目资金得到有效的运用。在项目实施过程中对于筹集来的资金的使用情况进行监督，能够使资金得到更有效的使用。（3）保证项目的活动和目标与机构的使命一致。在实施过程中监测能够保证项目不偏离机构的使命。（4）保证机构的透明度和公信力。对项目进行监测，同时向社会公布监测的数据，比如项目的完成进度、资金的使用情况等，让社会大众了解项目的情况，可以提升机构的公信力。（5）为机构提供更多的学习途径。项目的监测能够让机构在开展项目的过程中不断地进行反思，了解到项目的优点和不足，并采取相应的改进措施，为机构积攒实务经验提供了更多的途径。（6）为评估提供依据。项目的监测贯穿于项目的实施过程，能够为项目的过程评估提供依据。

（二）项目评估概述

项目评估是社会组织从整体的角度，对项目的实施结果进行评价的工作，并从项目完成的目标、产生的结果、带来的影响等三方面确定项目未来的发展前景。

项目评估主要围绕项目完成的目标、产生的结果、带来的影响三个维度进行，从而达到以下目的：(1) 检查项目的进展状况，了解项目的目标是否达成，并基于此进行下一步的工作计划；(2) 了解活动的有效性，总结项目开展带来的影响；(3) 获取更多的信息，找出项目管理进程中的优点与不足，总结经验，改进项目实施和监测的方法，帮助组织认清前进的方向并确定是否需要调整方向，以便更好地规划项目的未来。

（三）项目监测与评估的区别

尽管项目监测与评估可以有共享的工具和依据，但在很多方面有不同和差异，具体有以下几点：第一，目的和目标侧重不同。监测是跟进和监督项目实施过程中的行动，目的在于完成预期的工作计划，在项目期内调整项目，总结经验，提高项目质量。其目标侧重于检验项目执行进展，保证项目的实施按照计划进行，起到监督的作用。评估是检验项目的实施结果，目的在于改进下一阶段或下一项目周期的项目目标。其目标侧重于测量项目的结果，总结经验，学习反思，并进一步发展项目。第二，内容和工具不同。监测主要针对项目财务、项目进度、项目活动及项目产出，主要采用投入和产出指标，关注的是项目的活动和产出。评估主要针对项目的总体实施情况，是一个全面的总结，采用结果指标，关注项目的影响。第三，阶段和主体不同。监测是连续性的、全过程的，项目的整个过程都需要监测。评估是阶段性的，如在项目中期和项目终期进行，是不连续的。

（四）项目评估的内容

社会组织的项目评估主要考察以下几个方面：(1) 项目的适宜性。项目是否契合目标人群和当地社区的实际需求，项目是否会带来新的问题或损害另一个群体的利益，项目是否改善了目标人群和当地社区的境况，等等。(2) 项目的绩效。项目是否完成了预期的目标，达到目标的程度是什么，对目标人群是否产生了预期的结果，目标人群是否获得了知识与技能，项目是否提高了群众的参与能力，等等。(3) 项目的效率，即项目投入的人力、物力、资金、设备及其他资源产出结果的速度。(4) 项目的影响力。项目产生的积极的社会影响力，如受益群体在态度、能力、生活、社会参与等方面发生的积极变化，以及是否对社会环境、政策等方面产生了积极的影响。(5) 项目的可持续性。项目结束后该项目是否能够依然存在并运行，比如项目是否能为当地留下团队、可持续开发的资源等。

（五）项目监测与评估的方式和方法

项目的监测与评估首先需要明确七个问题：（1）目的，即为什么要监测与评估。（2）内容，即监测与评估什么。（3）主体，即为谁监测与评估。（4）对象，即监测评估谁。（5）实施者，即谁去监测与评估。（6）时间，即什么时间进行监测与评估。（7）工具，即如何进行监测与评估。

监测和评估需要一套依据，即指标。设定指标有一定的原则，即 SMART 原则，具体而言包括：（1）具体（specific），即切中特定的工作指标，不能笼统；（2）可衡量（measurable），即数量化或者行为化的，验证这些指标的数据或者信息是可获得的；（3）可达到（achievable），即在付出努力的情况下可以实现，避免设立过高或过低的目标；（4）切合实际（realistic），即是实实在在的，可以证明和观察的；（5）时间性（timing），即注重完成指标的特定限期。

在设定指标时，要注意不能选择太多的指标而无法执行，也不能选择仅限于有投入产出的活动而无成果和影响的结果指标，还不能选择不能测量的指标，当然也不能选择过于复杂的指标。

项目监测可以通过定期或不定期的实地拜访、检查和访问进行，也可通过会议、座谈、文件抽查或定期的项目报告、数据反馈来跟踪项目进展，进行及时的、连续的、系统的记录和报告。如前所述，监测的工具可以采用以项目时间或活动为基础的基准日历，采用活动完成情况对照表和支出记录表来监测项目资金的花费。

从评估主体来说，根据社会组织的需要，项目的评估有参与式的自我评估、独立的第三方评估，以及自我评估与专家评估相结合的三大评估类型。从评估导向来说，有以过程为导向、以目标为导向以及以成果或影响为导向的评估。不同的导向可以设定不同的指标体系，通过提出不同的指向性问题来评估。评估的方法有资料分析法、观察法（活动监测）、问卷法（满意度测评）、访谈法（利益相关方访谈）、专家评审会（中期评审会、结项评审会）等。

（六）项目评估的流程和结果应用

项目评估如同开展一个子项目，也需要完整的流程，包括评估准备和立项、评估方案制定、评估开展和实施、评估总结和反馈四个阶段。以第三方评估为例，这个流程包括：

（1）评估准备和立项。社会组织需要首先论证项目评估的必要性和可行性，研究评估方式和评估主体，确定评估预算，和第三方评估方沟通。评估工作小组根据评估原则及评估对象具体情况，研究制定评估计划和评估维度，组建评估实施团队。

（2）评估方案制定。评估团队讨论确定评估内容和指标体系、制定评估方案、确定评估时间等，并将方案回馈给社会组织以确定，同时社会组织将评估事项告知参评的相关机构、人员及服务对象等。

（3）评估开展和实施。通过查阅各类文案、项目资料，评估方系统了解项目的规划设计、监测数据，通过问卷、访谈、观察等方法从机构主管、项目负责人、一线项目执行人、服务对象等相关群体收集信息。

（4）评估总结和反馈。评估组将收集到的信息进行汇总和梳理，给出评估意见，形成评估报告，并在一定范围内征求意见、进行公示。召开评估阶段性讨论会，向评估主体各方反馈评估结果，并提出建议引导组织改进项目。

评估不是目的，不能通过评估来衡量项目的好与坏。评估是一种手段，是通过评估的内部视角或外部视角回溯项目设计和项目管理整个过程以及项目产生的结果和成效。借此，项目团队获得反思和经验，提升对自身项目行动的认知，再让反思、经验回到项目实践，从而提升项目行动和服务实践的品质。

第四节　社会组织品牌

2013 年 4 月，民政部发布《关于开展民办非企业单位塑造品牌与服务社会活动的通知》，鼓励社会组织开展品牌塑造活动，并将其贯穿于文化建设、人力资源建设、服务能力建设等组织发展和运作的全过程。由此可见，社会组织品牌建设是我国社会组织生存和发展的重要议题。

一、社会组织品牌的内涵、类型与功能

（一）社会组织品牌的内涵

“品牌”一词源于古斯堪的纳维亚语 brandr，指的是人们用烙印的方式来标记家畜等需要与其他人的私有财产相区别的私有财产，这是“品牌”最原始的含义，即为了区分。1955 年，美国广告大师戴维・奥格威在演讲时，首次提出现代意义上的“品牌”概念，他认为，品牌是一种错综复杂的象征，是其属性、名称、包装、价格、历史、声誉、广告风格的无形组合。1960 年，美国市场营销协会（American

Marketing Association，AMA）在《营销术语词典》中对品牌进行了定义，品牌是一个名称、术语、标记、符号或设计，又或是这些要素的不同组合，用以识别某个或某一类企业或组织的产品或服务，使之与竞争对手的产品和服务相区别。这一定义获得广泛的认同①。

社会组织的品牌概念与上文所述并无实质性差异，不过，由于其非营利性、非政府性、志愿性和价值性的特征，社会组织品牌的内涵具有独特之处，具体表现在以下三个方面②：

1. 品牌信息

社会组织的特征使得社会组织品牌本身就能够传达出独特的信息。社会组织品牌不仅是一种身份识别，更是一种传播和交流手段，因此具有两个基本属性：一是工具性，即品牌能够做什么，这与社会组织的事业相关；二是标志性，即品牌代表什么，这与社会组织的理念相关③。因此，社会组织品牌除了包含标志、设计等有形要素以外，更应体现机构所秉承的理念和所追求的事业，即社会组织品牌是社会组织向机构内部和外部传达相关信息的一类关键工具。

2. 品牌个性

萨金特等学者通过调查研究，构建了一个从内至外包含机构个性、事业个性和部门个性三个维度的社会组织品牌个性模型④。其中，机构个性包括绩效、情感和激励；事业个性包括服务、信念和等级；部门个性包括善性和进步性，善性涉及照顾他人、有同情心、提供帮助、公平、遵从伦理、诚实、值得信任和乐于助人等方面，进步性则涉及变革、探索、响应和参与等方面。该模型的实证研究表明，社会组织的品牌个性有助于社会组织通过差异化获取竞争优势，对外部捐赠者通过捐赠支持社会组织的行为也具有直接影响。

3. 品牌资产

与企业等营利组织一样，品牌被视为社会组织的一项核心资产，社会组织应对其进行管理和经营，并实现保值和增值，而且这与机构规模大小无关。社会组织可以通过建

① 卢泰宏，吴水龙，朱辉煌，等．品牌理论里程碑探析［J］．外国经济与管理，2009（1）：32－42.

② 周俊，张冉，宋锦洲．社会组织与慈善组织管理［M］．北京：北京大学出版社，2017：351－352.

③ HANKINSON P. The internal brand in leading UK charities［J］. Journal of product and brand management，2004，13（2）：84－93.

④ SARGEANT A，FORD J B，HUDSON J. Charity brand personality：the relationship with giving behavior［J］. Nonprofit and voluntary sector quarterly，2008，37（3）：468－491.

构品牌资产来影响资助者的支持决策，提升机构筹资额①，也可以让需求和成本曲线分别向上和向下移动，不仅可以使服务对象获益增加，而且有助于机构良性运行②。因此，品牌资产又被视为评价社会组织需求曲线位置和未来现金流的有效手段。

（二）社会组织品牌的类型

社会组织品牌包括诸多类型，主要可以划分为组织品牌、项目品牌、活动品牌和个人品牌，具体说明如下：

1. 组织品牌

组织品牌综合考量社会组织的使命、项目、活动以及机构员工的个性特质，形成社会组织的核心品牌，促进其综合能力和发展水平的整体跃升。例如，2016年广州市在全国率先实施社会组织品牌战略，出台《广州市品牌社会组织评价指标体系（试行）》。该指标体系包含品牌基础、品牌建设、品牌作用和品牌文化4个一级指标，以及相应的16个二级指标和43个三级指标。截至2021年12月，广州市社会组织管理局已开展6个批次的品牌评选，共命名49家广州市品牌社会组织，其中首批品牌社会组织就有广州市志愿者协会等社会团体、广州市增城区乐众社会工作服务中心等社会服务机构。

2. 项目品牌

项目品牌是在社会组织对从各种筹资来源获得支持而开展的社会服务项目的名称、标识和内容等进行深度打造，以符合机构使命且独具组织特色的过程中形成的。好的项目品牌为机构开展的社会服务树立良好口碑。例如，2022年底，上海市社会组织服务中心公布的20个年度社会组织品牌项目，涉及乡村振兴、未成年人关爱保护、文化艺术、民生服务等领域，其中，上海爱上公益发展中心发起的“山村学校广播站”公益项目，帮助山村学校搭建广播站，并提供配套的培训支持；上海中致社区服务社的“青莲计划”项目，聚焦吸毒人员的未成年子女，对其进行助学帮教、疾病康复、心理援助等方面帮扶③。

3. 活动品牌

社会组织通过开展的各项活动的名称、标识和过程等塑造品牌形象。社会组织借助活动的开展，反映社会组织的愿景、使命和宗旨，打造具有较强辨识度和影响

① FAIRCLOTH J B. Factors influencing nonprofit resource provider support decisions：applying the brand equity concept to nonprofits [J]. Journal of marketing theory and practice，2005，13（3）：1－15.

② GRIFFITHS M. Building and rebuilding charity brands：the role of creative agencies [J]. International journal of nonprofit and voluntary sector marketing，2005，10（2）：121－132.

③ 张俊．上海市社会组织服务中心公布20个年度社会组织品牌项目［N］．中国社会报，2022－12－21.

力的活动“名片”。例如，“99 公益日”是由腾讯公益慈善基金会联合数百家公益组织、知名企业、明星名人、顶级创意传播机构共同发起的一年一度全民公益活动。2015 年以来，在每年的 9 月 9 日，腾讯公益慈善基金会通过移动互联网、社交平台等发动网民通过现金捐赠、步数捐赠等各种方式参与公益。在 2022 年的“99 公益日”活动中，共有超过 5 816 万人次的爱心网民捐出 26 亿元，加上 3 个区域场募集到的 7 亿元，公众筹集善款总额超过 33 亿元①。

4. 个人品牌

社会组织通过项目或活动选择典型人物，通过树立榜样的方式建立个人品牌，并且将个人品牌与社会组织的服务或活动相联系，既提升了个人的知名度，也增强了社会组织的影响力。个人品牌以社会组织中的某个人为载体，这个人可以是机构员工、志愿者，也可以是服务对象等。例如，提到中国青少年发展基金会的“希望工程”，总是让人联想到其标志性照片“大眼睛”，1991 年，当时在北京市崇文区文化馆工作的摄影师解海龙走进大别山采访拍摄“希望工程”专题，抓拍到了正在上课的苏明娟，将一双特别能代表贫困山区孩子“渴望读书的大眼睛”定格了下来，这幅画面为一个手握铅笔、两只直视前方对求知充满渴望的大眼睛女孩，名为“大眼睛”的照片发表后，很快被国内外各大媒体争相转载，苏明娟也随之成为“希望工程”的“个人品牌”。

阅读材料 ▶

瓷娃娃罕见病关爱中心的组织品牌建设之路

瓷娃娃罕见病关爱中心（简称中心）以为罕见病群体建立平等、受尊重的社会环境为愿景，以“还好，我们的爱并不脆弱”为口号，以为成骨不全症（又称脆骨症）为主的罕见病群体给予关爱、医疗救护，并提供能力培养与社会参与的平台等为基本工作内容。中心的品牌建设以 2008 年 5 月瓷娃娃关怀协会建立后的首份杂志创刊为起点，从成骨不全症患者绘画作品巡回展览活动、设立相关基金、举办病人大会并使之成为组织具有延续性的传统、建立关爱之家等实体宣传推广方式，到诸如联合《经济半小时》录制主题节目、参与《梦想合唱团》录制以国内主流媒体为平台进行推广，使其走入更多人的视野，再到利用微信、微博公共账号，参与微公益以及陈坤“行走的力量”主题系列活动，将组织品牌推向更广阔的舞台。

---

① 袁璐．99 公益日收官，小红花捐赠超 1.82 亿朵创新高［EB/OL］．（2022－09－11）［2023－06－21］．https：//new.qq.com/rain/a/20220911A0141F00.

在品牌建设过程中，中心多措并举，呈现出以下鲜明特点：

第一，借助品牌形象的力量，选择最适合的形象代言人。中心的形象大使由曾黎女士和果静林先生担任，二人道德素质良好；而在参与热门的“行走的力量”的活动当中，知名演员陈坤先生在一定程度上间接成了该组织的形象代言人，瓷娃娃公益品牌在社会公众之间的知晓度又得以进一步提升。选择形象代言人的重要标准是合适，这些代言人的作品符合主流文化所要求的正面形象。

第二，发挥品牌内涵的功能，充分展现品牌故事的魅力。品牌故事是组织品牌与受众的情感沟通的有效方式。中心一直以“还好，我们的爱并不脆弱”为口号，并在官方网页上设有专门的“新闻中心”专区、“病友故事”板块，同时也有媒体专访和杂志刊登，用于记录罕见病群体在加入中心后的心理、情感以及生活上的变化，让人们除了感受到作为罕见病群体的痛苦之外，还能感受该组织为其创造的“春天”，有利于引起社会各界的广泛关注。

第三，合力宣传与参与体验式推广紧密结合。与其他公益组织协同合作，从而更好地凝聚社会力量，对罕见病群体进行有效救助，例如：与中国少年儿童慈善救助基金会携手开展的“梦想支点”计划，在一定程度上有效地改善了罕见病儿童的学习条件；中心对外敞开一扇大门，招募社会上的志愿者以及高校实习生，到组织内部服务与实践，从而近距离接触罕见病群体，一定程度上也发挥着品牌感召力，扩大了中心的社会影响力。

第四，持之以恒，延续品牌力量。《瓷娃娃》杂志至今未断，还在创编；《病人大会特刊》也会跟随会议召开的脚步发行，网页设计风格与时俱进，有专人进行维护与更新；品牌宣传与推广平台从组织创立之初至今无不跟随时代发展的步伐。

从中心的品牌建设中，不难发现，其品牌定位较为清晰，使罕见病群体得到社会各界尊重，并在一定程度上享有平等的权益，从而尽可能地推动政策的完善。在定位的过程中，有深入社会生活的实际调查，有对目标群体的需求分析，虽然目标群体有较大延伸，但是能够分清主次。品牌文化内涵丰富，无论是组织自身还是联合其他公益组织共同打造的项目，都具备较为丰富的内涵，有能够把握社会公众情感的内容。品牌推广方面，掌握了科学、合理的策略与方法，能够充分利用媒体、报刊，甚至是新兴的网络平台，平台创建也尽可能地兼顾互动性。目前，中心已经不单单局限于提供最基本的医疗救护，而早已拓展到了罕见病群体自身天赋和适应社会的能力方面的培养，并进行适当的追踪，而服务的项目不仅有病人大会的召开，还有针对罕见病青年群体的协力营的创建，并联合我们的家园残疾人服务中心建立“瓷娃娃”个人康复计划，可以说是全方位多层次满足罕见病群体的需求。

资料来源：郁可．公益组织品牌建设研究：以瓷娃娃罕见病关爱中心为例［J］. 现代交际，2016（22）：35－36.

（三）社会组织品牌的功能

社会组织品牌能够发挥以下功能①：

1. 获取资源支持，提升社会信任

社会组织需要动员及获得各种社会资源的支持。一方面，社会组织品牌是嵌入在社会组织中的实际或潜在资源，能为获取更加丰富的资源创造条件，减轻机构的竞争压力，促进机构的可持续发展。另一方面，社会组织品牌可以在社会大众中建立积极的品牌效应，提高机构的知名度和美誉度，可以说，社会组织品牌的建立意味着信任关系的建立，可以帮助社会组织获得更多的社会信任。

2. 有效识别身份，实现差异化

随着社会组织数量井喷式增长，同质化竞争进一步加剧，社会组织需要具备可识别的身份、标志性的形象以获取足够的资源，而社会组织品牌中包含的机构个性、事业个性和部门个性，无论是诸如有形的品牌名称、标识的设计，还是无形的品牌影响力，均有助于社会组织创造身份识别继而在同类组织中脱颖而出，也有助于社会大众对社会组织产生有益的认知进而产生参与意愿，这些都是社会组织可持续发展的重要基础。

3. 增强社会组织凝聚力，促进内部管理

除了将社会组织的愿景、使命和宗旨传达给外部的利益相关方，更广泛地提升社会组织的社会影响力，社会组织品牌还有助于社会组织内部的利益相关方达成共识，提升员工的认同感、责任感和归属感，增强社会组织的吸引力、辐射力和凝聚力。基于对社会组织品牌所蕴含的机构愿景、使命和宗旨的内化，这些利益相关方自觉地将其个人价值与机构价值相匹配，让社会组织的内部管理变得有条不紊并更有活力。

二、社会组织品牌建设

（一）社会组织品牌建设的概念与内涵

社会组织品牌建设指的是基于社会组织的愿景、使命和宗旨，借鉴营销策略塑

① 徐腊凤，史秋霞．近十年我国社会组织品牌建设的研究回顾与展望［J］. 长春理工大学学报（社会科学版），2021，34（2）：58－63.

造差异化的组织形象，以获得利益相关方的肯定和认同，从而获取资源开展业务活动，并有效提升外部影响力和内部凝聚力的过程。这一概念反映了社会组织品牌建设的以下内涵[①]：

第一，机构的愿景、使命和宗旨等是社会组织品牌建设的基础。与企业等营利组织由经济利润驱动所不同，社会组织由价值驱动，社会大众的信任与支持基于对组织使命和价值观的认同。因此，社会组织的品牌建设应以组织的使命和价值观为核心，即将品牌嵌入到机构的愿景、使命和宗旨之中。

第二，营销策略的运用是社会组织品牌建设的途径。尽管社会组织不以营利为目的，但为有效提升品牌影响力和竞争力，社会组织有必要借鉴企业等营利组织品牌建设的经验。当然，社会组织所筹得资源的多样性和独特性决定了其需要理性运用商业化的品牌营销策略。

第三，品牌外化与品牌内化的有机统一是社会组织品牌建设的保证。社会组织的品牌不仅在组织外部的核心竞争力上起着战略性作用，也在组织内部管理中起着传达机构使命和价值观的作用。因而，社会组织品牌建设需要兼顾品牌的外部管理与内部管理。

（二）社会组织品牌建设的理论模型

有学者对国外非营利组织品牌建设的相关文献进行了梳理，总结出了五大理论模型，这对我国社会组织品牌建设具有参考价值[②]。

1. 品牌流程化模型

品牌流程化模型由塔普（Tapp）构建，将打造一个优秀的慈善组织品牌看作一个流程化过程，并由四项基本活动构成：第一，理解利益相关者方的品牌感受；第二，创造独特的品牌身份；第三，精选合适的品牌定位；第四，向利益相关方宣传品牌定位。与该模型类似，莱德勒-凯兰德（Laidler-kylander）以国际非营利组织为对象构建了一个非营利组织品牌建设流程理论框架，该框架依次由品牌身份的开发、激活、表达和保护组成。可以看出，两个品牌建设理论模型都强调品牌身份确立和品牌宣传或表达这两项重要活动。比较来看，前者更为注重品牌建设的前端活动，而后者则涉及品牌建设的整个过程。

---

① 桂存慧．竞争性视域下我国社会组织品牌管理的困境与路径探析［J］．安徽行政学院学报，2016，7（1）：100－105．

② 张冉．国外非营利组织品牌研究述评与展望［J］．外国经济与管理，2013，35（11）：60－69．

2. 品牌导向模型

品牌导向模型是国外非营利组织品牌研究领域的经典代表之一，由汉金森（Hankinson）于 2001 年构建。在对英国排名前 500 名的慈善组织进行实证分析的基础上，汉金森构建了一个由品牌理解、品牌传播、品牌的战略使用和品牌管理 4 个一级指标和 23 个二级指标构成的品牌导向模型。借助该模型，慈善组织可以自我评价品牌建设水平，或者考量机构接纳品牌化理念与实践的程度。

3. 品牌 PIA 模型

品牌 PIA 模型由费尔克洛思（Faircloth）于 2005 年构建，费尔克洛思从捐赠者视角分析认为，非营利组织品牌资产由品牌个性（brand personality）、品牌形象（brand image）和品牌意识（brand awareness）构成。其中，品牌个性由品牌尊重和品牌差异构成，品牌形象由品牌特点和品牌等级构成，而品牌意识则包括记忆唤起和组织熟悉度两方面。因此，非营利组织品牌资产的构建也主要通过上述三个维度来实施。该模型是学界首个品牌资产及其建设概念模型，对于非营利组织品牌研究和实践具有一定启示意义。不足之处在于，该模型的构建并非基于实证分析，并且由于主要借鉴了营利组织领域的研究观点，非营利组织的特征在模型中的体现尚显不足。

4. 品牌 CFTP 模型

品牌 CFTP 模型由莱德勒-凯兰德和西莫宁（Simonin）以国际非营利组织为研究对象展开实证研究，并于 2009 年构建的由一致性（consistency）、焦点（focus）、信任（trust）和合作（partnership）构成的非营利组织品牌资产建设模型。其中，一致性包括内部、外部以及内外一致性；焦点主要指机构运作要明确且富有重点；信任被视为各类关系建构的基石，需要通过与其他同类机构的差异化和品牌可见度的提高等方式来提升；合作则强调非营利组织在品牌资产建构中与利益相关方的合作与联盟。相比 PIA 模型，该模型是基于实证研究构建的，更具科学性，并纳入了非营利组织的特征，较好地反映了非营利组织品牌概念和建设规律，是非营利组织品牌资产研究的经典。当然，该研究也具有局限性，主要在于访谈对象主要为非营利组织领导者，未考虑如志愿者、捐赠者等其他利益相关方的意见。

5. 品牌 IDEA 模型

品牌 IDEA 模型由纳萨莉（Nathalie）和克里斯托弗（Christopher）于 2012 年构建，是一个由品牌整合性（integrity）、民主性（democracy）、伦理性（ethics）和亲密性（affinity）构成的品牌建设理论模型。其中，整合性要求机构内部身份与外部形象保持一致，同时这两者与机构宗旨保持一致；民主性要求机构能够授权员工和志愿者等向外传播对于机构核心身份的理解并成为品牌倡导者；伦理性是指品牌自身和相关部署方式能够反映机构的价值观；亲密性要求机构能够进行有效的团队合作，也能与其他机构的品牌共同运作、分享空间和互相信任并促进个体利益集体化。该模型是非营利组织品牌建设领域的最新理论研究成果，实现了品牌建设有形与无形要素的统一，并将组织内外部利益相关者贯穿于品牌建设主线。不过，该模型研究主要为质性研究，尚待实证检验。

（三）社会组织品牌建设的内外管理

如前所述，社会组织品牌建设要做到品牌外化和品牌内化的有机统一。相对应的，根据品牌建设面对的外部和内部不同的利益相关方，需要分别就社会组织的外部品牌管理、内部品牌管理以及两者之间的关系进行说明。

1. 社会组织的外部品牌管理

社会组织的外部品牌管理是指以机构外部的利益相关方为对象进行的品牌管理活动，如服务对象、社会大众、政府部门和媒体等。基于社会组织的概念和特征，其品牌建设需要考虑外部利益相关方的期望与需求，加强与外部利益相关方的互动与交流，并采取品牌视觉形象设计、丰富品牌传播工具、引进品牌营销和外部利益相关方策略等措施[①]，以获得这些外部利益相关方的信任和支持。外部品牌管理有助于提高社会组织的公信力，帮助机构进行市场定位，增加社会支持与资金来源，进而推动机构的可持续发展。

在社会组织外部品牌管理的过程中，与不同的利益相关方沟通互动的方式应有所区别，采用的策略也不尽相同[②]。对于社会组织而言，影响其外部品牌管理的主要利益相关方涉及服务对象、社会大众、政府部门和媒体等。对于服务对象，社会组织需要不断地通过提供各种产品与服务等，给予其持续的良好品牌体验，阶段性地强化其品牌情感，使其对社会组织的情感保持在一个比较稳定的较高水平上。对于社会大众，社会组织需要通过丰富的宣传途径强化其对社会组织的认知度以及对社会组织品牌建设的认可度，最终提升对社会组织的美誉度。对于政府部门，社会组织需要自觉遵守相关的法律法规，自觉接受和配合政府的监督工作，履行好自身的信息公开职责和年检年报义务。对于媒体，社会组织需要与其积极合作，通过各类传统媒体、网络数字新媒体等载体对社会组织的相关信息进行分享交流，充分利用媒体的优势，在较短的时间内达到较大的宣传效果。

---

① 黄光，叶慧玲，周延风，等．我国慈善组织品牌导向的维度构建研究［J］．管理学报，2016（9）：1301.

② 侯立松．品牌管理的实质：利益相关者关系管理［J］．求索，2010（4）：61－63.

2. 社会组织的内部品牌管理

相较于品牌外部管理，现阶段我国社会组织对于品牌的内部管理往往较不重视，然而品牌建设需要从有形层面的品牌管理向无形层面的品牌管理转变。社会组织的内部品牌管理是指以机构内部的利益相关方为对象进行的品牌管理活动，如机构员工、志愿者等，其本质是促使这些内部利益相关方能够内化社会组织品牌，并将其所强调的社会组织的使命和价值观融入日常工作中，同时在与外部利益相关方互动的过程中传播社会组织品牌。

内部品牌管理的过程分为组织的控制阶段和员工的理解阶段。前者主要在组织层面，社会组织要进行管理系统的调整和改进，机构内部各个部门都要提供相应的支持，品牌需要被“解码”，成为员工可以理解的形式；后者主要在员工层面，员工需要消化吸收社会组织品牌，并且与日常工作联系起来，从而使得社会组织品牌与个人职能达成一致。整个过程如图 6－3 所示[①]。

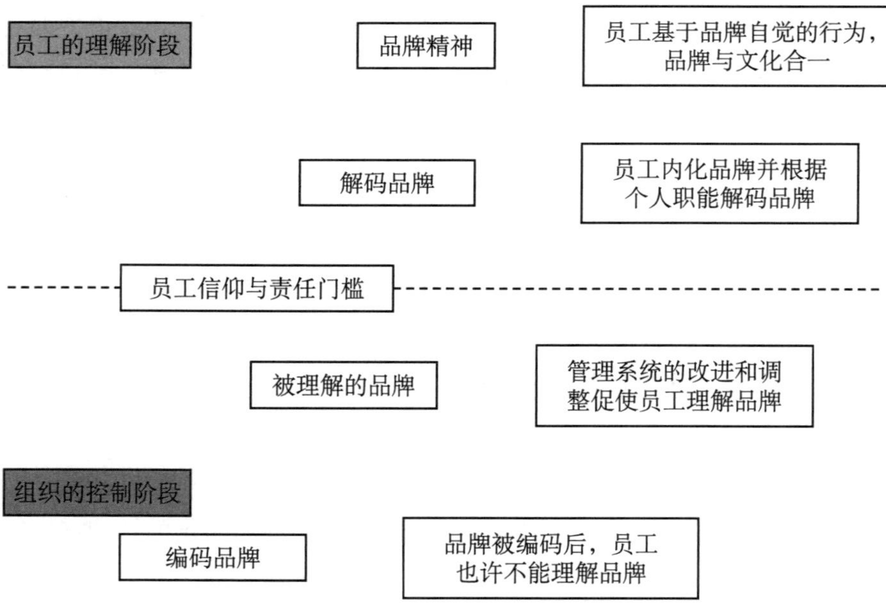

图 6－3　社会组织的内部品牌管理过程图

3. 外部、内部品牌管理的关系

外部、内部品牌管理是两个既相互独立又相互影响的过程。一方面，外部品牌管理通过社会组织从业人员的行为、利益相关方可视的组织形象以及社会组织外部

① CHERNATONY L，COTTAM S. Internal brand factors driving successful financial servers brands [J]. European journal of marking，2006，40 (5/6)：611－613.

的信息传递和沟通，形成外部的品牌价值；内部品牌管理则是有关品牌内涵的内部生成及传递渗透的过程，强调社会组织员工对社会组织价值观等品牌内涵的理解和认同，因而是相对独立的。另一方面，两者又彼此影响，直接参与外部品牌管理的社会组织员工的行为和活动，会以多种方式影响利益相关方对社会组织的看法；同时，良好的外部品牌管理又有助于提升内部品牌管理的效果，基于良好的组织形象而形成的来自利益相关方的肯定，特别是服务对象的认可、社会大众的认同等，会提高社会组织员工的组织归属感和工作积极性。总之，社会组织的品牌管理要外部、内部品牌管理双管齐下，追求两者的一致性是社会组织品牌管理的终极目标。

三、社会组织品牌传播策略

（一）品牌传播对象与传播媒介

社会组织品牌传播是增强社会组织公信力、提升社会组织影响力的重要方式。在传播学中，传播一词指的是带有社会性、共同性的人类信息交流的行为和活动，包括传播主体、传播对象、传播媒介、传播内容和传播效果五大要素，公共传播具有双向性、共享性、快速性和广泛性的特点。下面围绕传播要素中的传播对象和传播媒介进行介绍。

1. 社会组织品牌的传播对象

传播对象又被称为受众，是传播活动的对象，也是传播活动产生的动因和核心之一，离开传播对象，传播活动就失去了方向和目的。传播对象又并不仅是传播活动的客体，其按照自己的意愿对传播活动中提供的信息加以选择和利用，并且是传播活动积极主动的参与者和反馈者。社会组织的主要传播对象有政府、社会大众、服务对象和其他社会组织等。

第一，政府。社会组织以政府为传播对象，有助于取得来自政府有关部门的资助，例如争取更多政府购买社会服务项目，有利于社会组织的生存和发展。

第二，社会大众。社会组织以社会大众为传播对象，通过多种方式宣传机构，有助于吸收社会捐赠、吸引志愿者加入，最终提高社会组织的知名度和美誉度。

第三，服务对象。社会组织以服务对象为传播对象，不仅有利于扩大在服务对象中的知名度，而且能够使得有问题和需求的服务对象了解如何寻求相关社会组织的帮助。

第四，其他社会组织。社会组织以其他社会组织为传播对象，有利于寻找更多志同道合的合作伙伴，形成稳定的合作网络，发挥合作效能。

2. 社会组织品牌的传播媒介

为了使传播活动获得最佳传播效果，社会组织品牌传播一方面要尊重、研究和适应上述传播对象的不同特点，另一方面要围绕社会组织的使命和价值观，思考社会组织在品牌传播方面的特色与亮点，并且敢于创新、善于创新，更新传播手段和传播形式。

选择媒体是社会组织开展传播活动的重要环节。媒体是传播活动中传播信息的载体，是传播主体与传播对象之间携带和传播信息的一切形式，凡是眼睛所见，如电视、电影、杂志、报纸、网络等，耳朵所听，如广播等，都是媒体，都能够传播信息。媒体可以分为传统媒体和新媒体两个大类，前者有广播、电视、报纸、杂志等，后者有电脑、手机等。

社会组织通过与报纸、广播、电视等传统媒体的合作与沟通开展品牌传播，宣传机构服务和公益文化，为社会组织树立良好的公益形象。随着新媒体技术在社会组织领域的应用日趋深入，移动互联网的低成本、便捷性、参与性等特点使得公益信息的大规模传播成为可能。社会组织运用新媒体技术发布宣传信息，超越了时间和空间的限制，社会组织品牌传播的辐射范围和传播速度都得到了飞速提升。社会组织的官网、微博、微信小程序和微信公众号等，作为新媒体传播的主要载体，在社会组织的品牌传播中得到越来越广泛的推广和应用。

（二）社会组织改善品牌传播的策略

我国社会组织在品牌传播上也存在一定不足，如社会组织的传播意识仍然比较薄弱、对传播对象的定位和认识不清晰、缺乏有效的信息公开和共享平台、与主流媒体的合作较为浅层、对新媒体的运用能力不足等，影响了社会组织品牌传播的效率和效果。

社会组织可以采用适合的策略改善品牌传播，具体而言[①]：

1. 准确定位传播对象

在传播活动中，社会组织需要将有限的资源集中在与社会组织长期密切相关的社会大众上，一方面，通过定期调研以及反馈，了解传播对象的态度是反对、中立还是支持，分析不同的传播方案会带来什么样的影响，从而对社会组织的传播对象进行定位，挖掘该群体最常接触的媒体渠道并对这些渠道进行有针对性的媒介投放。另一方面，对不同的传播方案进行评估，选择最优的方案，在选择媒体的过程中要

① 周如南，冯敏仪．社会组织的传播策略探讨［J］．大社会，2018（6）：42－44.

考虑媒体覆盖的目标人群、媒体的覆盖面、产生的费用、联系方式等因素，使社会组织品牌传播策略更加具有成本效益。

2. 打造有效信息平台

网络是社会大众获取信息的重要来源，社会组织要主动披露自己的相关信息，涉及公共利益、公众权益、社会关切及需要社会知晓的信息要及时公开。尤其要重视财务方面的信息沟通，确保社会组织与传播对象的信息沟通畅通，让其获取最新的相关信息，以此提高社会组织的社会公信力。社会组织要抱有包容的态度，允许媒体的监督以及对社会组织不足之处的报道，在遇到危机的时候，能够主动承担责任，表现出真诚的态度，迅速发布最新处理进展，建立专门的信息传播小组，并通过第三方证实避免传播活动中带来的质疑。

3. 深化媒体合作关系

社会组织应与媒体建立长期有效的互动协作关系，一方面，由于社会组织的传播能力有限，社会组织品牌传播需要媒体的参与，也需要媒体对社会组织的监督。另一方面，媒体也需要社会组织提供的独家信息。社会组织应该充分利用媒体的社会影响力做好品牌传播。首先，要确定媒体传播策略，在媒体传播的内容中，社会组织相关人员要把好内容质量关，对机构的发展与建设进行深入解读，挖掘能够吸引传播对象的素材，确保传播内容的传播效果。其次，社会组织要注重收集相关媒体报道，建立完善的舆情监测体系，如果发现不实的负面报道，应该及时处理，并实施相应的危机公关举措，对舆论走向做出正向引导。最后，在进行传播效果评估的时候要考虑到多项指标，包括：媒体报道落地率、新闻报道准确率、新闻标题鲜明性、关键信息重复率、读者对报道的关注度等，通过对媒体效果的评估可以不断优化社会组织下一次的品牌传播。

4. 建立相对完善的新闻发布制度

2016年印发的《民政部关于推动在全国性和省级社会组织中建立新闻发言人制度的通知》要求社会组织组建专业化兼本土化的新闻发言人队伍，做好人员培训、媒体对接等工作。通过培训不断增强社会组织新闻发言人的政策把握能力、舆情研判能力，更好地面对变幻莫测的舆情。同步建立新闻发布内容和保密审查机制、舆情监测和回应机制、激励和容错纠错机制，顺利进行新闻传播工作中的内容发布、信息评估、效果反馈等工作。

社会组织中的新闻发言人理应尊重传播规律，发挥“互联网＋”思维的能动性，充分利用多种渠道进行有效的信息传播。首先，在渠道方面，综合利用微博、微信等社交媒体、社会组织官网、媒体网站等门户网站进行多端口传播。其次，在内容方面，通过数据、图表等形式进行数字化和可视化呈现，不断增强社会组织传播信息的可读性。再次，在传播手段方面，要实现事件的多级传播，扩大社会组织活动的影响力。最后，在受众反馈方面，要做好受众反馈的评估，不断修正和完善社会组织新闻发布的工作。

阅读材料 ▶

“冰桶挑战”对我国社会组织品牌传播的启示[①]

“冰桶挑战”是源于美国社交网络，以美国肌萎缩侧索硬化症[②]（amyotrophic lateral sclerosis）协会（简称 ALS 协会）为组织载体推动的一项品牌传播活动。所谓“冰桶挑战”，指的是参与者将他自己被一桶冰水从头顶浇下来的视频放在社交网站上，并邀请 3 位好友，被邀请者要在 24 小时内接受并完成挑战，继而把接力棒传给其他人，接受挑战的人只需要捐 10 美元，没勇气或拒绝挑战的则需要捐 100 美元给 ALS 协会。随着比尔·盖茨等名人的参与，“冰桶挑战”风靡全球，无数捐赠者参与其中，并成为传播的有效载体。“冰桶挑战”能够在国内得到发展，首先是 2014 年 8 月小米集团的首席执行官雷军接受了挑战，成为完成此挑战的国内第一人。短短时间内，“冰桶挑战”就引起了极大的关注，并产生了巨大的影响，其独特的传播模式和宣传技巧，对我国社会组织运用新媒体进行品牌传播提供了契机与方向。其成功要素主要有：

第一，新颖的题材。不可否认，很多公众注意到“冰桶挑战”首先是因为用冰水淋湿身体这一行为非常抓人眼球，让人从第一感觉上就发出“他为何要这么做?”的疑问，从而关注到挑战本身的内容。因此，是否具有能够引起公众关注的“游戏规则”，从而激发公众的兴趣，让公众从主观上想要去了解和关注，是品牌传播活动能否成功的前提。

第二，高度的参与。“冰桶挑战”的传播不仅得益于挑战形式的新颖，其“1 传 3”的传播力量也不容小觑。一项任务几乎成倍地蔓延开来，每个参与者都必须再挑选 3 个人参加互动，这种模式让公众作为接收者的同时也是传播者。而且，这种传播具有可持续性，其线上推广、线下操作的形式会将公众的参与热情广泛地调动起来。

---

① 董京蕾．从“冰桶挑战”看公益传播新方式［J］．视听，2017（4）：105－109．

② 肌萎缩侧索硬化症即渐冻症。

第三，低廉的成本。不同于传统媒体传播的高成本，通过新媒体进行传播，由于其形式和内容的多样化，宣传成本会大大降低。需要指出的是，其形式应该尽可能简单可行，可能只是一张随手的自拍或者一段简单的视频，由此参与成本会大大降低。

第四，媒体的融合。首先更多地利用社交网络和新媒体设备，一旦有新的信息或消息传出，公众都能第一时间知晓。在社交网络上第一时间就各类事件发布消息，及时进行更新的同时，也可以利用传统媒体例如电视、广播、报纸等进行解释和补充。这样一来，既能让公众以最快的速度得到消息，又能帮助公众辨识消息的真伪以及帮助解除公众的疑惑。

“冰桶挑战”在国内正式展开，仅用了一周时间，便盘踞了微博热门话题榜首。从百度词条的搜索量来看，网友对于“冰桶挑战”的搜索达到 7 000 万次。到 2014 年 8 月 21 日，参与微博热门话题“冰桶挑战”的讨论超过了 18 亿次；截止到 8 月 31 日，也就是“冰桶挑战”传入中国的两周，微博上关于“冰桶挑战”的阅读量已经超过了 43 亿次，“冰桶挑战”页面已拥有 18 万粉丝以及近 420 万条微博评论。优酷、土豆、搜狐等视频网站上对于各行各界“冰桶挑战”视频的点击率也超过了 40 亿。截至 2014 年 8 月 20 日，ALS 协会收到了超过 30 万笔、总金额近 1 600 万美元的捐赠。这个数目相较前一年同时段的 200 万美元来讲，增长了近 800%。而同时，国内的瓷娃娃罕见病关爱中心也获得了超过 2 万份的捐助，累计获得善款超过了 200 万元。捐款数字如此巨大，不仅表明了社会对于渐冻症这种罕见病的强烈关注，更是展现了此次“冰桶挑战”惊人的传播效果。

第五节　社会组织筹资

一、社会组织筹资的概念与原则

（一）社会组织筹资的概念

非营利组织的资金筹集被定义为基于机构的宗旨和目标向政府、社会大众、企业等，发动募集资金、物资或劳务的过程[①]。在此概念的基础上，本书所提到的社会组织筹资，指的是社会组织根据自身的组织目标和战略规划需要，通过多元化的渠

① 王名．非营利组织管理概论［M］．北京：中国人民大学出版社，2002：202.

道，利用多样化的方式，依法、有效筹集资金，支持机构开展业务活动以实现使命和价值观的活动。

所谓资金，从狭义上来讲，特指货币资金，包括现金、银行存款和其他货币资金等；从广义上来讲，主要指现金、银行存款、固定资产、股权、债权、无形资产（如专利权、非专利技术、商标权、著作权、土地使用权等）等。通过对资金概念的解析，可以看到社会组织的筹资是一项内涵丰富、外延庞杂的综合性事务。

（二）社会组织筹资的原则

社会组织有效地开展筹资活动需要遵循一定的原则，以对筹资行为进行规范，帮助机构更好地进行筹资决策与达成筹资目标。社会组织筹资的基本原则包括诚实、尊重、公正和透明①。

第一，诚实。社会组织在筹资过程中要始终坚持诚实守信的原则，披露和公开的信息必须真实、准确，从而赢得服务对象、社会大众、政府部门和媒体等外部利益相关方，以及机构员工、志愿者等内部利益相关方的信任和支持。

第二，尊重。社会组织筹资必须遵守职业道德和价值伦理，开展规范化的筹资活动。同时，机构必须对捐赠者和服务对象的信息予以必要的保密。若不得不用到这些信息时，需要取得当事人的知情同意。

第三，公正。社会组织筹资必须恪守公正、公平对待所有服务对象的原则，为服务对象获取资源的行动必须公开，避免出现机构或员工不当甚至过失的行为，从而影响利益相关方对机构的态度。

第四，透明。社会组织筹资的制度文件和项目文本必须清晰、透明，筹资活动的流程也需要清晰明了，以精确和容易理解的方式说明所筹资金的管理、收入与支出的情况等。

二、社会组织的资金来源

有学者对我国社会组织的筹资渠道进行了全面分析②，总结出经营服务性收费、会费收入、政府部门资助或购买服务、捐赠、项目性收入、行政事业性收费、资本性收入等七种筹资渠道，并指出社会组织个体在选择具体的筹资渠道时，必须结合自身性质、实际条件等具体情况，可单条使用，也可组合出拳，切不可生搬硬套，

---

① 徐家良．社会组织实务［M］．北京：中国社会出版社，2022：209.

② 沈新华．构建社会组织全方位筹资渠道模型［J］．社团管理研究，2009（6）：29－34.

更不可违法违规筹资。

以下主要对会费收入、政府部门资助或购买服务、捐赠、项目性收入和行政事业性收费等筹资渠道进行简要说明：

（一）会费收入

会费收入包括单位会员会费、个人会费收入，以及其他的会费和管理费。根据《民间非营利组织会计制度》第五十八条的规定，会费收入是指民间非营利组织根据章程等的规定向会员收取的会费。此外，《关于规范社会团体收费行为有关问题的通知》《关于规范社会团体开展合作活动若干问题的规定》等文件也对社会团体收费行为提出了要求。同时，行业协会商会还应当遵守《国务院办公厅有关进一步规范行业协会商会收费的通知》等有关会费的规定。

（二）政府部门资助或购买服务

政府部门资助包括政府直接资助、购买服务、免税政策和奖励金四种。其中，政府购买服务是最主要的形式。根据《政府购买服务管理办法》第二条的规定，政府购买服务是指各级国家机关将属于自身职责范围且适合通过市场化方式提供的服务事项，按照政府采购方式和程序，交由符合条件的服务供应商承担，并根据服务数量和质量等因素向其支付费用的行为。

（三）捐赠

捐赠包括国际官方发展援助、国际组织与基金会的合作项目与捐赠、个人不定向无偿捐赠、企业不定向无偿捐赠、网络捐赠和专项基金等。近年来，网络捐赠逐渐被公众所接受，广大社会组织开始通过文字、图像、音频、视频等信息化手段，充分激发网民的爱心，利用网络的迅捷性、立体性、持续性、广泛性、低成本性开辟网络捐赠渠道。专项基金也是常见的方式之一，是指社会组织利用政府部门资助、国内外社会组织及个人定向捐赠、社会组织自有资金设立的，专门用于资助符合社会组织宗旨、业务范围的某一项事业的基金。

（四）项目性收入

项目性收入包括集群联盟项目、社区专项基金项目、联合劝募项目、交易关联项目、横向合作公益服务项目、孵化项目和其他项目七种。集群联盟项目，例如社会组织可以与相关企业、学校等保持产学研互动关系，在获取投资收益的同时可引领行业发展；社区专项基金项目面向社区选择公众急需的项目主题，向社区居民募集资金设立专项基金，即“取之于社区，用之于社区”；联合劝募项目指联合其他社会组织联合筹资和协商分配；交易关联项目指与大型企业合作，进行交易关联项目，例如中国宋庆龄基金会与农夫山泉共同组织的“饮水思源助学金”项目；横向合作公益服务项目，例如汶川地震之后，中国红十字基金会面向社会组织公开招标灾后重建公益服务项目；孵化项目，例如资助型基金会、非营利组织等通过项目招标和接受申请的方式，资助社会组织符合条件的项目。

（五）行政事业性收费

行政事业性收费是指社会团体依据法律、行政法规规定，履行或代行政府职能时收取的费用。设立收费项目应该按照财务隶属关系分别报国务院和省（自治区、直辖市）人民政府的财政部门会同价格主管部门批准；制定和调整收费标准，应当按照隶属关系分别报国务院和省（自治区、直辖市）人民政府价格主管部门会同财政部门批准。

三、社会组织的筹资流程

社会组织筹资是为了获得资源并将其用于有需要的服务对象，因而，社会组织的筹资是一个联结资源方与受益方的过程。为确保筹资取得最佳效果，社会组织的筹资需要一套相对完备的方案和程序作为支撑，以确保筹资全过程得到有效控制。

一般来说，社会组织的筹资流程包括编制筹资预算、选择资金来源、拟定筹资方案、方案决策审批、依法实施筹资、资金使用管理和日常监督检查等环节，具体说明如下①：

第一，编制筹资预算。

社会组织在进行筹资活动之前，必须根据机构的长远战略规划和短期组织目标，以及以往的资金需要量、开展业务活动的实际情况，科学合理地编制筹资预算，为筹措资金提供定量依据，以克服筹资的盲目性，既要获得所需资金支持，又要有一个合理界限。

第二，选择资金来源。

社会组织筹集资金的渠道和方式是多元化的，不同筹资渠道和方式的筹资难易程度、筹集成本和筹资风险各不相同，因此就要选择最佳的资金来源。例如，政府资助、社会捐赠在一定程度上来讲是无偿性的，而通过投资来获取资源的方式，则具有较高风险和不可控性。因此，要综合考虑各种筹资渠道和方式，研究各种资金

① 沈新华．社会组织筹资流程分析［J］．社团管理研究，2010（11）：44－45．

的来源构成，求得筹资方式的最优组合，以最低的筹集成本筹措所需的资金和资源。

第三，拟定筹资方案。

筹资方案是社会组织进行筹资的具体实施计划。筹资方案应当符合国家有关法律法规和政策文件，还应兼顾社会组织的特征，主要包括筹资规模计划、资金渠道定位、筹资项目策划、筹资成本预算、潜在风险分析、筹资运作步骤、筹资时间安排以及资金筹集后的合理支出等内容。一个切实可行的筹资方案，可以节约时间、节省成本，也可以提高筹资活动的效率。

第四，方案决策审批。

为规范管理，社会组织的筹资方案经筹资相关部门或工作人员制定出来以后，还应提交社会组织的决策部门进行决策。一般筹资方案可由授权的相关部门或人员在职责权限范围内批准，而重大筹资方案应当实行集体审议决策制度。

第五，依法实施筹资。

根据审批通过的既定方案，细化各个筹资项目，设立筹资项目小组，责任落实到人，依法开展筹资活动。所筹集到的资产是货币资金的，应按货币资金的实有数额及时入账；筹集到的资产为非货币资金的，且需要对该资产进行验资、评估的，应按规定在验资、评估后合理确定其价值，进行会计记录，并办理有关产权转移、工商变更手续。

第六，资金使用管理。

无偿性资金在取得后，应根据资金来源方的出资或捐赠要求及时开展业务活动（如提供服务或实施项目），限定性资金要严格按照出资方规定的用途合理使用。同时，在整个筹资过程中，还要加强对与筹资活动有关的各种文件和凭据的管理。社会组织应当建立筹资决策、审批过程的书面记录制度以及有关合同或协议、收款凭证、验收证明、入库凭证、支付凭证等的存档、保管和调用制度，并对有关文件和凭据进行定期核对和检查。

第七，日常监督检查。

社会组织还应当建立对筹资活动的监督检查制度，明确监督检查部门或人员的职责权限，例如可以聘请一位副理事长组成监督检查小组，定期或不定期地对整个筹资程序和进度进行检查，同时可以聘请专业的审计机构定期对其账务进行审计。

由于社会组织的筹资活动带有一定的偶然性，随时可能需要启动筹资流程，所以社会组织这七个环节的筹资流程并不是单向进行的，而是一个循环往复并且各个环节可能存在交叉重叠的环状结构。

关键术语

社会组织品牌　品牌建设　品牌传播　社会组织筹资

复习思考题

1. 社会组织品牌的内涵是什么，类型与功能有哪些?
2. 什么是外部品牌管理和内部品牌管理? 二者之间的关系是什么?
3. 改善品牌传播的策略有哪些?
4. 社会组织的资金来源有哪些? 如何进行筹资?

参考书目

1. 徐家良. 社会组织实务 [M]. 北京: 中国社会出版社, 2022.
2. 王名. 非营利组织管理概论 [M]. 北京: 中国人民大学出版社, 2002.
3. 周俊, 张冉, 宋锦洲. 社会组织与慈善组织管理 [M]. 北京: 北京大学出版社, 2017.
4. 张冉, 叶超. 中国社会组织品牌化研究: 结构维度与效能机理 [M]. 北京: 知识产权出版社, 2021.
5. 冯利, 章一琪. 公益组织筹资策略: 创造非凡的价值 [M]. 北京: 社会科学文献出版社, 2015.

第七章　社会组织监测与评估

学习目标

1. 了解和掌握社会组织监测与评估的基本概念、发展背景和意义与价值；
2. 了解我国社会组织监测与评估的发展概况；
3. 学习、理解政府部门对社会组织监测与评估的方式和内容要点；
4. 掌握社会组织自我监测与评估的方法以及可以借助的工具；
5. 了解第三方监测评估的方法和概况。

第一节　社会组织监测与评估概述

我国公益慈善事业快速发展，数量众多的社会组织如何对自身的发展进行监测评估和改善，促进组织不断完善？政府部门如何对社会组织进行动态监测，筛选专业服务能力强且具有公信力的组织进行支持？社会公众和爱心人士如何选择优秀的社会组织进行捐赠？捐赠的资金是否按照要求得以使用且卓有成效？……这一系列问题都指向了社会组织的监测与评估。

本章将对社会组织的监测与评估进行整体阐述，从社会组织整体发展的角度出发，介绍监测与评估的手段和方法。

一、概念界定

社会组织的监测与评估，是运用科学的方法和工具，根据社会组织的特征，对社会组织一定时期内的内部治理、业务活动及其效果、社会影响等进行动态监督和综合评价的活动。开展监测与评估是促进和完善社会组织管理运营，提高管理水平，推进社会组织健康有序发展的一项重要工作，不仅有助于社会各界掌握社会组织运行状况，而且可以助力社会组织完善运营管理，促进社会组织与利益相关方的沟通，提高社会组织的公信力，促进其健康有序发展。

社会组织的监测与评估主体包括政府及其职能部门、捐赠人、社会公众、新闻媒体等社会各界，也包括社会组织自身和第三方。监测与评估的内容涉及社会组织发展的各个方面，如组织战略规划、法人治理机构、公益项目（服务项目）、款项募集、人力资源、财务管理、品牌传播、合作方管理等。社会组织经常开展监测与评估工作，不仅有助于了解社会组织发展的状况，也是保障社会组织工作按计划实施，达成期望目标的手段。本章所涉及的监测与评估，主要聚焦在社会组织整体发展层面，项目的监测与评估已在第六章做过具体阐述，不再赘述。

二、发展背景

在法律法规和相关政策的要求与指引下，社会组织进行监测与评估的主体可分为政府部门、社会组织自身、第三方。

政府部门的评估，通过对不同社会组织监测与评估结果的比较，可以对社会组织的发展情况有更感性、直观、全面的了解，将评估等级与税收优惠、资格认定、评比表彰、年度检查等工作统一起来，相互衔接，相互促进，完善政府部门对社会组织的管理服务机制。

社会组织自身的监测与评估，通过评价社会组织内部一系列年度目标、关键绩效指标和预决算、项目管理、社会影响力等，对社会组织进行阶段性回顾和分析，落实行动计划，及时对社会组织决策与行动进行调整和优化，加强团队自我反思和学习能力，明确社会组织发展方向和规划，促进社会组织快速发展。

第三方的监测与评估大多是资助方或行业为了解社会组织的整体运营情况，对社会组织进行的全方位监测与评价，一般会以报告的形式呈现。作为某一方面的参照，第三方的监测与评估一定程度上加强了社会组织对自身能力建设和公开透明的重视。

目前，社会组织正在从“多不多”“快不快”向“稳不稳”“好不好”[①] 转变，高质量发展成为社会组织阶段发展的新要求，监测与评估在社会组织培育、发展、壮大的过程中起到了强大的助推作用，社会组织的监测与评估已经逐渐常态化。同时，我国目前对社会组织的监测与评估还处于初级阶段，行业监测与评估人才短缺，常

① 民政部发布《“十四五”社会组织发展规划》[EB/OL]. (2021-10-08) [2023-06-21]. https://www.mca.gov.cn/n1288/n1290/n1314/c36577/content.html.

见的做法主要局限于查看档案、信息、产出等基础性资料，从而得出监测与评估结论。社会组织的监测与评估工作任重而道远，需要探索更多有效工具和方法。

三、意义与价值

2014年国务院印发的《国务院关于促进慈善事业健康发展的指导意见》与2016年中共中央办公厅、国务院办公厅印发的《关于改革社会组织管理制度促进社会组织健康有序发展的意见》对社会组织监测与评估提出了明确要求。《慈善法》也提出要建立慈善组织评估制度，相关政府部门也出台了一批政策激励措施，不断强化对社会组织的监测与评估及其结果的应用。

（一）政府层面

社会组织监测与评估不仅有助于政府部门对社会组织运行状况做出更准确、全面和及时的判断，还有助于政府部门通过强化监督和评估工作来调整职能结构、理顺体制关系、完善监管机制，进而推进社会治理体系和治理能力现代化建设。如社会组织的年度检查报告（慈善组织为年度工作报告）提交后，民政部门会对普遍性问题或突出性问题进行分析，要求相关单位整改，并在日后的管理中不断完善和调整相关机制，重点问题还会移交民政部门执法大队处理。

（二）社会组织自身层面

通过建立社会组织内外部的监测和评估机制并有效实施，可以对社会组织的合法合规情况进行有效监督和管理，对社会组织的内部治理力度、法人治理结构、人力资源建设、财务监督管理、组织专业运作、社会组织的公信力和信誉度等多方面进行评价，可以帮助社会组织及时了解自身不足和存在的问题，促使社会组织及时做出改进。经常对社会组织进行监测与评估，有助于提升社会组织的专业能力，促进社会组织健康发展和可持续运营，也有助于社会组织公信力的提升。

（三）行业层面

有效的监测与评估，能促使社会组织实现其愿景、使命，从而推动行业的良性发展。搭建科学合理的基金会、社会团体、社会服务机构等不同类型社会组织的评价体系，可以更好地引导社会组织走上规范化、高质量发展的道路，从而促进行业整体水平的提升。

（四）社会公众层面

对社会组织进行监测与评估，有助于社会公众了解社会组织的运营情况，解决信息不对称问题，帮助社会公众甄别具备规范发展和专业能力的社会组织，为社会公众提供可靠信息。简单来说就是社会公众可以参照监测与评估结果，对社会组织进行甄别和选择。

总之，监测与评估不是目的，也不是问责，而是通过这种方式促进社会组织自我学习、自我治理和自我成长，从而树立社会组织的社会公信力，引导社会组织规范、专业发展，在参与社会协同、创新基层治理中发挥社会组织的积极作用。

第二节　国内外社会组织监测与评估的发展概况

一、国外非政府组织监测与评估的发展概况

从国内外的实践情况来看，社会组织的监测与评估既可以由政府部门承担，也可以由社会承担。国际上对慈善组织的监测与评估已经建立起了比较成熟的体系，值得我们参考与借鉴。

20 世纪 70 年代开始，监测与评估在美国等西方发达国家已成为专门的研究领域，西方国家开设的监测与评估课程，培养了大批专业人才，并在慈善组织监测与评估方面较早地进行了实践，积累了丰富的实践经验。国外对慈善组织的监测与评估，经历了从非营利组织的通用监测与评估模板到针对慈善组织专门监测与评估模板的发展历程，目前主要由各监测与评估机构、组织内部或行业协会自行设计监测与评估指标体系，根据监测与评估的对象、目的、方式和效果的不同，指标体系的具体维度、权重也会有所差异。

在美国，对慈善组织进行监测与评估主要有三种模式：第一，大众点评模式。此模式为社会公众搭建了评价慈善组织的网络互动平台。第二，专家评估模式。此模式由认证机构组织专业人士对慈善机构进行评估。第三，指标评估模式。此模式一般是依据专门的指标体系对慈善组织进行评估和排名。

不论是哪一种形式，对慈善组织监测与评估指标的设立都是核心，目前，美国许多慈善组织或慈善行业协会内部已设立起监测与评估指标体系①。另外，美国对非政府组织活动和运作进行监管的重点是税收，主要是防止以欺诈行为骗取免税资格或公众捐赠，具有免税资格的非政府组织需要每年向联邦税务机关报送该组织的年

① 王名．慈善组织与慈善项目评估标准研究［M］．北京：中国社会出版社，2017：4.

度报告，内容主要是财务状况和经营活动。美国慈善信息局制定的九条评估准则已经成为慈善机构沿着正确的政策方向和运用科学管理方法的向导。美国马里兰州的非营利机构协会用了两年时间制定出了一份 8 个大类 55 个细目的非营利机构评估标准，还规定了通过评估的标志①。全美非营利组织委员会（National Council Nonprofits）也制定了一个供董事自查自评的标准，他们要求参与该中心的董事个人或董事会组织自行填写有关表格，然后由专门的机构对其进行评估，其评估报告将反馈给填报人，用于帮助非营利组织的董事或董事会更好工作②。

在英国，慈善组织分为注册慈善组织和非注册慈善组织。19 世纪五六十年代，英国政府成立的专门机构——慈善委员会，对注册慈善组织的要求非常严格，其评价注册慈善组织的标准主要有年收入（超过 5 000 英镑）、组织目标、受托人（至少 3 人）、制度性文件、财务管理、利润分配、所有者权益、开展的活动、组织控制等。慈善委员会在对慈善组织进行公共利益评估时，主要用法庭判案的方式，基于基本判例法的相关内容，结合经济社会条件的发展变化做出判定。慈善委员会也是对非政府组织实施监督的主要部门，可以依法行使准司法权力，对非政府组织的宗旨、管理秩序、筹款使用及方向等进行监督。慈善委员会对注册慈善组织的公共利益评估主要包括以下内容：第一，对新注册的慈善组织的公共利益评估。慈善委员会一般要求新申请注册的慈善组织提供相关证据材料，通过审查其提交的申请登记表，判定该慈善组织是否符合公共利益要求。第二，对现存注册慈善组织的公共利益评估。对现存注册慈善组织的公共利益评估一般通过审查慈善组织提交的年度报告中的公共利益部分、启动公共利益专项调研、与相关专业机构和权力机构合作等途径进行③。

在美国、英国、德国、日本、新加坡、澳大利亚等国家，对于滥用结社自由、危害国家安全、触犯刑法、违反宪法规定的组织，政府将禁止其举办活动或将其解散或给予处罚。同时，这些国家十分重视行业管理和社会监督的作用，利用行业管理部门对非政府组织机构进行评估、咨询、监督，并接受社会公众的举报，实现全社会对非政府组织的行为和活动的监督和约束。如英国建立了全国性的公益举报和迅速及时的受理机制，任何一个地方任何一位公民都可以在任何时候用电话举报或

---

① 樊欢欢．对外国社会组织规范管理的国际比较研究［EB/OL］．（2009－04－09）［2024－08－11］．https：//www. chinacoop. gov. cn/HTML/2009/04/09/25210. html#．

② 西方国家非营利组织的管理与运行机制［EB/OL］．［2024－08－11］．https：//www. docin. com/p－706637317. html.

③ 王名．慈善组织与慈善项目评估标准研究［M］．北京：中国社会出版社，2017：6.

到相关部门直接举报①。

二、我国社会组织监测与评估的发展概况

我国社会组织的监测与评估起步相对较晚，主要是对不同法人形态的社会组织进行分类管理，在管理中渗透监测与评估的内容。我国在不断学习和借鉴他国经验的基础上，结合我国国情和社会组织发展情况，不断摸索并发展起了社会组织监测与评估体系。从监测与评估的目的来看，对我国社会组织的监测与评估经历了三个不同的发展阶段，即以监管为核心促进社会组织规范发展阶段、以评估为核心促进社会组织质量发展阶段、以高质量发展为目标引领社会组织全面提升阶段。这三个阶段呈现出不同的特点，且都在前一阶段基础上进行了提升，体现了不同时期政府部门的管理思路和社会组织的发展脉络。

第一阶段：以监管为核心促进社会组织规范发展。

2007 年以前，我国社会组织的监测与评估工作在实践层面还非常鲜见，政府部门对社会组织的监测与评估主要体现在监管层面，常见的监管手段是登记、年检、监督检查。登记是社会组织合法运作的“通行证”，年检是强制要求的“例行检查”，监督检查是“随机抽查”，以上手段均要求社会组织在法律法规要求的底线基础上规范发展。

这一阶段，我国的社会组织大多还在成立初期，呈现出合法注册组织少、质量参差不齐等特点，社会组织的主要精力花费在探索“应该做什么”和“如何活下来”等初期发展问题上，监测与评估尚未进入大多数社会组织的工作视野，以政府为主导的监管代表了这一时期社会组织监测与评估的现状，所以称之为以监管为核心促进社会组织规范发展阶段。

第二阶段：以评估为核心促进社会组织质量发展。

2007 年《民政部关于推进民间组织评估工作的指导意见》出台，提出“建立政府指导、社会参与、独立运作的民间组织综合评估机制，推进民间组织评估工作”，同年还印发了《全国性民间组织评估实施办法》，初步建立起了社会组织评估的制度体系。2010 年 12 月 27 日，民政部颁布《社会组织评估管理办法》，这是社会组织评估领域首部部门规章，对社会组织评估的工作原则、工作机制、评估对象和内容、评估机构和职责、评估程序和方法、回避与复核、评估等级管理等进行了全面规定。随后几年，在社会组织评估的实践中，民政部门不断完善和补充不同社会组织的评

---

① 何静．国外非政府组织的管理模式及对中国的启示 [J]．学术探索，2013 (6)：64-68.

估指标体系，确保评估始终发挥以评促建、以评促改、以评促发展的作用，促进社会组织的自我完善，增强社会组织透明度，强化社会监督，提高社会组织的社会公信力，完善社会组织的服务、协调等功能，充分发挥社会组织在社区治理、社会和谐等方面的作用。

这一阶段，社会组织的监测与评估形成了政府主导的登记、年检、评估、执法监察“四位一体”的监管模式，促进了社会组织由规范到质量向好的快速发展。同时，公益行业的第三方评估也逐渐兴起，如中基透明指数①对中国基金会透明度进行评价，社会投资回报评估也逐渐进入社会组织的视野，常见的 SGS 社会组织对标审核②、ISO 9001③ 等也开始在公益组织评估中尝试落地。部分社会组织通过对战略规划的监测与评估推动社会组织发展，也有部分社会组织使用 OCA④ 进行自评。这一阶段，评估作为亮点进入广大社会组织视野，社会组织也从被动接受逐渐转变为主动迎接、积极尝试、创先争优，提高自身发展质量，故称该阶段为以评估为核心促进社会组织质量发展阶段。

第三阶段：以高质量发展为目标引领组织全面提升。

2021 年，民政部印发《“十四五”社会组织发展规划》，明确提出推进社会组织高质量发展，进一步健全社会组织综合监管服务体系，推动社会组织发展从“多不多”“快不快”向“稳不稳”“好不好”转变，从注重数量增长、规模扩张向能力提升、作用发挥转型，推动社会组织在全面建设社会主义现代化国家新征程中发挥积极作用。

这一阶段，除了政府部门“四位一体”的监管模式持续发挥作用，政府主导的等级评估成为常态，公益行业和社会组织自身对高质量发展也有了明确的意识和行动，表现在越来越多的社会组织开始沉淀和反思，积极对组织进行问题诊断和整体梳理，进一步思考组织的愿景、使命、定位、战略规划，主动开展第三方、组织内部的监测与评估，明确本组织在国家与行业发展中扮演的角色和所发挥的作用，探索发挥更大社会影响力的策略，构建组织可持续发展路径。社会组织的高质量发展成为这一

---

① 中基透明指数（Foundation Transparency Index，FTI）指由基金会中心网与清华大学廉政与治理研究中心共同研发推出，是反映我国基金会的自律透明、信息公开水平的一套综合指标。

② SGS 社会组织对标审核（SGS NGO Benchmarking Audit）是 SGS 为社会组织专门开发的一套多维度认证审核体系；通用标准技术服务有限公司（Société Générale de Surveillance，SGS）是国际公认的检验、鉴定、测试和认证机构。

③ ISO 9001 是国际标准化组织（International Organization for Standardization，ISO）提出的关于质量管理体系的一系列标准规范，是迄今为止世界上最成熟的一套管理体系和标准。ISO 是当今国际社会上最大的体系认证组织。

④ OCA，全称为倍能战略发展综合能力评估，英文为 Organizational Capacity Assessment，是一套战略发展综合能力评估工具，是社会组织的组织能力建设问题的解决方案。

阶段的关键词，故该阶段被称为以高质量发展为目标引领社会组织全面提升阶段。

第三节　政府部门的监测与评估

政府部门对社会组织的监测与评估主要强调行政管理和监管职能，主要考察社会组织是否合法合规并引领社会组织专业化发展。概要而言，政府部门的监测与评估主要体现为登记、年检、评估、执法监察“四位一体”的监管模式，最常见的是每年的年度工作检查（慈善组织为年度工作报告），最重要的是社会组织每五年一次的等级评估（新成立的社会组织满两年可参加等级评估）。一些地方开始试点社会组织信用评价，旨在推动社会组织信用发展和建立社会信用体系。随着党建工作在社会组织发展中发挥越来越重要的作用，党建和业务充分融合，部分地区进行了党建星级评定，以党建为切入点对社会组织发展进行监测与评估。当然，“双随机、一公开”[①] 也在发挥抽查监管作用，与其他监管手段互相配合，对社会组织进行全方面监测和评估。另外，一些特殊的领域还增加了专业准入或监督的评估，如残疾人定点康复机构评审、养老机构的专业评定等。

一、年度工作检查和年度工作报告

（一）年检和年报的依据

年度工作检查（简称年检）和年度工作报告（简称年报，仅适用慈善组织）是政府部门了解社会组织发展运营情况的重要信息来源，是政府部门对社会组织监管的重要手段。1996 年颁布实施的《社会团体年度检查暂行办法》，2005 年公布的《民办非企业单位年度检查办法》，2006 年公布、2010 年修正的《基金会年度检查办法》，2016 年颁布、2023 年修正的《慈善法》，以及 2016 年颁布、2017 年修正的《境外法》等文件，都详细规定了社会组织的年检和年报的要求。

（二）年检和年报的时间和结论

一般来说，基金会应当于每年 3 月 31 日前向登记管理机关报送经业务主管单位审查同意后的年度报告资料，接受登记管理机关的年度检查。社会团体、社会服务

① 2015 年，《国务院办公厅关于推广随机抽查规范事中事后监管的通知》发布，要求在政府管理方式和规范市场执法中，全面推行“双随机、一公开”的监管模式。所谓“双随机、一公开”，就是指在监管过程中随机抽取检查对象，随机选派执法检查人员，抽查情况及查处结果及时向社会公开。

机构需要于每年3月31日前提交业务主管单位初审，并于5月31日前将业务主管单位出具初审意见的年检纸质材料报送登记管理机关进行年检或年报。境外非政府组织代表机构应在每年1月31日前向业务主管单位报送上一年度工作报告，经业务主管单位出具意见后，于3月31日前报送登记管理机关，接受年度检查。

年检结论分为“年检合格”、“年检基本合格”与“年检不合格”，社会组织应于每年12月31日前，持法人登记证书的副本到民政部门加盖年检印鉴。慈善组织的年报没有结论，在年报系统审核通过后，慈善组织应及时将本组织年报和财务会计报告向社会公开，具有公开募捐资格的慈善组织的财务会计报告须经审计。

（三）年检和年报的结果

社会组织的年检和年报需要按照国家有关管理条例规定进行，如果不按规定接受监督检查的，可能会被责令整改，停止业务活动，情节严重的由登记管理机关依法撤销登记。

作为政府部门监测的重要工具，年检和年报通过强制手段对社会组织进行监管，在社会组织规范发展过程中起到了重要作用，整改、关闭了一大批不符合要求的社会组织，促进了社会组织的良性发展。

如西安市民政局2023年8月17日发布公告：经查，西安市残疾人创业协会等161家社会组织存在连续两年以上未参加年度检查的情形，违反了《社会团体登记管理条例》第二十八条第一款、《民非条例》第二十三条第一款的规定。依据《社会团体登记管理条例》第三十条第一款第三项、《民非条例》第二十五条第一款第三项和《民办非企业单位年度检查办法》第十条的规定，本机关拟对西安市残疾人创业协会等161家社会组织做出撤销登记的行政处罚。

二、社会组织等级评估

（一）社会组织等级评估的定义和目标

社会组织等级评估是指各级人民政府民政部门为依法实施社会组织监督管理职责，促进社会组织健康发展，依照规范的方法和程序，由第三方评估机构根据评估标准，对社会组织进行客观、全面的评估，并做出评估等级结论的重要举措。等级评估的工作目标是“以评促改、以评促建、以评促管、以评促发展”，通过指标引领形成等级评估体系，推动社会组织自我完善、规范运行。评估的等级反映了社会组织内部治理、活动开展、作用发挥等方面的专业评价结果，是体现社会组织自身发展状况的重要标志，也是客观反映社会组织发展质量，获取政府相关优惠政策资格的重要依据。

近年来，随着社会组织评估工作的推进，其客观性、公正性、全面性得到较为一致的认可。社会组织评估等级工作的广泛推进，让这项评估被大家熟知，成为衡量社会组织发展水平、社会信用度的重要指标，成为政府部门制定社会组织各项培育发展和监督管理政策的重要信息来源，成为社会公众判断一家组织是否可靠的重要依据。

如北京市基金会等级评估小组在等级评估工作中提到，等级评估是对基金会进行科学管理的改革创新。基金会通过参加评估，可以加强自律诚信建设、切实提高民主管理、服务社会的能力，同时自觉地接受社会的监督，有效推进全市基金会规范化建设和发展服务能力提升。基金会的评估工作的结果还将与政府购买服务、税收优惠、人才引进等相关扶持政策挂钩，进一步促进基金会健康发展。

（二）社会组织等级评估的主要内容

社会团体、基金会实行综合评估，评估内容主要包括基础条件、内部治理、党建工作、工作绩效和社会评价。社会服务机构实行规范化建设评估，评估内容主要包括基础条件、内部治理、党建工作、业务活动和诚信建设、社会评价。

以 2023 年北京市基金会等级评估工作为例，评估主要涉及内部治理、党的建设、发挥作用情况、遵章守规情况、诚信建设五大板块，共 1 000 分。评估原则如下：

（1）分类评定原则：基金会实行综合评估，内容包括内部治理、党的建设、发挥作用情况、遵章守规情况、诚信建设等。

（2）客观公正原则：社会组织评估工作要充分考虑社会组织的实际情况，并接受社会的监督，体现评估工作的客观性、公开性、公平性、公正性。

（3）科学规范原则：评估工作的内容、指标、程序、方法等符合社会组织管理的要求，体现评估的科学性、规范性。

（4）以评促建原则：社会组织评估是对社会组织实施监督管理和有效服务的重要手段，通过评估工作，推动社会组织规范运行、健康发展，达到以评促建的目的。

（三）社会组织等级评估的结果和有效期

2007 年 8 月，民政部做出社会组织评估决定，并将社会组织评估结果分为五个等级，由高至低依次为 5A 级（AAAAA）、4A 级（AAAA）、3A 级（AAA）、2A 级（AA）、1A 级（A）。2010 年 12 月 27 日，民政部发布了《社会组织评估管理办法》，正式将社会组织等级评估作为管理和监测评估的重要手段，各级人民政府民政部门登记注册的社会团体、基金会、社会服务机构在符合评估条件的基础上均可申请参加等级评估。新注册社会组织成立满 2 年、获得的评估等级满 5 年有效期均可申请等级评估；一些地方民政部门也对参加过评估，评估等级在有效期内，且满 2 年以上的社会组织开放了提前申请评估的路径。需要注意的是社会组织等级是 5 年有效期，期满后需要再次评估获得等级。

以北京市 2023 年基金会等级评估为例，等级评估和评价分数对应关系如下：

5A 级（AAAAA）：评估得分 850（含）至 1 000 分；

4A 级（AAAA）：评估得分 750（含）至 850 分（不含）；

3A 级（AAA）：评估得分 600（含）至 750 分（不含）；

2A 级（AA）：评估得分 450（含）至 600 分（不含）；

1A 级（A）：评估得分 450 分以下。

（四）社会组织等级评估结果的应用

等级评估全程贯彻“以评促建，支持性评估”的机制，对社会组织本身通过评估促进自身建设有重大意义。另外，好的评估结果也会给社会组织发展带来促进作用。获得 3A 以上评估等级的社会组织，可以优先接受政府职能转移和政府购买服务、政府奖励；财政部、税务总局、民政部将评估为 3A 以上等级作为社会组织取得公益性捐赠税前扣除资格的条件之一；《关于对慈善捐赠领域相关主体实施守信联合激励和失信联合惩戒的合作备忘录》将评估等级在 4A 以上的慈善组织列为守信联合激励的对象；获得 4A 以上评估等级的社会组织在年度检查时，可以简化年度检查程序；中央财政支持社会组织参与社会服务项目将社会组织是否具有 3A 以上评估等级列为入选的必要条件之一；互联网筹款平台也将社会组织是否具有 3A 以上评估等级列为准入条件之一；获得评估等级的社会组织在开展对外活动和宣传时，可以将评估等级证书作为信誉证明出示。由此可见等级评估对社会组织发展的重要性。

自民政部 2007 年 8 月做出社会组织评估决定，并于同年 10 月正式开始对民政部登记的基金会开展评估工作算起，我国社会组织等级评估工作迄今已走过了约 17 年，广大社会组织对等级评估也普遍知晓、认同并自觉参与，等级评估已成为对社会组织进行有效监管和问责的主要机制，起到了重要的风向标和推进器的作用。社会组织评估等级成为最直观、最迅速了解一个社会组织发展水平的指标，是社会组织重要的信誉标志和无形资产。

三、社会组织信用评价

（一）社会组织信用评价的背景

信用是社会经济发展的必然产物，是现代经济社会运行中必不可少的一环。维持和发展信用关系，是保护社会经济秩序的重要前提。信用评价也逐步进入社会组织发展领域，国家相关部门也出台了相关指导意见，《国务院办公厅关于加快推进社会信用体系建设构建以信用为基础的新型监管机制的指导意见》《社会组织信用信息管理办法》等文件的出台，也为政府部门对社会组织进行信用评价奠定了基础。

2020 年 7 月，北京市民政局在《北京市民政局关于在社会组织章程增加诚信建设有关内容的通知》中提到，为促进我市社会组织信用体系建设，提升社会组织诚信自律水平，强化社会组织的信用管理，要求社会组织章程增加诚信建设有关内容，具体表述为“本会（基金会、中心、院等）遵守宪法、法律、法规和国家政策，践行社会主义核心价值观，遵守社会道德风尚，恪守公益宗旨，积极履行社会责任，自觉加强诚信自律建设，诚实守信，规范发展，提高社会公信力。负责人遵纪守法，勤勉尽职，保持良好个人社会信用”。同时，社会组织的信用也被纳入北京市等级评估考核指标中。

（二）社会组织信用评价的等级

截至 2022 年底，全国部分省份开展了社会组织信用体系建设和信用评价的试点工作，以提升社会组织诚信自律水平，探索建立社会组织信用评价体系，强化社会组织的信用管理。一般采用实地考察和材料审阅相结合的评价方式。信用评价等级由高至低设为 A、B、C、D 四个等级。A 为信用优秀，B 为信用良好，C 为基本守信，D 为信用较差。根据评价等级，产生社会组织“红黑灰”名单：“红名单”是指因诚实守信行为受到表彰、奖励和扶持的社会组织名录；“黑名单”，即严重违法失信名单，是指各级政府部门运用监管手段，根据社会组织在日常活动过程中出现的未依法履行义务或者违法违规等不良行为，对其实施重点监督检查管理的名录；“灰名单”，即活动异常名录，是指存在不良行为或者处于非正常活动状态，但情节严重程度尚未达到移入黑名单的社会组织名录。

（三）社会组织信用评价结果的应用

随着社会组织信用评价的普及，对信用评价结果的运用也逐渐完善。信用评价等级将作为信用信息上传到社会组织信用信息系统；为获得信用评价等级 C 级及以上的单位颁发“社会组织信用评价（试点）等级”牌匾；推荐给市场活动主体在招投标和购买服务等市场活动中作为参考；对未达到 C 级的社会组织，登记管理机关将强化监管，督促问题整改。

（四）社会组织信用评价案例介绍

以北京市 2020 年开展的市级行业协会和基金会信用评价试点工作为例，在全市遴选 35 家市级行业协会和 35 家基金会作为试点单位进行信用评价。从自身建设、服务能力、社会责任、社会评价等方面综合评价行业协会信用体系建设情况；从基础信用、信息公开、履约能力、信用行为及评价、信用记录等方面综合了解基金会信用体系建设情况。此次评价采取实地考察和材料审阅相结合的评价方式。评价大致分为四步：第一步，组织报名。有意愿参加本次试点工作的市级行业协会和基金会，向北京市社会组织管理中心报名申请。第二步，确定名单。遴选并确定符合信用评价的市级行业协会和基金会名单。第三步，实地评价。第三方机构制定现场考察日程和工作安排，依照信用评价指标（试行）对社会组织进行现场实地考察和评价。第四步，确定结果。形成信用报告，确定信用等级。

四、特定领域的准入评估和定点评审

（一）特定领域的准入评估和定点评审背景

近年来，各类社会组织广泛活跃在教育、环保、卫生、残障、养老、社会工作等领域，在繁荣社会事业、创新社会治理、提供公共服务等方面发挥了重要作用。但随着社会组织数量的快速增加，服务当中的问题与隐患也日益增多，安全风险逐步显现，有的甚至侵害了服务对象的生命财产权益，造成了恶劣的社会影响。面对这种新问题，通过加强对重点服务领域社会组织的监督管理，有利于引导和促进社会组织健康有序发展，有利于切实维护广大人民群众的生命财产安全，对于充分发挥广大社会组织在我国社会主义现代化建设中的积极作用具有重要意义。

（二）残障领域准入评估和定点评审案例

在残障领域，为建立和完善残疾儿童康复救助制度，保障残疾儿童基本康复服务需求，根据《国务院关于建立残疾儿童康复救助制度的意见》的要求，残联组织要会同有关部门加强对残疾儿童定点康复机构[①]的准入、退出等的监管，建立定期检查、综合评估机制。在实际执行中，各地要根据本行政区域残疾人数量、分布状况、康复需求等情况，制定康复机构设置规划，加强定点机构建设。例如，2020 年 12 月，山东省残联、省教育厅、省民政厅、省卫生健康委、省市场监管局共同制定了《山东省残疾儿童定点康复机构评估标准》，其中要求申请定点康复资格的机构应当具有独立法人资格，建筑设计符合无障碍、消防安全等规范要求，具备提供服务所必需的设施、人员和专业技术的能力，具有健全的内部治理结构、财务会计和资产管理制度，具有良好的社会和商业信誉。申请定点康复资格的机构经评估分为一级、二级、三级定点康复机构。在评估标准的基础上，依据不同的残疾类型分别建立了视力残疾，听力、言语残疾，肢体残疾，智力残疾，孤独症儿童定点康复机构评分细则。

（三）其他领域准入评估和定点评审案例

在其他特定领域，也不乏此类监管要求。如在养老领域，2023 年 7 月，民政部社会福利中心、全国社会福利服务标准化技术委员会联合发布《〈养老机构等级划分与评定〉国家标准实施指南（2023 版）》，供地方开展养老机构等级评定工作时参考使用。该实施指南要求对养老机构的环境、设施设备、运营管理、服务等情况进行综合评价，评定频率是每年一次，以确保养老机构的服务质量和管理水平能够及时得到评估和提升。在社会工作服务领域，多地定期开展服务绩效评估，如深圳市民政局连续多年开展社会工作服务机构绩效评估，从机构的服务资源与组织能力建设、提供服务的质量和水平、服务对象的满意程度等方面进行整体绩效评价。

以上几种方式是政府部门对社会组织监测与评估的主要手段和方法。随着社会组织的作用越来越重要，政府部门对社会组织的管理思路也在逐步调整，监测与评估的手段也在逐步优化，理念也从监管逐步向赋能、服务转变，旨在更好地促进社会组织健康发展。

第四节　社会组织自我监测与评估

在社会组织发展过程中，自我监测与评估可以渗透在具体业务的方方面面，如

---

① 残疾儿童定点康复机构，指由省（区、市）、市（地、州、盟）、县（市、区、旗）残联组织会同民政、卫生健康等部门依据本地残疾儿童康复救助制度确定的，为接受政府康复救助的视力、听力、言语、肢体、智力残疾儿童和孤独症儿童提供康复治疗、康复训练等康复服务的机构。

通过周例会、月度会、季度会、阶段性会议、专题会议、年度会议、定期评估等多种形式，对组织发展过程中的具体工作（如组织目标达成度、战略规划实施进度、组织成效与影响力、项目逻辑框架监测、活动开展情况）进行监测与评估等，都是一个组织定期进行监测与评估的体现。在监测与评估中，社会组织会运用多种方式和工具开展这项工作，本节重点介绍组织发展综合监测与评估、战略规划的监测与评估，以及自我监测评估和能力建设的工具——OCA。

一、组织发展综合监测与评估

为了对社会组织整体发展进行监测与评估，不断加强内部建设，提高社会组织的社会公信力，社会组织自身可从内部治理、业务活动、财务工作、传播、发展与合作、人力资源管理等多方面进行综合监测与评估。这是社会组织对自身发展的“自我体检”，可抓住社会组织发展过程中的人、财、活动等关键环节，查找落实情况和风险点，建立长期监测与评估机制。

内部治理和管理情况，可重点监测和评估社会组织的会员（代表）大会、理事会、监事会的设置和会议召开情况是否符合章程的要求，理事会、监事会、秘书处的职责分工是否清晰，是否充分发挥了各自的作用；制度建设是否完善，是否按照相应的制度和流程进行实施；同时，还可以监测评估团队人员的需求和存在的问题，及时进行回应和解决。通过监测和评估不断优化团队内部治理和管理，为团队成员创造良好的工作氛围，有利于提升团队凝聚力，提高团队管理工作绩效。

财务管理情况，可重点监测财务的收支是否依据协议约定及时入账和支出；资金和物资的收支流程是否合法合规；资金是否按照预算进行管理，组织的财务收支平衡情况如何；保值增值工作是否存在风险，投资理财成效如何；财务管理流程是否顺畅；等等。通过监测与评估对组织的财务情况有全面的掌握和了解，及时进行调整和完善，帮助社会组织管理者进行决策，保证社会组织的可持续发展。

业务和活动开展情况，可重点监测评估社会组织是否在业务范围内开展活动；社会组织开展的活动方向是否有偏离；开展的项目和活动内容、次数、进度是否符合计划要求；项目管理和服务评价是否需要调整和完善；项目绩效和影响力如何，是否达到了预期的目标；等等。通过监测与评估对核心业务活动进行及时跟进和了解，以便保持社会组织开展的项目和活动不偏离愿景、使命，使其具有更大的社会影响力。

二、战略规划的监测与评估

战略规划是组织用于实现组织愿景、使命的工具。由于愿景、使命是宏观的，所以需要制定战略，明确怎样将愿景、使命转化为组织的成果。随着组织的不断发展，战略规划也应该有所变化，并且应呈现出一个动态的过程，在此期间需要定期监测和评估，进行适当的调整。战略规划决定着社会组织做什么和不做什么。战略规划制定完毕后，有效实施是成功的关键，而保证有效实施的重要手段就是对战略规划的实施进行监测与评估①。

战略规划监测与评估的要点，如表 7－1 所示。社会组织阶段性对战略规划进行监测和评估，可以助力战略规划有效落地，支持社会组织在既定的规划中快速落地相关行动并根据监测结果进行调整，规避风险，为战略决策提供重要的反馈。

表 7－1　战略规划监测与评估的要点

项目	监测	评估
对象	过程和产出： • 年度行动计划是否按时实施 • 是否有预计的产出	结果和目标： • 年度目标是否实现 • 战略目标是否实现 • 战略规划的过程中有哪些经验
何时进行	通常是每月/每季度至少进行一次	• 每年至少进行一次 • 如果社会组织的外部环境有重大改变，或者所处的环境变化很快，也可以半年/一季度进行一次
产出	战略规划监测报告	战略规划评估报告
作用	保障规划按计划执行	• 保障规划达到预期目标 • 甄别是否需要重新进行规划

三、OCA

（一）OCA 介绍

OCA 是社会组织自我监测评估和能力建设中的一个常用方法和工具，被称为社会组织的体检中心。

① 商务社会责任国际协会，倍能公益组织能力建设与评估中心，中国农业大学人文与发展学院，等．中国基金会发展指导手册：关于非公募基金会设立和管理的全面实用指南［EB/OL］.［2024－08－11］. http://www.mianfeiwucan.org/fileadmin/gongyi/%e4%b8%ad%e5%9b%bd%e5%9f%ba%e9%87%91%e4%bc%9a%e5%8f%91%e5%b1%95%e6%8c%87%e5%af%bc%e6%89%8b%e5%86%8c.pdf.

OCA 的最大优势在于通过员工对组织自身的能力进行评估，但它不只是一个自我评估工具，它更大的价值是通过评估快速找出组织的发展优势与劣势，使组织内部就未来战略发展方向达成共识。因此它既是一套战略发展综合能力评估工具，又是组织能力建设问题的解决方案。

OCA 的核心是由参加评估的组织成员自己设计评估工具，这套工具将组织的整体战略发展能力分解成为具体的能力领域（一般包括 8～12 个），如愿景使命、组织架构、项目管理、人力资源管理、行政管理、资金来源等。每个能力领域又包括一组评估指标，代表组织在这个工作领域应达到的最高标准。

（二）OCA 的使用

OCA 可以在单个组织甚至一个组织内的单个部门或项目中进行；也可以在行业中发挥更大价值，支持一组同类机构（相同地区或相同领域）进行评估，引导组织之间分享信息、成功经验与资源，共同面对挑战，发挥行业价值。

OCA 能够让组织的员工讨论并测量组织能力的三个方面：第一，能力。员工对于组织重要工作领域有关的技能的认识。第二，共识。员工对组织具体工作领域能力水平认识的一致程度。第三，优先度。员工选择的，不论目前是优势还是劣势，但需要在未来优先加强的工作。

（三）OCA 的效果

组织综合能力评估的结果，可以用矩阵图来呈现，如图 7－1 所示。在图 7－1 中，横轴代表组织能力，纵轴代表参与评估的员工对此的共识。由此形成四个行动区域：排疑解惑区、立即行动区、建立新标准区、消除分歧区。从图 7－1 可以清晰地看到某组织不同能力领域的状态，从而帮助该组织决定如何采取行动。

OCA 的效果非常明显，通过全员参与式方法，建立衡量项目、组织、行业管理系统的指标体系，促进组织规范化；通过对过去一年里各项指标的打分，了解组织发展现状，以及成员对组织各方面的真实评价；明确组织战略发展目标，指引组织战略发展方向，形成落地的优先行动计划，为项目、组织、行业确立未来优先发展方向和行动计划，提升效率，形成对标，促进可持续发展；促进团队达成共识，形成情感共融、提高组织原动力。

（四）OCA 使用案例

深圳某社工服务中心在成立之初面临着一项挑战——如何打造有效、能够快速为社区提供服务的社工服务中心。后通过 OCA 报告帮助该中心明确了优先发展方

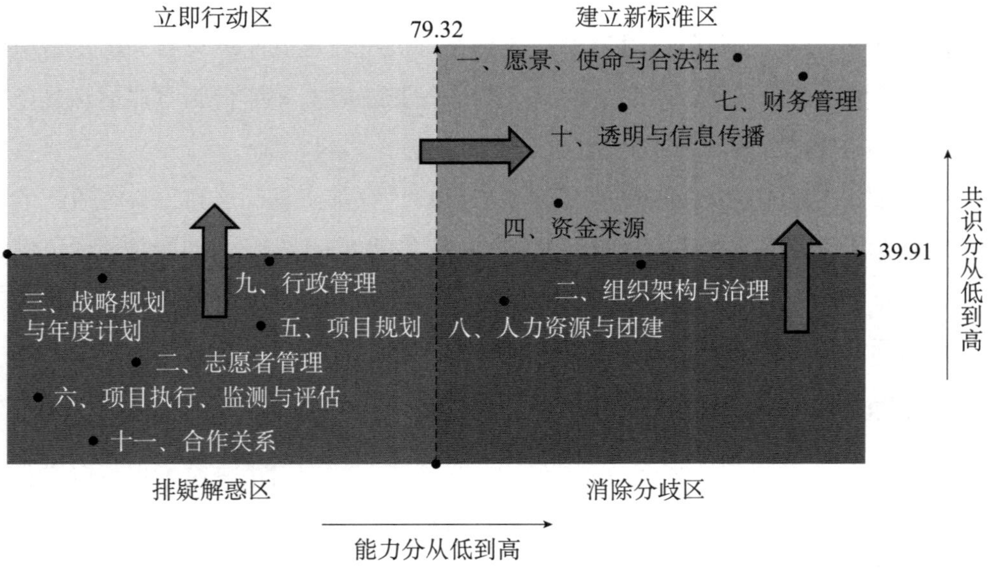

图 7-1　某组织综合能力发展评估矩阵图

向，并在第三方支持下建立了能够支持该中心持续发展的管理系统，在深圳和珠三角不断复制和改进通过 OCA 建立的服务模式，走上了规模化发展的道路，将有效经验分享给更多的社会组织，成为社会组织发展的典范。

第五节　第三方监测与评估

2015 年 5 月，民政部颁布了《关于探索建立社会组织第三方评估机制的指导意见》（简称《指导意见》），这是自 2007 年民政部主导的社会组织评估工作正式启动以后，完善社会组织监管体系的重大举措。第三方评估已经成为政府部门监管社会组织的基本工具。

一、中基透明指数（FTI）的监测与评估

（一）FTI 介绍

FTI[①] 于 2012 年由基金会中心网与清华大学廉政与治理研究中心共同研发推出，是反映我国基金会的自律透明、信息公开水平的一套综合指标，是以排行作为最终

① 目前 FTI 只适用于中国基金会，其他社会组织暂时未纳入该范围。

呈现形式的基金会透明系统。FTI 从基本信息、项目信息、财务信息三大维度进行评估，满分为 100 分，基金会的 FTI 分数每月更新一次，基金会中心网每年总体发布一次，根据政府相关部门审核通过后的基金会公开年度检查报告及其他公开信息对全国基金会透明度进行全方位观测。FTI 作为一套工具性指标，不仅能够从分数上体现我国基金会信息公开透明的现状，也逐渐成为基金会优化内部运营管理、与外部利益相关方进行沟通的工具。FTI 作为民间自发推动行业自律的工具，对成立一年以上且有官方网站或页面的基金会进行全面的监测评估，从而实现对基金会的整体评价，推动基金会行业的健康发展。

（二）FTI 的作用

通过十几年的运营，FTI 已获得行业和社会广泛认同和积极响应，有效促进了行业信息公开，提升了基金会行业的透明度和公信力，也反映了基金会自身认知水平和治理能力，成为众多追求发展的基金会提升自我的一个重要标准。

FTI 2023 年的观测结果显示：2023 年观测期内官网有效的基金会2 570家，占全国基金会数量的 29.63%；全国基金会的 FTI 平均分为 61.39 分，比 2022 年上升了 2.32 分；来自基金会官网的基础信息 2023 年得分率为 52%，明显高于 2022 年的 43%，基金会的财务信息和项目信息可及性仍然很高，基本与 2022 年持平。从以上数据可以看到各家基金会对行业的评价也逐步重视，通过行业统一的标准来要求和完善基金会，不断提高基金会的信息公开和内部治理。

二、行业协会主导的行业自律评估

（一）行业自律评估的背景

行业自律是一个行业自我规范、自我协调的行为机制，同时也是促进行业健康发展、维护行业利益的重要措施。2016 年 8 月，中共中央办公厅、国务院办公厅印发的《关于改革社会组织管理制度促进社会组织健康有序发展的意见》提出，加强社会组织诚信自律建设，推动社会组织建立诚信承诺制度，建立行业性诚信激励和惩戒机制，探索建立各领域社会组织行业自律联盟，通过发布公益倡导、制定活动准则、实行声誉评价等形式，引领和规范行业内社会组织的行为。

（二）行业自律评估的作用

在行业自律与诚信建设及评估方面，行业协会发挥了积极作用。行业协会主导的行业自律评估作用于社会组织的发展，有助于弥补政府监管的不足，实现良好的行业治理。通过发布行业自律公约、建立行业自律评价指标等方式，鼓励会员单位及业内组织签署自律公约，并对公约执行情况进行监督检查，充分发挥了行业诚信自律作用，能够规范服务行为，提高行业整体素质，保护服务对象及社会组织的合法权益，促进行业健康快速发展。

（三）行业自律评估案例

例如在助残领域，中国精神残疾人及亲友协会（简称中国精协）在中国残疾人联合会的指导下，于2012—2014年组织实施了第一期孤独症服务机构自强自律创建活动①。创造性地拟定了孤独症服务自强自律创建标准，从社会服务、社会倡导和创新进步等角度对孤独症服务机构进行引导。机构在创建过程中，通过对照标准进行自我评估，发现问题与差距，了解专业化、规范化发展的基本内涵，完善机构软硬件建设，掌握科学理念，促进可持续发展。同时中国精协聘请了第三方专业评估机构进行独立评估，通过现场调研、书面资料评估与电话访谈等多种方式，进行综合分析，最终共评出108家“社会服务型”、“社会倡导型”和“创新进步型”孤独症服务机构，为引领行业发展树立了样板，产生了广泛而良好的社会影响，促进了各级残联与基层助残机构的联系与合作，在推动行业自律与发展方面积累了丰富经验，形成了具有示范推广价值的运行模式。中国残联将此作为提升助残社会组织服务能力的示范活动，并希望以孤独症服务机构为试点，加强各级残联与助残社会组织的联系与服务。在第一期活动经验的基础上，自2019年开始中国精协组织开展了第二期自强自律创建活动，拟建立起“达标—示范—枢纽”机构的体系化结构，进一步促进孤独症服务机构能力的整体提升。

在养老领域，2011年，中国老龄产业协会发布《全国民办养老服务机构和组织自律公约》，在恪守行业准则和社会责任，强化服务理念和行业引导，严格依法经营和管理，信守职业道德和组织章程，提高员工素质和管理水平等方面提出了自律条款。在社会工作服务领域，中国社会工作联合会于2014年协会推出《全国社会工作行业组织自律公约》，包括遵守国家法规、执行行业准则、信守职业伦理、完善行业管理制度、促进服务体系建设、维护行业人员权益等方面的内容。上述两个行业自律公约，均由发布地协会负责组织执行，并对会员单位和签约单位执行公约的情况进行监督检查。

---

① 2012年5月，中国残疾人联合会正式发布了《关于组织开展孤独症服务机构自强自律创建活动的通知》，全国范围内孤独症服务机构自强自律创建活动全面展开。

成立于 2009 年 10 月 30 日的自律吧（the Union of Self-Disciplinary Organizations，USDO）是联合全国 100 多家公益机构共同发起并支持的独立公益网络平台。所有参与的公益机构，通过签署遵守《USDO 自律准则》，共同促进行业自律、提升公信力。USDO 是一套基于普遍接受的原则的价值观，是一项推动社会组织自律和问责的自愿行动，是一个由社会组织和其他利益相关方共同组成的社区。USDO 作为社会组织领域最早倡导行业自律的平台，引领了上百家公益机构加入，加入的组织在财务、治理、公开等方面要努力做到“公平、透明、制衡”，同时需要在实践中落实自律标准以提升公信力，可以说开创了社会组织领域行业自律的先河。

三、社会投资回报（SROI）评估

（一）SROI 评估介绍

社会投资回报（social return on investment，SROI）评估是一个工具框架，它从更宽广的概念来衡量与核算价值，旨在将社会、环境和经济成本与收益进行整合，更直观地了解社会投资行为所带来的改变以及价值创造。例如，某项目的 SROI 为 1 元的投入可以产生多少元的社会价值。SROI 评估以利益相关方的充分参与为基础，识别并梳理每一利益相关方的“投入—活动—产出—成果”的事件链，通过汇总所有相关的定量、定性信息和财务数据，并为其中的非财务数据寻找等价物（proxy），最终将社会投入所带来的社会价值进行“货币化”计算，公式如下所示①。

$$\begin{matrix}\text{社会投资回报率}\\ \text{(SROI Rate)}\end{matrix} = \frac{\text{社会影响 1 的货币值}+\text{社会影响 2 的货币值}\cdots}{\text{社会投入 1 的货币值}+\text{社会投入 2 的货币值}\cdots}$$

SROI 以相对客观及量化的方式评估公益项目影响，关注的是公益项目可以产生的效益（outcome），既可在项目实施前进行预测型 SROI 分析（用于评估筛选创造社会价值能力高的项目），亦可在项目实施后进行评估型 SROI 分析（分析量化项目创造的社会价值）。

（二）SROI 分析的六个步骤

第一步，确定评估范围和识别利益相关方。明确评估的目的、读者、背景、可用资源、实施者；明确干预活动的地域范围、周期；罗列所有可能影响干预活动或受干预活动积极和消极影响的重要利益相关方。

第二步，描绘成果。通过利益相关方的充分参与，识别“投入（input）—产出（out-

① 社会投资回报（SROI）在中国的适用性总结报告［EB/OL］.（2013-03-29）［2024-07-14］. https：//www. docin. com/p-624717745. html.

put）—成果（outcome）”之间的关系，描绘影响力图，呈现干预行为引起改变的事件链。

第三步，证明成果并定价。设计指标，并找到相关数据以证明成果是否产生以及产生的效果，确定每一项成果的货币价值。

第四步，确认影响力。排除干扰因素，分析和检验干预成果是否真的来自干预活动，以及干预成果有多少比例来自干预活动。

第五步，计算 SROI。将所有正负效益求和后，将成果与投资相比，计算社会投资回报率。

第六步，报告、应用与 SROI 常态化。与利益相关方分享研究成果并做出反馈，将 SROI 结果运用于决策与未来行动，并让 SROI 分析工作在机构的日常运作中成为常态。

（三）SROI 的价值

SROI 最大的价值在于用货币化、具象化（与定性分析的抽象化对应）形式呈现与衡量社会价值，为公益项目建立“社会价值-社会成本”的效益核算体系。解决了无法说清楚公益项目带来了哪些改变，或者直接用“产出”向捐赠人和社会公众呈现项目成果的困境。目前 SROI 更多应用于对公益项目的评估方面，对社会组织的评估还在探索中。

四、SGS 社会组织对标审核

（一）SGS 社会组织对标审核介绍

SGS 是国际公认的检验、鉴定、测试和认证机构。SGS 社会组织对标审核是 SGS 为社会组织专门开发的一套多维度审核认证体系。该体系整合了国际上通行的 25 项社会组织最佳实践的行业准则和相关标准，并吸纳了 ISO 国际质量管理体系的审核原则，帮助社会组织识别和控制内外部管理风险，提升组织运营效率和诚信管理，有效推动社会组织的可持续改进和发展。该审核体系采用在线认证的方式，为社会组织提供可视化报告、书面报告以及可持续改进的解决方案。

SGS 社会组织对标审核体系共有 12 个关键维度：治理框架，治理主体，战略框架，诚信管理，沟通、倡导与公共形象，人力资源，资源生成与分配，财务控制，运营与服务提供（规划），运营与服务提供（实施），成果监测与评估，持续改进。每个维度下又分布了具体的可测量指标，共计 99 个。

SGS 社会组织对标审核体系是对社会组织的一次全面“体检”，通过参考学习国际最先进的标准规范，对标国际最佳实践，帮助社会组织全面梳理体系架构；增强社会组织的风险管理意识与能力；找到社会组织诚信管理和效率提升的持续改进路径；提升社会组织的知名度和社会声誉，吸引更多的优秀人才和捐赠人。

（二）SGS社会组织对标审核标准案例

2021年，中国红十字基金会高分通过SGS全球社会组织对标审核认证。审核报告显示，中国红十字基金会“战略框架”维度满分通过，“沟通、倡导与公共形象”“人力资源”“资源生成与分配”等多项维度超过90分，以12项评估维度综合高分获得了该项认证。审核报告显示出中国红十字基金会的整体管理规范、社会公信力及透明度很高，项目设计及执行计划完善、实施到位，对中国红十字基金会公信力及专业度给予了高度肯定。

五、ISO 9001质量管理体系认证

（一）ISO 9001介绍

ISO是当今国际社会上最大的体系认证组织，ISO 9001是国际标准化组织质量管理和质量保证技术委员会（ISO/TC176）发布的质量管理体系要求标准，是在总结了世界经济发达国家的质量管理实践经验的基础上形成的具有通用性和指导性的国际标准，目前最新版本为“ISO 9001：2015”。

ISO 9001的主体章节按照PDCA［策划（plan）、实施（do）、检查（check）、处置（act）四个阶段］循环的思路设计：P——第4章“组织环境”、第5章“领导作用”、第6章“策划”；D——第7章“支持”、第8章“运行”；C——第9章“绩效评价”；A——第10章“改进”。

（二）ISO 9001应用于社会组织领域的价值

虽然ISO 9001适用于任何规模和类型的组织，但是由于该标准起源于并主要服务于企业认证，所以如果进入公益慈善领域，需要根据社会组织的实际情况进行灵活转化与应用。例如对于企业来说，出钱购买产品和服务的对象是客户，但是对于社会组织来说，捐赠人和受益人都是客户。

截至2021年，我国已有50万家企业通过ISO 9001认证，其中绝大部分是小微企业。根据联合国工业发展组织2012年的调查，98%的中国获证企业认为通过ISO 9001认证得到了显著的好处①。从规模上来看，我国社会组织属于“小微”的范畴，和很多小微企业一样具有抗风险能力较弱、资金不足、技术和人员匮乏、人员

① 国家市场监督管理总局认证监督管理司．小微企业应用ISO 9001提升质量管理的实施指南及优良案例［M］．北京：中国计量出版社，2021.

流动性偏高、管理人员的质量管理知识和意识较为薄弱等问题。因此，建立 ISO 9001 质量管理体系，能够帮助社会组织全面升级项目流程、优化资源配置、建立动态管理体系、强化抗风险能力，从而提升工作效率、增强服务品质，提高受益人和捐赠人的满意度，促进机构可持续发展。

（三）ISO 9001 案例

根据上海真爱梦想公益基金会（简称真爱梦想基金会）公开信息，真爱梦想基金会于 2017 年成为国内第一家通过国际“ISO 9001：2015”认证的公益组织。真爱梦想基金会自 2008 年创立之初就倡导慈善需要借鉴成熟的商业经验，在慈善活动的各个环节中，合理地应用专业化的商业管理模式将有利于提高慈善行为本身的效率，希望用一个可以复制的可持续发展模式，大范围地传播真爱梦想基金会的公益产品和公益理念，让公益更有效率。经过近三年的项目标准化和持续优化，真爱梦想基金会在 2011 年引入 ISO 9001 质量管理体系标准。对“公益组织如何运用国际质量管理最佳实践和标准，并与独特的运营模式有机结合”进行了不断探索和实践，并于 2016 年全面完成了 ISO 9001 质量管理体系的建设，从战略规划到策略、方针、目标的层层展开与落实，从筹资、研发、项目执行到监测评估，还有人力资源、信息技术、业务管理与风险管理等支持系统，均参照“ISO 9001：2015”标准加以规范。这些基金会管理治理涉及的各项活动经过一年的稳定运行后，真爱梦想基金会最终于 2017 年 4 月正式通过“ISO 9001：2015”认证。

综上所述，监测与评估在社会组织的发展过程中越来越被重视，监测与评估的作用也日渐显现。监测与评估不仅是政府部门对社会组织监管的重要手段和方法，也是促进社会组织自我高质量发展的催化剂，更是推进公益慈善行业向更规范、更透明、更有效方向发展的有效路径。在监测与评估中应用的各类方法、手段、工具，都是为了有效促进社会组织的成长和发展，实现社会组织的愿景和使命，发挥社会组织的价值。希望监测与评估能成为社会组织发展过程中进行自我检视的有效机制，持续推动社会组织健康高质量发展。

关键术语

社会组织　监测　评估　OCA　SROI

复习思考题

1. 社会组织监测与评估的意义是什么？

2. 以政府为主导的社会组织监测与评估主要包含哪几种类型？

3. 社会组织自我监测与评估可以从哪些方面开展？

4. 第三方监测与评估目前比较常见的类型有哪些？

5. 政府为主导、社会组织自身、第三方不同主体开展的监测与评估有什么区别？

参考书目

1. 黄晓勇. 中国社会组织报告（2022）[M]. 北京：社会科学文献出版社，2022.

2. 王名. 慈善组织与慈善项目评估标准研究 [M]. 北京：中国社会出版社，2017.

3. 卢玮静，赵小平，陶传进，等. 基金会评估：理论体系与实践 [M]. 北京：社会科学文献出版社，2014.

第八章　社会组织创新发展

学习目标

1. 掌握社会企业的定义，能够区分其与传统商业和传统慈善；
2. 了解社会企业从其萌芽阶段到现今全球蓬勃发展的历史；
3. 了解社会企业的经典案例和经营模式；
4. 掌握影响力投资的定义，能够区分其与慈善捐赠和纯粹经济投资；
5. 了解影响力投资的发展历程、经典案例和经营模式；
6. 理解技术公益、互联网公益、公益数字化的概念；
7. 把握技术公益的现状，思考技术公益发展前景；
8. 阅读并了解技术公益典型案例，增进对其现状的认知。

第一节　社会企业与影响力投资

人类面临的社会和环境挑战日益严峻，而政府、市场和公益部门的失灵现象频发，三个部门之间的边界不断被打破，部门之间合作增多，社会企业作为第四部门应运而生。在尤努斯（Yunus）教授创立的格莱珉银行取得巨大成功后，在大量社会创新者的积极推动下，兼具企业和社会双重属性的社会企业成为具有全球性影响力的一类新型组织，在欧美、日本、韩国、新加坡、中国等地被广泛传播和实践。进入21世纪，随着政策的大力支持、技术的发展创新以及社会公众意识的持续提升，社会企业迎来了发展的黄金时期。

一、社会企业概述

（一）社会企业的概念与特征

社会企业兼具企业与社会组织两类组织形态各自所特有的营利性和公益性，这种双重属性导致了不同国家和地区的法律以及学界和业界对社会企业有着不同的定义。经济合作与发展组织（OECD）对社会企业的定义是："具备企业家精神并且追求社会和经济双重目标的组织"①；英国贸易工业部（DTI）提出的定义是，"社会企业是具有某些社会目标的企业，盈利主要按照它们的社会目标再投放给其业务本身或所在社区，而非为企业股东和所有人赚取最大利润"②；欧洲社会企业研究网络提出，"社会企业是非营利性的私人组织，提供使社区受益明确、与其社会目标相关的商品或服务，依赖于集体动力，治理机构中包括不同类型的利益相关方，高度重视自主权，承担与其活动相关的经济风险"③。美国对于社会企业有着更为宽泛的理解和定义，更多地强调非营利组织的创收战略。《社会企业杂志》将社会企业定义为，社会创业家个人、非营利组织或公私合作开展的使命导向的创收或创造工作机会的项目，也有组织将社会企业定义为，为了支持慈善使命，非营利组织开展的任何形式的创收业务或战略。

概言之，社会企业可以被视为一种具有公益和营利双重属性的组织形式，许多国家已经建立了社会企业认定标准，例如美国的共益企业认证（B Corporation，有时也称 B Lab）；社会企业也可以通过法律规定的组织形式建立，例如英国的社会企业可以通过有限责任公司、有限责任合伙公司、社区利益公司、工业福利协会等多种法律形式来组织④。美国的学者认为社会企业总体来说包含了三种类型的组织：一是公司慈善或企业社会责任，即在从事营利性活动的同时使社会受益；二是综合了营利目标与社会目标的混合型组织；三是从事具有社会使命的商业活动的非营利组织，即社会目的组织⑤。

社会企业的定义尽管存在分歧且形式多元，概括而言具有下述比较显著的特征：第一，社会企业必须有明确的社会或环境目标，追求社会和环境效益最大化，这是社会企业最为首要也是区别于商业企业的关键特征，社会和环境目标是社会企业创立和发展的出发点和落脚点，需要被全面嵌入机构的产品、服务和经营管理中；第

① Organization for Economic Co-operation and Development. Social enterprises [R]. Paris：OECD，1999.

② Department of Trade and Industry of Great Britain. Social enterprise：a strategy for success [R]. London：Department of Trade and Industry，2002.

③ DEFOURNY J，NYSSENS M. Social enterprise in Europe：recent trends and developments [J]. Social enterprise journal，2008，4 (3)：202-228.

④ Department For Business Innovation & Skills. A guide to legal forms for social enterprise [R/OL]. [2024-07-15]. https：//assets. publishing. service. gov. uk/media/5a79cda1ed915d6b1deb375d/11-1400-guide-legal-forms-for-social-enterprise. pdf.

⑤ 王世强．"社会企业"概念解析 [J]. 武汉科技大学学报（社会科学版），2012，14 (5)：495-500.

二，社会企业必须直接向市场提供有竞争力的产品和服务，主要通过服务性收入获取利润而不依赖于接收捐赠；第三，社会企业的治理和所有权结构往往基于利益相关者团体的参与，或者由代表更广泛的利益相关者群体控制企业的受托人或董事参与，这一点在欧洲的社会企业中非常突出，其原因主要是欧洲的合作社传统；第四，在不少国家和地区，要求社会企业的利润主要用于再投资以便更好地实现社会目标而不是用于股东分红，即社会企业具有一定程度的公益性资产锁定，但资产锁定的比例在不同国家要求不一样。

格雷戈里·迪斯（Gregory Dees）等人绘制的社会企业分类表（见表 8－1）为理解和分析社会企业提供了一个重要框架。由于利益相关方期望传统的非营利组织通过增加收入来实现更大规模的社会和环境影响，而传统的企业因为股东至上的理念和行动遭到社会的批评，开始更为主动积极地承担企业社会责任，因此混合型组织在纯粹的慈善事业和纯粹的商业之间诞生了，在法律认定和社会认可下，社会企业逐步脱离混合型组织的模糊形态演变成了一种专门的组织类型，并成为连接商业和慈善的中坚力量。

表 8－1　社会企业分类表

	纯粹的慈善事业	混合型组织				纯粹的商业
类型	传统的非营利组织	从事创收活动的非营利组织	社会企业	负责任的商业	践行社会责任的企业	传统的企业
动机	诉诸善意	善意与利益的混合动机				诉诸自身利益
方法	使命驱动	使命和市场的平衡				市场驱动
目标	创造社会价值	社会和经济价值的创造				创造经济价值
收入/利润的去向	在法律或组织政策的要求下分配给非营利组织的使命对应的活动	再投资于与使命相关的活动或运营支出，以及业务增长和发展的营利活动				分配给股东和所有者

资料来源：DEES J G，EMERSON J，ECONOMY P. Enterprising nonprofits：a toolkit for social entrepreneurs [M]. New York：John Wiley & Sons，2001；ALTER K. Social enterprise typology [J]. Virtue ventures LLC，2007，12 (1)：1－124.

（二）社会企业的兴起背景

社会企业在不同国家和地区有着不同的兴起背景，整体可以概括为由于社会整体经济状况不佳、政府收入降低、失业和贫富差距扩大等严峻社会问题的影响，社会组织为了实现自身更好的生存和发展，需要积极探索创新的策略与路径。

1. 社会背景

20 世纪 70 年代以来，欧洲大陆面临严重的经济衰退与失业问题，导致政府收入显著降低，同时高失业造成日益高涨的社会福利支出。面对严峻的社会形势，以英国为首的许多欧洲国家探索支持非营利组织为代表的第三部门提供市场化服务。

欧洲有着悠久的合作社传统，包括住宅合作社、农业合作社、消费合作社等在内的各种合作社已有上百年历史，许多合作社天然具有社会企业的属性，即通过产品和服务在服务社会成员的公共需求的过程中获得一定收入并实现自身可持续发展。其中具有代表性的是起源于1882年的丹麦农场主组建的奶业合作社，丹麦奶业合作社由农民自主经营管理，所有农民将自家生产的牛奶送至工厂，按产奶量的比例共同承担债务或分配利润，随后该合作社发展成了包含养殖屠宰、生产加工和经营销售的全产业合作社，并为农民提供住房等公共基础设施，产生了良好的经济和社会效益。

我国存在大量需要提供低收费公共服务的群体，包括老年人、残障家庭、学龄前儿童等，所以社会企业在我国存在巨大的市场空间。社会企业既能够补充公共服务和社会治理的短板，同时也能够以创新的方式破解一些社会难题。

2. 社会组织生存和发展所需

20世纪80年代末，面对政府公共资金和公益基金会的财政支持缩减问题，越来越多的社会组织通过为市场提供产品和服务来增加收入。社会组织向社会企业转型有助于扩大收入来源，减少对政府和社会捐助的依赖，提高自身独立性，而且还可以通过创新手段改进运营模式，更好地履行社会使命。我国社会组织发展起步晚，社会认可度不高，并且随着社会组织数量快速增加，几乎都面临着筹资竞争压力不断增大等问题，因此，社会组织探索在有效满足社会需求的过程中创新拓展收入来源成为我国社会企业崛起的重要推动力。

（三）社会企业的发展历程

虽然有学者指出社会企业的概念已经存在了几个世纪[①]，但是现代意义上的社会企业起源于20世纪70年代的欧洲，为了满足社会成员的公共服务需求，合作社形式的社会企业在欧洲出现[②]。20世纪90年代初，社会企业的模式被一些欧美国家认可，并获得了政府政策支持[③]。1991年，意大利设立了“社会团结合作社”（随后更名为“社会合作社”）这种新型法律形式，此后，芬兰、韩国、斯洛文尼亚、英国、美国、南非、新加坡、新西兰等国纷纷开始创制社会企业法律形式。截至2021年，

---

① POON D. The emergence and development of social enterprise sectors [EB/OL]. [2024-07-14]. https://core.ac.uk/download/pdf/76366305.pdf.

② BORZAGA C, DEFOURNY J, ADAM S, et al. The emergence of social enterprise [M]. London: Routledge, 2004.

③ SEPULVEDA L. Social enterprise: a new phenomenon in the field of economic and social welfare? [J]. Social policy & administration, 2015 (7): 842-861.

全球已经有至少34个国家出台社会企业政策①，在一些国家社会企业已经成为社会体系的重要组成部分。以英国为例，英国DTI早在2001年就成立了社会企业工作小组，开始系统化地筹划社会企业政策；2002年，英国政府发起成立社会企业联盟（The Social Enterprise Coalition，后更名为Social Enterprise UK），为社会企业提供各类资源与网络支持；2004年，英国政府通过立法为社会企业设立了社区利益公司（Community Interest Company）的组织形式。目前，在英国有超过10万家社会企业，为经济发展贡献了600亿英镑的价值②。

在我国，社会企业既“老”又“新”。我国曾经存在大量解决残疾人集中安置就业问题的社会福利企业，可被视为一类具有中国特色的社会企业③。还有一类社会企业以民办非企业单位的形式存在，其既具有公益性，又通过服务获取收入④。也有学者认为，我国最早的社会企业是1993年中国社科院杜晓山教授创立的扶贫社，对此，也有人认为是1998年成立的南京爱德印刷有限公司⑤。2003年，社会企业的概念正式被引入并以“社会性企业”的名称被研究⑥。2009年，英国文化教育协会在中国启动社会企业项目，开展社会企业培训并为中国社会企业对接投资机会，在项目开展的8年间累计培训了3 200多名社会企业家，向117家社会企业提供了3 700万元人民币的社会投资机会⑦。

近些年，在各地区政府的支持下，我国社会企业呈现多点开花的良好势态。2011年6月，北京市委在《中共北京市委关于加强和创新社会管理全面推进社会建设的意见》中率先提出积极扶持社会企业发展，成都市在2018年由工商局牵头建立了成都市社会企业评审认定制度，成功认定12家社会企业。

2017年开始，我国社会企业数量开始快速增长，截至2023年7月31日，在社会企业认定平台的社会企业名录中备案的共有551家，仅2022年就有172家企业获得该平台的社会企业认证。从注册形式来看，其中78.6%的社会企业是企业性质，

---

① 路城，夏璇.2015～2021年中国社会企业的认证与标准［M］//徐家良，何立军.中国社会企业发展研究报告（No.1）.北京：社会科学文献出版社，2021.

② Social Enterprise UK. All about social enterprise［EB/OL］.［2024-07-15］. https://www.socialenterprise.org.uk/all-about-social-enterprise/.

③ 马超英.探索残疾人安置就业新格局：我国社会福利企业生存与发展趋势［J］.中国民政，2009（5）：32-33.

④ 金锦萍.社会企业的兴起及其法律规制［J］.经济社会体制比较，2009（4）：128-134.

⑤ 李健.社会企业政策：国际经验与中国选择［M］.北京：社会科学文献出版社，2018.

⑥ 时立荣在《非营利组织运行机制的转变与社会性企业的公益效率》一文中首次使用了“社会性企业”概念，这标志着我国社会企业研究正式开始。

⑦ 英国文化教育协会.中英社会企业及社会投资名录［EB/OL］.［2024-07-15］. https://www.britishcouncil.cn/programmes/society/index.

20.2%的社会企业是民办非企业单位，1.2%的社会企业是农业专业合作社性质；从服务的领域来看，我国社会企业所涉及领域十分广泛，但主要集中在公共服务和社会治理的相关领域（见表8-2）。

表8-2 截至2023年7月31日社会企业认定平台社会企业名录中社会企业服务的社会领域情况

使命服务的社会领域	教育培训	社会支持服务	无障碍服务	社区经济	农牧渔与乡村发展	绿色经济与生态环保	养老保障服务
企业数量	85	68	57	56	54	46	39
使命服务的社会领域	文化、体育与艺术	就业促进与技能	食品与生命安全	医疗与健康	住房与居住改善	科技创新与互联网	普惠金融服务（公益金融）
企业数量	39	36	26	18	15	8	4

注：已删去重复和无效数据。

（四）社会企业认定

由于社会企业营利性和公益性的双重属性，其组织边界和形式较为模糊，且不同国家和地区的政治、经济、社会和文化背景存在显著差异，因此有必要建立定义和识别社会企业的机制。

认定社会企业不仅能够给予社会组织合法性和身份认同，以便更好地引导公众和投资者支持社会企业，同时能够方便政府和行业组织引导和推动社会企业的规范发展，进而高效创造社会价值。社会企业的法律注册和社会企业认证是最常采用的两种认定方式。①

1. 国外社会企业的认定

社会企业的法律认定最早起源于1991年意大利的《社会合作社法案》（Act on Social Cooperatives）。该法案首次对社会企业（当时被称为“社会合作社”）以法律形式做出规定，将社会合作社分为管理社会福利或教育服务（A型社会合作社）和开展其他类型活动或提供服务以促进弱势群体就业（B型社会合作社）两种类型，并对雇佣弱势群体的比例等指标做出了详细规定②。因此，该法案被认为是社会企业立法的里程碑。

如今，全球已有30多个国家对社会企业认定进行了规范。有些国家政府设立了专门的法律，比如意大利政府在《社会合作社法案》的基础上于2006年正式颁布《社

---

① TEASDALE S. What's in a name? making sense of social enterprise discourses [J]. Public policy and administration，2012，27（2）：99-119.

② STUMBITZ B，VICKERS I，LYON F. Social enterprises and their ecosystems in Europe [R]. Luxembourg：European Union，2020.

会企业法》（Law on Social Enterprises），经过国内长期的实践，意大利政府摸索出了一套成熟的社会企业管理办法。有的国家的社会企业认定由民间发起，由影响力较大的社会企业认证机构开展，比如美国共益实验室发起的共益企业认证，一家机构必须通过严格的治理、员工、社区、环境和客户五个维度的共益影响力测评（B Impact Assessment）才可以获得社会企业认证，截至 2021 年 5 月，通过该机构认证的共益企业已突破 4 000 家，覆盖 77 个国家的 153 个行业。另外，在各国社会企业实践中，存在大量政府和民间组织合作的案例，美国的低利润有限责任公司（Low-Profit Limited Liability Company，L3C）最先由民间发起，最初的目的是帮助基金会通过捐赠获得税收优惠，后转变成社会企业的架构类型之一，并且得到了美国多个州的立法支持①。

各种社会企业认定方式并非竞争的关系，民间社会企业认证可以作为法定社会企业标准的良好补充。例如英国政府主导的社会企业认证是社区利益公司，该认证对社会企业的使命、资产用途、章程等都进行了明确的法律规定，该认证可以帮助社会企业获得合法地位和政府背书；同时，英国又拥有民间社会企业认证机构社会企业联盟，该组织是世界上最大的社会企业网络之一，为英国的社会企业提供了多元化的社会资源。

2. 国内社会企业认定

我国社会企业认定源自民间机构，其后部分地方政府积极介入，民间机构和地方政府的合作逐渐增多，然而国家与法律层面的社会企业认证依然有待完善。我国地方政府社会认证最先起步于广东省佛山市顺德区，2014 年 9 月，顺德区出台了国内首个社会企业标准——《顺德区社会企业培育孵化支援计划》，并于 2015 年 3 月率先开展了社会企业认定工作，并在后续相关政策中完善社会企业发展支持体系。目前，顺德区社会企业认证的评审指标包含机构资质、信用状况、合规经营和社会目标四个基本指标，以及经营管理、社会效益、财务与可持续发展能力、创新性、社会影响力和企业党建六个量化目标，另外根据资产锁定比例、利润分配比例等指标将社会企业分为 AAA 级、AA 级、A 级三个等级。截至 2023 年底，顺德区已经开展了四届社会企业认证工作，共有 40 多家社会企业获得社会企业认证，业务领域涵盖文化、教育、助残、公共安全、国际交流、乡村振兴、社区发展等。

北京市于 2018 年 8 月制定出台了《北京市社会企业认证办法（试行）》，确立了

---

① ARTZ N，GRAMLICH J，PORTER T. Low-profit limited liability companies（L3Cs）［J］. Journal of public affairs，2012，12（3）：230－238.

社会企业认证的“北京模式”，并在此后多次出台政策扶持社会企业认证服务。成都市社会企业认证发展起步于2018年，经过了多年发展，成都市已经建立了较为完善的认证平台，2023年5月，成都市发布了《社会企业评价通用规范》团体标准，对社会企业评价的评价机构、申请单位、评价内容、评价实施、证书管理、获证后的监督管理等进行了明确规定。

我国民间社会企业认证起源于中国公益慈善项目交流展示会（简称中国慈展会），中国慈展会和社会企业认定平台等机构开拓了我国社会企业认证的道路。2015年9月，在第四届中国慈展会上，6家民间机构联合发布《中国慈展会社会企业认证办法（试行）》，这标志着我国全国性社会企业认证开始起步。中国慈展会社会企业认证最初由社会企业研究中心执行，2016年及之后的认证工作由深圳市社创星社会企业发展促进中心的社会企业认定平台接手执行。截至2018年12月，中国慈展会社会企业认证共审核了超过1 400家企业和机构，共有238家社会企业通过认证，获得认证的社会企业覆盖全国26个省级行政单位的71个城市[①]。后来，中国慈展会社会企业认证逐步被社会企业认定平台的中国社会企业认证取代。

在中国慈展会社会企业认证体系的基础上，社会企业认定平台在2021年推出了“中国社会企业认定2.0体系”，并发布了《中国社会企业认证手册》，新标准将认定标准划分为社会使命、社企利益相关方、价值创造与利润分配、环境与可持续发展四个维度，分成三级指标，由表入里、从上到下分为一级四维模型、二级四维指标、三级四维问卷库，并将社会企业分为金牌社企、好社企、社会企业、观察社企四个等级（见图8-1）。截至2023年12月，社会企业认定平台已经认定社会企业近600家，并服务潜在社会企业超过3 000家，覆盖全国27个省级行政区的16个社会领域[②]。

在2018年前后，地方政府开始委托第三方机构或者和民间机构合作进行社会企业的认证工作，在政社协同下有效地促进了地方社会企业的发展，北京市和成都市都曾与社会企业认定平台合作开展地方社会企业认证工作。目前，社会企业认证呈现出良好的地方政府和民间机构合作势态，但国家层面的认证体系尚未确立。

二、社会企业案例

（一）格莱珉银行

格莱珉银行（Grameen bank），又称孟加拉国乡村银行，是孟加拉国一家主要面

① 关于中国慈展会社会企业认证［EB/OL］．［2024-07-14］．https：//www.cncf.org.cn/cms/node/171.

② 关于我们［EB/OL］．［2024-07-14］．https：//www.csedaily.com/about.

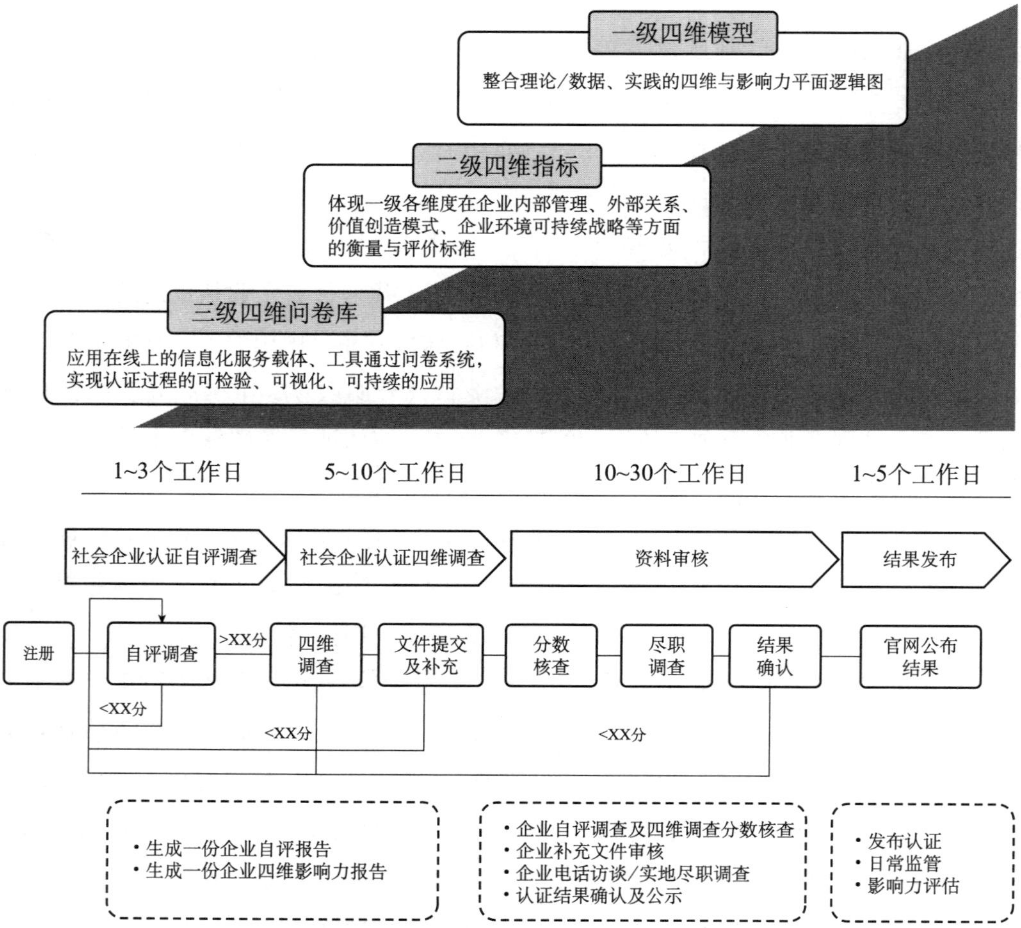

图 8－1　社会企业认定平台中国社会企业认证流程

向妇女提供小额贷款的金融机构和社区发展银行，是当今世界规模最大、效益最好、运作最成功的小额贷款金融机构之一，在国际上被大多数发展中国家推广或借鉴。

20 世纪 70 年代，孟加拉国饥荒期间，许多穷人以制作竹凳为生，他们需要借高利贷购入原材料，在卖出竹凳偿还贷款后只能赚取微薄的利润，穆罕默德·尤努斯发现大部分的利润被放贷者赚取了，于是他便向 42 个家庭提供了 27 美元的小额无息贷款，借贷人很讲信用，在出售了手工制品后按时归还了借款。尤努斯发现如果穷人能够借到无息或者低息贷款作为启动资金，将会对他们的生活有很大的帮助，于是他向当地的银行说明情况并建议他们向穷人放贷，当地的银行表示穷人不值得信任且无法提供有效的担保，所以不愿意给他们放贷。后来，尤努斯以自己的名义从银行借出钱，再将钱借给穷人，穷人充分利用这些钱改善了生活，甚至还能偿还高于商业银行的利息。尤努斯认识到“穷人的银行”的模式是可行的，于是开始大力推广该模式，这就是格莱珉银行的雏形。

格莱珉银行的成功离不开其巧妙的贷款机制设计。首先，格莱珉银行要求每个借贷人都加入有相似社会背景和用贷需求的五人小组，并在组内采用“2－2－1”的放贷顺序，即最初的两名成员偿还贷款后另外两名成员才有资格借贷，最后轮到组长借贷，小组内成员通过定期会议互相监督激励，遵守既定的会员公约。通过将小组成员的利益紧密结合，德莱珉银行提升了还款率的同时降低了监督成本。其次，格莱珉银行设定了按周还款的方式，且为不同目的的贷款制定了不同的利率，帮助借贷人提升金融素养，较好地控制了贷款风险。最后，格莱珉银行鼓励借贷人成为格莱珉银行的存款者和持股者，建立借贷人与银行成为利益共同体的模式，目前格莱珉的借贷人拥有银行94%的股权。

经过尤努斯团队和合作方的不懈努力，1983年孟加拉国政府颁布法令宣布格莱珉银行正式成立，截至2021年4月，格莱珉银行已经发放贷款23 974.74亿塔卡，折合人民币约1 600亿元，服务客户达到939.02万户，还款率更是达到了惊人的99%。目前格莱珉银行的模式已经复制到全球41个国家，惠及全球1 688万个低收入家庭。

格莱珉银行的实践在世界范围内被证明是一种具有可持续性且能够有效消除贫困的模式，尤努斯被誉为“小额信贷之父”，2006年为表彰他们从社会底层推动经济和社会发展的努力，格莱珉银行与尤努斯共同获得诺贝尔和平奖。在运作格莱珉银行的同时，尤努斯也在使用自己的经验积极推进社会企业的发展，他先后与法国达能集团、日本优衣库等世界知名公司合作在孟加拉国创建了50多家解决营养、饮水、健康等社会问题的社会企业。

（二）中和农信项目管理有限公司

中和农信项目管理有限公司（简称中和农信）是中国一家专注为农村地区小农户及小微企业业主群体的可持续发展提供综合解决方案的综合助农机构，旨在通过提供金融、生产、生活与公益援助等服务，帮助目标客户跨越城乡、贫富、性别和数字等发展鸿沟，融入农业农村现代化进程，助力乡村振兴和共同富裕。

我国农业资本运作具有高成本、低收益、长周期、小规模、高风险的特点，这与传统商业银行追求的安全性和流动性不符，在21世纪初期国有银行大规模从农村撤出之后，我国农民一直面临着贷款难的问题，这成为农村经济发展的障碍。

1996年，国务院扶贫办与世界银行在秦巴山区扶贫项目中创设小额信贷项目试点，4年后中国扶贫基金会接管该项目。之后，中国扶贫基金会成为小额信贷扶贫试点单位和国内首家从银行获得批发贷款的小额信贷机构。2008年中和农信成立，中国扶贫基金会以股份方式入股。中和农信将自身定位为一家专注于农村小额信贷的社会企业，得到了国际金融公司、红杉中国、蚂蚁金服、上善睿思基金等多家知名机构的投资。

作为社会企业，中和农信的使命是“服务农村最后一百米”，通过社会目标的锚定和标准化的放贷流程，做到了可持续的“支农支小”。中和农信的模式主要有以下几个特点：第一，中和农信的服务对象是传统金融机构无法很好覆盖的低收入农民，尤其是农村妇女，在微型金融研究中普遍认为妇女是家庭的核心，诚信度和风控意识往往较强①，这在一定程度上控制了风险。截至 2022 年，公司贷款客户中农户占到了 77.56%，女性客户占 72.25%，少数民族占 18.61%，初中及以下文化水平的占 79.80%。第二，中和农信提供了比传统金融机构的小额信贷金额更低的贷款，满足了低收入家庭的“微贷”需求。截至 2021 年末，在中和农信发放的贷款中，10 万元以下的贷款占比 97%，无抵押贷款占比 99%。第三，中和农信主打小组联保贷款，采用和格莱珉银行相似的联保小组模式，客户需要自发组织一个由街坊邻里和亲戚朋友组成的联保小组。

截至 2024 年 7 月，中和农信金融业务已覆盖全国 21 个省（自治区、直辖市）的 500 多个县（旗），服务对象主要集中在中西部地区，已累计发放小额贷款突破千亿元，其中为女性客户提供贷款超过 500 万笔、900 亿元，并帮助了以百万计的农村家庭获得保险保障，提供的农业生产服务覆盖了超过 300 万亩土地。中和农信依照中国农村特点打造了聚焦小农户服务的综合农业服务体系，有效地完善了农村的金融供给并促进了农村产业发展，中和农信因此获得了全国乡村振兴优秀案例等多项社会荣誉。

（三）益保（北京）科技有限公司

益保（北京）科技有限公司（简称益宝）成立于 2015 年，是我国首家公益领域专注特定风险/弱势群体普惠保险保障的专业服务机构，同时也是获得北京市社会企业认证和中国慈展会社会企业认证的社会企业。截至 2024 年 3 月，益宝通过研究倡导、金融教育、产品研发、公益金融项目，已经累计服务全国 34 个省市上万家公益组织和 189 万人次公益组织从业者、残障人士、乡村儿童等，发布 9 份具有社会价值的研究报告，获得国内外多项普惠金融领域大奖。

尽管我国社会保障体系逐渐完善，但一些重大疾病、严重意外等风险仍然会给

① 罗煜，李焰．微型金融的边界：以中和农信小额信贷为例［J］．中央财经大学学报，2016（5）：25－34．

低收入家庭带来巨大的返贫风险，保险是解决弱势群体金融脆弱性问题，尤其是因灾致（返）贫、因病致（返）贫最直接和最有效的手段①。普惠保险是为低收入人群提供保险保障的保险机制，具有低保额、短期限、快理赔、微盈利的特点，承保范围主要是中低收入人群所面临的、最急切需要解决的疾病、意外、残疾以及死亡等风险②。我国普惠保险早在2005年就已出现，但目前就整体而言，其尚处于发展初期，市场上仍然有大量对普惠保险的需求尚未得到满足。

益宝将目标对象聚焦于对风险多元且保险保障不足的中低收入和特定风险群体，包括公益组织从业者、残障群体、农村老人、留守儿童、农村妇女等。

业务模块包括四个维度：首先通过专业研究全面调查和分析低收入和特定群体的风险特征和保险需求，联合保险公司定制适合的普惠保险产品；其次，开展各类金融教育项目，旨在提升服务目标对象的金融素养，提高他们对于保险的关注和信任度；再次，开展普惠保险产品的宣传和介绍，基于各类特定群体，建立方便可及的产品传播渠道；最后，基于部分弱势群体收入非常低无力购买保险的情况，益宝联合公益组织设立公益保险项目，筹集资金为经济困难家庭进行公益保险捐赠。

阅读材料

益宝典型产品和服务：心智障碍者普惠保险

根据第六次全国人口普查及第二次全国残疾人抽样调查，我国残疾人总数为8 502万③。其中，心智障碍者人数（主要包括自闭症、唐氏综合征、脑瘫、智力发育迟缓）在1 000万以上。

在多个政策文件里④，国家倡导与鼓励保险机构为残疾人设计开发商业保险产品，即针对残疾人面临的意外伤害、康复护理、托养等问题，鼓励信托、保险公司开发符合残疾人需求的金融产品⑤，以降低残障人士的风险压力，缓解残障人士家庭的压力。但是，据中国残疾人社会保障与商业保险课题组2011年对全国10个省市21个区县市的调查，我国残疾人社会保障水平相对较低，因二次伤残、因

① 张欲晓，雒庆举，等．保险业提升普惠性的路径创新研究［M］．北京：首都经济贸易大学出版社，2020.

② 李杰，赵勇．普惠金融视角下农村小额保险制度的构建［J］．金融理论与实践，2012（9）：94－96.

③ 关于使用2010年末全国残疾人总数及各类、不同残疾等级人数的通知［EB/OL］．（2012－03－13）［2024－07－14］．https：//www.zgmx.org.cn/newsdetail/d－47635－0.html.

④ 如2015年国务院印发的《关于加快推进残疾人小康进程的意见》，2016年国务院印发的《"十三五"加快残疾人小康进程规划纲要》，2021年印发的《"十四五"残疾人保障和发展规划的通知》。

⑤ 国务院关于印发"十三五"加快残疾人小康进程规划纲要的通知［EB/OL］．（2016－08－17）［2024－07－14］．https：//www.gov.cn/zhengce/content/2016－08/17/content_5100132.htm.

病特别是大病、慢性病返贫、致贫的现象比较多，有必要引进商业保险机制作为重要补充。但是调查发现我国残疾人中拥有商业保险的比例不足0.5%，人均保费不足100元，可见残疾人商业保险覆盖率仍然非常低①。一项专项调查显示，目前我国市场上大部分商业保险产品（尤其是保障型产品）往往在投保须知和免责条款里将残障人士排除在外，鲜有面向残障人士的专项定制产品②。

心智障碍者面临的风险包括健康风险、走失风险、责任风险和照护风险等，体现在生命周期的各个阶段，也表现出他们的家庭在维护经济福祉、避免陷入贫困方面特有的脆弱性。

益宝团队设计和提出普惠保险方案，由保险公司进行测算后确认承保，联合推出专项保障心智障碍者的系列普惠保险产品。2017年6月推出两款心智障碍者意外险和重疾意外险，2019年推出康复机构场地公众责任险，2020年推出心智障碍者走失意外险和第三者责任险，2023年推出长期年金险与保险金信托。承保公司还搭建了线上参保平台，心智障碍者家庭可以直接通过手机或网站完成在线实时参保。同时，为了提升心智障碍者家长金融素养、降低产品传播成本、提高传播效率，益宝团队与全国各地心智障碍者康复机构和家长组织合作联合开展心智障碍者家庭金融教育活动。

2017年6月到2023年12月，心智宝产品累计保障服务心智障碍者15.5万人次，其中男性占比68.29%，女性占比31.71%，这与自闭症患者中男性占比更高有关。截至2023年12月，共发生出险报案1 954起，其中1 801起心智障碍孩子出险是各类意外事故，占比超过97%③。

根据益宝对参保的心智障碍家庭的调查，心智障碍者普惠保险为以前基本无法参保的心智障碍孩子提供了一份专属保障，这份保障带给心智障碍家庭一份安心和安全感，即知道在他们的孩子万一出现意外或重疾时可以从保险中获得经济支持，减轻家庭经济压力。同时，对于心智障碍家庭而言，这还意味着一份尊严和平等的保障权利。有心智障碍家庭在参保后表示："以前去找保险公司替我们的孩子咨询保险被拒绝，我们觉得特别受委屈，甚至有些屈辱感，可也没有办法。现在有了我们专属的保险，我们的孩子也可以跟正常的孩子一样参保了。"可见，普惠保险可以为心智障碍者及其家庭创造多维度的价值。

---

① 赵全玺，胡乃军．建立残疾人商业保险补充保障机制的理论探讨［J］．残疾人研究，2014（4）：52-55.

② 戴蕾蕾．8 500万残疾人的商业参保难题亟待破解［N］．法治日报，2021-04-01.

③ 数据来源于心智宝项目组提供的数据，项目情况见 www.yibaojihua.com.

三、影响力投资

（一）影响力投资的概念和现状

影响力投资（impact investing）也被称为社会价值投资，是一种新型的投资方式，以解决特定的社会与环境问题为出发点，强调主动创造可衡量的社会环境效益，进行投资时首先要求社会影响力回报，同时实现财务回报，是一种社会使命和商业手段相结合的金融创新。

目前对影响力投资有两种广为认可的定义：一种是全球社会影响力投资网络（Global Impact Investment Network，GIIN）提出的“主动创造积极的、可衡量的社会和环境影响以及财务回报的投资行为”；另一种是国际金融公司（International Finance Corporation，IFC）提出的目的性（intent）、贡献性（contribution）和可测量性（measurement）三个标准，具体内容可见表 8-3。

表 8-3　国际金融公司提出的影响力投资三个标准

目的性	投资者在追求财务回报的同时，还需要追求积极的社会和环境影响，并说明谁将从这些结果中受益
贡献性	投资者需要明确投资如何改善社会和环境状况，并产生预期的影响力目标。也就是说，满足贡献性的条件是：如果没有这笔投资，影响力目标将无法实现或者无法达到原本的水平
可测量性	投资者需要有一个衡量系统将投资的目的性和产生的社会和环境影响联系起来，以方便投前预测、投中监控以及投后评估的开展

资料来源：IFC. Growing impact：new insights into the practice of impact investing [R/OL]．(2020-06-04) [2024-07-15]．https：//www. ifc. org/en/insights-reports/2020/growing-impact.

影响力投资的资产形式灵活，投资者可以在一级市场和二级市场通过私人债券、私募股权、公募股权和固定资产等方式开展影响力投资。影响力投资作为使用金融市场资源解决社会问题的创新手段，将金融业和慈善事业建立了联系，同时也对社会企业的发展起到了重要作用。影响力投资通过投资社会企业，可以帮助社会企业实现财务的可持续性，从而不再单一地依赖政府补贴和社会捐助，同时，影响力投资可以帮助社会企业扩大规模和增加影响力，例如知名机构的投资是对社会企业的良好背书，有助于社会企业未来的融资和业务拓展。

目前，全球尚未达成统一的影响力投资评估标准。根据 GIIN 2020 年发布的《影响力测算及管理实践现状》（The State of Impact Measurement and Management Practice），有三个评估标准是较普遍使用的：联合国可持续发展目标（sustainable development goals，SDGs）、影响力报告和投资标准（impact reporting and investment standards，IRIS）和影响力管理项目（impact management project，IMP）的五个影响力维度。

虽然影响力投资的主要目的不是赚取高额财务回报，但它们仍然需要商业化的运作，并产生可持续的现金流。影响力投资的财务回报根据影响力目标和投资领域的不同而差异较大，一些影响力投资项目可能会产生与其他投资相当的或更高的财务回报。根据全球社会影响力投资网络对全球影响力投资机构展开的调查，约九成的机构能够实现或者超过自己的影响力投资财务回报目标。

（二）影响力投资的发展历程

第一，国际范围内影响力投资的发展历程及现状。

影响力投资的概念源于社会责任投资（social responsible investment)，也就是以道德价值为标准的道德投资，例如18世纪的美国贵格会教徒出于道德原因限制会员在奴隶、博彩和军火等方面的投资，这种负面剔除的方式现在仍然被广泛应用在社会责任投资中。进入21世纪，国际组织开始大力推广责任投资，2006年，联合国负责任投资原则（United Nations Principles for Responsible Investment，UN PRI）组织成立，并定义了六项负责任投资原则，该原则被全世界众多金融机构所认可，包括：将环境、社会和公司治理问题纳入投资分析和决策过程；成为积极的所有者，将环境、社会和公司治理问题纳入所有权政策和实践；寻求被投资实体对环境、社会和公司治理问题进行合理披露；推动投资业广泛采纳并贯彻落实负责任投资原则；齐心协力提高负责任投资原则的实施效果；报告负责任投资原则的实施情况和进展[①]。

影响力投资的概念最早在2007年由洛克菲勒基金会（Rockefeller Foundation）提出，倡导资本通过有经济效益的投资来做公益。2010年，洛克菲勒基金会和摩根大通（J. P. Morgan）发布了研究报告《影响力投资：一种新兴的投资类别》，把影响力投资界定为一种新兴的资产类别。由此奠定了影响力投资在投资界和公益界的地位。影响力投资“义利并举”的特点，吸引了私募基金、银行、基金会、发展金融机构和个人等投资者的参与，加之其资产类别几乎不受限制，所以影响力投资的发展超出了大众原本的预期。2022年10月，全球影响力投资规模已经达到了1.164万亿美元[②]，较过去两年增长了40%。可见，影响力投资在全球已成为资本向善和

---

① 负责任投资原则：与联合国环境署金融倡议和联合国全球契约协作的投资者倡议［EB/OL]．［2024-07-15]．https：//www.unpri.org/download? ac=10968.

② GIINsight：sizing the impact investing market［R/OL]．［2024-07-15]．https：//s3.amazonaws.com/giin-web-assets/giin/assets/publication/research/2022-market-sizing-report-final.pdf.

可持续金融的一种新兴趋势。

从参与影响力投资的各类型机构数量来看，基金管理者占到了超过六成，基金会占到了一成，其他类型参与者较少；从地域来看，北美地区的影响力投资机构的数量约占总数的一半，管理着全球37%的影响力投资资产，而西欧、北欧和南欧地区虽然仅有全球31%的影响力投资机构，但管理着全球55%的影响力投资资产，东亚、非洲、大洋洲和拉丁美洲的影响力投资的数量和规模均较小①。

第二，中国影响力投资的发展历程及展望。

影响力投资的概念最早是从2011年的“中美新公益慈善峰会”进入中国的，影响力投资与社会企业一样，被视为公益和商业结合的创新形态。经过十多年的发展，虽然公益组织、研究机构、创投机构有了许多创新实践，但是相较欧美而言，影响力投资在我国尚处于初步发展阶段，影响力投资体系尚未全面建立，具体表现在：其一，影响力投资数量少、资金规模有限，投资管理公司、融资顾问、第三方评估机构、社会企业孵化器、影响力投资联盟等上下游机构的数量也较少。其二，在政策支持方面，影响力投资仅在个别地区得到政策支持，例如广东省深圳市福田区提出建设社会影响力投资高地的政策，成都市天府股交中心的“社会企业板”。其三，影响力投资生态体系尚未形成，但近些年不断取得突破发展。2014年，中国社会企业与影响力投资论坛（China Social Enterprise and Impact Investing Forum，CSEIIF）成立，其为中国影响力投资参与者提供了交流平台，打破了我国缺少影响力投资网络的局面。2022年，中国影响力投资网络（China Impact Investing Network，CIIN）成立，旨在通过树立行业标准和搭建行业基础设施，打造健康的中国影响力投资生态系统。

我国影响力投资具有广阔的发展前景。一方面，我国在医疗养老、环保节能等领域存在着大量的资金需求，影响力投资能够以市场手段有效解决我国社会经济转型过程中出现的经济、环境、社会不均衡发展的问题；另一方面，我国政府重视以影响力投资为代表的第三次分配，通过政策支持社会资本参与普惠金融、乡村振兴产业发展，并逐渐形成政府和社会组织合作共赢的新机制。

（三）影响力投资案例

案例一：LGT公益创投。

LGT公益创投（LGT Venture Philanthropy）是2007年由列支敦士登皇室家族

---

① GIINsight：sizing the impact lnvesting market [R/OL]. [2024－07－15]. https：//s3.amazonaws.com/giin－web－assets/giin/assets/publication/research/2022－market－sizing－report－final.pdf.

出资成立的全球影响力投资基金，致力于通过投资高成长性的社会企业和公益组织以改善弱势群体的生活质量，为健康的生态系统做出贡献，并建设包容和繁荣的社区。自成立以来，LGT 公益创投已经支持了超过 70 家社会企业和公益组织，同时，LGT 公益创投也为从事影响力投资的个人、基金会和投资机构提供咨询服务。

LGT 公益创投的投资组合为社会和环境提供了创新和可持续发展的新方案，主要方式是提供基本的商品和服务，以提高弱势群体的生活质量或保护和恢复环境。LGT 公益创投对有意向的被投组织有着严格的调查流程，以保证它们的目的、理念与 LGT 公益创投的使命相一致。LGT 公益创投的投资标准和投资排除标准如表 8－4 所示。

表 8－4　LGT 公益创投的投资标准和投资排除标准

投资标准	组织管理	与 LGT 公益创投的使命、价值观、服务区域和对应领域保持一致
		高管需要有相关领域的工作经验和业绩成果
	解决方案有效性	解决方案的有效性是否得到了验证
		解决方案是否能够系统性地解决社会和环境问题
		解决方案是否主要由技术驱动
	增长潜力	该机构是否有跨地区和国家进行业务拓展的可能性
	项目情况	目前正在实施的项目情况如何
		未来 3～5 年项目的进展如何
		未来 3～5 年的财务预测如何
投资排除标准	有争议的商业活动（弹药、烟草、赌博等）	
	资助个人、活动和会议	
	政治或宗教活动	
	处于想法阶段的项目（种子期）	
	处于亏损状态的项目	
	紧急情况和灾难的救济，以及人道主义支持	
	学术研究和意识形态宣传组织	
	对种族、宗教、性别、年龄、身体残疾或性取向有歧视的机构	
	土地征用、设施改造和建设活动	

LGT 公益创投在中国的投资案例主要包括：Driptech，为弱势农民提供滴灌产品及问题解决方案；基金会中心网，旨在通过建立基金会行业信息披露平台，提升行业的透明度和公信力；香格里拉农场，通过公平贸易及纯天然食品（包括天然咖啡豆和有机蜂蜜）的生产和销售，提升云南地区农民的收入水平和生活质量；公众环境研究中心，通过收集和发布政府公开的环境信息（开发中国水污染地图和中国

空气污染地图两个数据库及“绿色选择”倡议）鼓励公众参与，推动企业节能减排，促进环境治理机制的完善。

案例二：绿动资本。

绿动资本是一家成立于 2016 年的中国私募股权投资机构，致力于对投资行为进行绿色影响力系统性量化评估和权威认证。自创办以来，绿动资本致力于实现财务和环境双重回报的影响力投资。经过多年努力，公司自主研发了绿色影响力评估体系，并获得国际权威机构的认证。该体系可以准确地量化每个投资企业和基金对碳中和及绿色影响力的贡献。

绿动资本的绿色影响力评估体系分为信息采集、关键评估指标量化、数据标准化及整合三个阶段：在信息采集阶段，对投资标的进行财务数据、运营数据和环境数据的采集，并采集行业数据供后期进行对标，在碳排放方面，该体系专门关注产品和应用场景排放因子数据。在关键评估指标量化阶段，该系统搭建了针对每个投资标的的碳中和及绿色影响力评估管道，建立适用于每家企业的个性化算法，最终生成各项碳中和与绿色影响力关键指标数据。在数据标准化及整合阶段，经过前期数据采集和指标量化后，会运用标准化方法对数据进行整合。该体系能动态、精确地量化和监控基金的碳中和与绿色影响力，以实现公司在影响力投资方面的持续优化。

绿动资本也建立了绿色技术研究院，为企业提供技术评估、技术支持和碳资产评估等服务，帮助企业在多个领域进行绿色转型和升级。此外，绿动资本加入了 UN PRI 和 GIIN 等组织，进一步扩大其在绿色投资领域的影响力。

第二节　技术公益

近年来，随着人工智能、大数据等技术的进步，技术与公益的跨界融合日趋活跃。依托“互联网+”，“人人公益、随手公益、指尖公益”成为潮流，互联网募捐、互联网管理和协作、互联网传播等数字化的运营方式成为中国社会组织全新的运作方式。中国互联网公益峰会发布的数据显示，最近几年每年有超过 100 亿人次点击、关注和参与互联网公益，2021 年通过互联网募款接近 100 亿元，比 2020 年增长了 18%[①]。技术与公益的融合程度正在逐步加深。

---

① 2021 年中国网民通过互联网募集善款 100 亿元 同比增长 18% [EB/OL]. (2022-05-20) [2024-07-15]. http://tech.cnr.cn/techyw/technews/20220520/t20220520_525832170.shtml.

公益行业与社会组织作为技术的受益者和应用方，能够通过各类技术的应用全面提升公益事业与社会组织的服务效率和质量，为社会创造更大的价值。技术公益的快速发展是公益行业数字化和技术创新的必然趋势，同时也是技术和社会责任有机结合的重要体现，势必成为促进社会和谐与进步的一个关键要素。

与技术公益接近或相关的概念包括：互联网公益（互联网+公益）、公益数字化等。这些都是在特定环境或特定领域中对技术公益的不同诠释，其中互联网公益在我国最经常被提及。

一、概念辨析

（一）技术公益

在我国，技术公益最初是于2017年在无障碍艺途（World of Art Brut Culture，WABC）和腾讯公益共同推出的“小朋友画廊”公益活动中获得广泛关注的。该活动通过H5① 的形式展示了由自闭症、脑瘫、精神障碍、智力障碍等特殊群体创作的36幅画作，并以1元的价格进行募捐，引起了社会的高度关注。

技术公益的核心理念是将技术与公益紧密结合，不仅可以是公益行业利用技术进行赋能，也可以是技术行业参与公益，通过双方有机整合，更加高效地解决社会问题、公益痛点，满足社会需求。影响力慈善研究院发布的《技术公益影响力研究》报告，将技术公益定义为“技术赋能社会问题的公益解决方案”②。

技术公益反映了时代的发展和变化。许多专业技术人员积极参与技术公益项目，为环境无障碍、信息无障碍、文物保护、生态环保、应急救灾、科技助老、未成年人保护等领域贡献了自己的力量。技术赋能不仅降低了公益参与门槛，也使公益事业产生越来越大的社会价值。

如今，远程办公、云见面成为新常态，社会组织的日常管理与办公协同离不开数字化的加持。随着社会与技术的进步，社会组织已经从业务的数字化逐渐演变成组织的数字化，在未来不仅会有更多新技术进入公益领域，更重要的是两者融合创新带来的思维方式、手段和活动形式的变化，将创新公益服务模式。例如，利用大数据技术，可以更加精准地了解公益项目的受众，以及他们的需求，以便更好地分配公益资源。也可以利用互联网平台和社交媒体来开展公益宣传和教育，提高公众

---

① H5，指HTML5，即第五代超文本标记语言，也可以指互动形式的多媒体广告页面。

② 从10个案例看国内“技术公益”的发展特征［EB/OL］.（2024-04-22）［2024-07-15］. https://www.zgcsj.com/yxlcs/2024-04-22/40.shtml.

的公益意识和参与度。

（二）互联网公益

互联网公益（互联网＋公益）是指在互联网上开展的公益活动，或者使用互联网开展的公益活动。随着国内“互联网＋”概念的推广，互联网公益被极大地扩展了内涵和外延，甚至一定意义上成为技术公益的代名词。

互联网公益作为新型的公益慈善形式，依靠互联网、智能终端和移动支付等信息技术的支持，不断加深对中国公益慈善领域的影响。互联网思维和技术正在重新定义中国社会组织的新形态①，提高了公益慈善资源的链接度和社会需求的回应度②。随着“互联网＋”在公益慈善领域的快速发展，政府部门也在加快强化对互联网公益领域的规范和引导。2016 年 8 月，民政部指定 13 家首批慈善组织互联网募捐信息平台③。2017 年 7 月，民政部发布了《慈善组织互联网公开募捐信息平台基本技术规范》和《慈善组织互联网公开募捐信息平台基本管理规范》，这两份文件的发布意味着互联网公益在我国步入了规范性发展时期④。

互联网通过链接整合线上线下的资源，推动中国社会组织向着平台共享、自组织、普惠、精准和跨界融合等方向发展。这在客观上也对中国社会组织的互联网使用与传播能力提出了更高的要求。从技术角度来看，互联网传播技术的重要性不断凸显，如何更有效地通过互联网整合公益资源、拓展公益项目、升级组织协作管理能力，成为我国社会组织实现社会创新发展的关键节点。从参与者和用户角度看，互联网公益发展呈现出以高用户数量平台为依托，打造参与便捷、可信度高、流程透明的新型互联网公益模式。其中，互联网平台企业依托自身平台推出各种类型的公益活动，腾讯、阿里巴巴、新浪这类互联网龙头企业也积极参与了互联网公益，例如腾讯的 99 公益日、阿里巴巴的 95 公益周、新浪微博的人人公益节，还有“水滴筹”“轻松筹”等募捐平台。

（三）公益数字化

公益数字化是目前我国技术公益的核心组成部分，可以定位为以公益行业作为

---

① 马贵侠，谢栋，潘琳．“互联网＋”时代中国公益组织互联网传播能力评估实证研究［J］．西南民族大学学报（人文社科版），2019，40（8）：162－169.

② 马贵侠．社会营销视角下公益组织服务项目的运作机理研究［D］．合肥：中国科学技术大学，2016.

③ 13 家平台入选首批慈善组织互联网募捐信息平台［EB/OL］．（2016－08－22）［2024－07－15］．https：//www.gov.cn/xinwen/2016－08/22/content_5101279.htm.

④ 张丙璐．中国公益众筹互联网生态格局的构建研究：基于 36 家互联网众筹平台的对标分析［J］．现代商业，2018（2）：231－234.

运营主体，利用数字化手段赋能社会组织的业务活动开展与组织管理，能极大地提升公益活动的效率，提高公益活动的影响力。公益数字化的内容包含三个方面：一是社会组织的数字化，二是公益传播的数字化，三是公益产品的数字化。我国公益数字化目前整体还处在第一阶段，也就是社会组织的数字化、面向公众传播的数字化。社会组织产品、服务创新数字化，是公益数字化的未来趋势。

从数字经济和数字社会的共性来看，公益数字化同样具有信息的数字化、业务的数字化、数字化转型三个层次，可以将之与公益数字化的内容进行对应①。首先，信息的数字化是指将公益活动的信息数字化，并将信息放到网络空间中，实现信息的实时传播和检索，进而扩大公益活动的受众，增加公益活动的影响力。其次，业务的数字化是指将公益活动的运营流程和管理模式数字化，通过技术手段实现公益活动的精细化管理，从而实现公益活动的高效运营。最后，数字化转型是指通过开发数字化技术及支持能力，将公益活动的核心业务进行重构，新建一个富有活力的业务模式。数字化转型是一种高层次转型，不仅仅是从传统的线下活动转变成线上活动，更强调的是公益业务的重构。

综合《中国公益组织互联网使用与传播能力第八次调研报告》《中国大型慈善组织数字化建设研究报告（2022）》《中国公益慈善数字化发展研究报告》等相关报告发现，公益行业和社会组织对数字化的需求非常强烈，从数据来看，有60%的组织明确提出数字化需求。

公益的使命是解决社会问题，创造社会价值。社会组织一般依赖三个维度解决社会问题：一是专业成熟度，虽然有时候行业往往会有不专业的表现，但实际上公益是非常专业的。专业成熟度有助于更好地解决社会问题。二是项目敏捷性，公益项目要不断更新，保证项目的敏捷性，回应社会问题。三是公众信任感，任何一个社会组织都具有平台属性，要做到链接、共生和共创，面向普罗大众，增加社会信任。要从公众信任的渠道解决社会问题，创造社会价值。要从数字化层面重新理解公益的使命和三个维度：管理方面，组织的数字化可以完善公益行业的专业成熟度；产品和服务方面，数字化可以更进一步加强项目的敏捷性；大众影响力方面，传播数字化可以增强公众的信任感。有了数字化以后，这三个维度会产生飞轮叠加效应。数字化可以助力公益可持续地、规模化地、创造性地解决社会问题，创造社会价值。

---

① 冯科．YS基金管理公司数字化转型策略研究［D］．贵阳：贵州大学，2022．

二、技术公益的现状、问题与前景

（一）技术公益的发展现状

技术日新月异，公益事业也在快速发展，我国政府和科技行业对技术公益的重视程度越来越高，技术公益也从最初的萌芽状态进入加速发展期。

第一，技术人才参与公益意愿高。

2022年，腾讯和多家企业、院校、媒体合作，设计发布了中国首个有关技术公益的调研报告——《公益事业新版图之技术公益人才篇》。报告显示，全国有近九成的技术人才参与过我国的公益活动，他们以贡献个人精力以及捐钱捐物的方式参与公益，同时，技术人才中也有很大一部分表示未来愿意继续参加公益活动。在参与方式上，54%的技术人才更希望在公益活动中扮演“一线执行者/捐献者”的角色，他们已经成为公益事业发展中的重要力量。

第二，技术公益关注领域较广泛，积极参与乡村振兴。

现阶段，我国许多的互联网公司都开始投入到公益事业当中，教育、健康、生态等方面都有所涉及。《互联网助力乡村振兴战略社会价值研究报告》研究了12家头部互联网企业的47个乡村振兴项目，指出乡村振兴战略已成为各互联网企业的重要战略部署。腾讯为村、京心助农等长期项目的公众评价较高，此外，拼多多、阿里巴巴、美团、快手等互联网企业均有相关项目①。2022年，国家乡村振兴局公布的36个典型乡村振兴案例中，3家互联网企业及其基金会案例入选②，包括：北京字节跳动科技有限公司数字平台助力乡村产业发展，阿里巴巴集团建立县城共配中心助力农产品上行，腾讯公益慈善基金会“活水计划”支持国家乡村振兴重点帮扶县社会组织发展。

第三，政府部门与企业扶持鼓励技术公益发展。

2016年是《慈善法》颁布元年，首届中国互联网公益峰会同年开幕。首届峰会举办时，我国互联网公益筹集资金规模仅为20亿元，2021年已经跃升至近百亿元规模。与之相呼应的是立法层面对技术公益的进一步关注。自2019年民政部提出“互联网+慈善”深度融合初步形成“中国样本”以来，“中国样本”的内核在实践中不

---

① 互联网助力乡村振兴社会价值几何？社科院首份报告作出评估［EB/OL］.（2022-05-18）［2024-07-15］. https：//caijing. chinadaily. com. cn/a/202205/18/WS6284b05fa3101c3ee7ad5eca. html.

② 国内首份《互联网公益月报》出炉：科技让公益更性感［EB/OL］.（2022-11-01）［2024-07-15］. https：//new. qq. com/rain/a/20221101A00W1T00.

断升级。2022年，中共中央办公厅、国务院办公厅印发《关于加强科技伦理治理的意见》，进一步提出要坚持以人民为中心，推动科技向善、造福人类。此外，许多互联网企业都积极借助自身的技术优势投身我国的公益事业，成为技术公益中的主要参与者。阿里巴巴技术公益基金，重点支持普惠教育、信息无障碍建设以及赋能公益行业数字化转型等领域；字节跳动公益发起“技术公益创新杯”大赛，以以AI助力视障群体为主题，下设视障生活、视障工作、视障相关组织赋能三大课题方向；腾讯持续启动技术公益创投计划，覆盖乡村振兴、爱老助困、应急救灾、生态保护、文化保育、青少年发展和志愿服务七大领域，资金扶持超千万元。

（二）技术公益发展面临的问题

我国技术公益呈现出欣欣向荣的整体发展趋势，但同时也面临着多方面问题。

1. 发展起步晚，基础薄弱

相比于欧美地区技术公益的发展，我国很少有互联网公司从基础设施和生态建设出发，为公益行业提供基本的产品和服务。我国不是互联网的发源地，现代公益的发展历史也并不长，在2015年政府正式提出“互联网+”后，互联网才真正成为基础设施。公益的发展进程本身就比技术慢，而技术又往往先诞生在商业领域，所以技术与公益的结合面临许多困难。有些技术公益项目过于效仿国外成功案例，而不考虑本土实际情况的差异，缺乏创新，导致项目无法真正解决中国独特的社会问题。此外，很多社会问题需要多学科、多领域的合作来获得全面的解决方案，但目前国内技术公益的发展缺乏不同领域间的跨界合作，这限制了技术公益潜力的发挥。

2. 缺乏相关的政策法规监管

目前，我国运行颁布的《慈善法》《公益事业捐赠法》等已经为技术公益发展构建出了一个可供遵循的基本法律政策框架，但现已颁布实施的法律法规的大部分内容都是针对传统公益模式的，就技术公益的实践发展而言，法律体系完善和实际落实都还存在不少问题，仍无法满足数字化发展的需求。在监管方式上，目前重点还集中在传统的行政和司法手段上，而对构建更加顺应潮流、更为主动地适应新思维、运用大数据分析技术、风险控制技术以及数据基础设施检测等新方法的监督体系考虑较少，还不能完全应对数字化运作环境“虚拟化”的特殊性。在技术公益领域，缺乏有效的监管和评估机制，导致项目质量参差不齐，甚至出现滥竽充数、虚假宣传等问题，从而降低了项目的透明度和可信度，影响了公众对技术公益项目的信任度。此外，技术公益的发展需要建立起行业标准和评价机制，但是目前行业标准还比较缺乏，评价机制也不够完善。由于缺乏统一的行业标准和评价机制，技术公益项目很难进行有效的比较和评估，也难以得到更多的支持和认可。

3. 社会组织对数字化认识与投入均不足

技术公益在我国发展较晚，我国不同类型、不同地域、不同规模的社会组织在互联网思维和工具掌握层面普遍存在认识不足、供给不足和能力不足的问题。社会组织对技术公益缺乏理解、不够重视、应用能力低下，满足不了公益行业进一步发展的需求。《中国公益组织互联网使用与传播能力第八次调研报告》显示，社会组织中对于投入数字化战略没有预算的占比达到39.36%，超八成的社会组织没有应用新信息系统或开展数字化业务的计划，仅有18.18%的社会组织有新的计划。

技术公益项目通常需要大量的研发、测试、推广等经费支持。然而，与商业领域相比，技术公益项目的回报可能不那么直接和明确，许多技术公益项目往往面临资金不足的问题。这可能导致项目的规模受限，难以充分发挥技术创新的潜力，甚至一些有潜力的项目因为缺乏资金支持而无法启动或无法持续发展。一些技术公益项目可能在初始阶段获得了资金和支持，但随着时间的推移，缺乏可持续的经济模式，项目面临停滞或关闭的风险。

4. 存在数字鸿沟现象，教育质量和深度不够

数字化在赋能社会组织发展的同时还存在行业数字鸿沟现象，尤其是规模小、服务性强的社会组织在一波又一波的数字化浪潮中举步维艰，而这部分组织正是深入基层社区、提供公益服务、实现公益目的的中流砥柱。由于国内平台信息数据统计口径不一，造成信息数据不可通用、不可对接、不能统一使用，目前我国还没有能反映技术公益行业整体发展状况的数据信息，“数据沟通”难度大，这限制了行业深度研究和分析。此外，在一些技术公益项目中，教育内容过于简化，缺乏足够的深度和广度，导致学习者只能获得浅层次的知识，难以真正理解技术背后的原理和应用。技术公益的教育和培训是一个持续的过程，需要长期的指导和辅导。如果项目只关注向学习者传授知识，而忽略了后续的学习支持，可能导致学习者在实际应用中遇到困难而无法得到及时的帮助。

总的来说，技术公益的发展在中国面临着多重问题，解决这些问题需要全社会的共同努力，包括政府、企业、社会组织以及个人等各方面的支持和参与，尤其是技术企业、技术人才对公益行业的关注和参与。只有通过共同努力，才能够推动技术公益在中国的发展，为社会的进步和发展做出更大的贡献。

（三）技术公益的发展前景

我国技术公益存在广阔发展的空间和巨大的发展潜力。具体表现为：

第一，技术公益将推动公益事业的数字化与智能化发展。通过大数据、云计算、人工智能等技术，技术公益将提高公益项目的效率和效果，为公益事业的管理和决策提供智能支持。在未来，技术公益将引领公益事业迈向数字化与智能化的新时代，为其发展注入新的动力。

第二，技术公益将促进全球范围内的合作与交流。政府、企业、高校、社会组织、公民和媒体等各方将携手共进，共同推动技术公益项目的实施和发展。通过全球合作，技术公益将跨越地域和文化的界限，实现资源和经验的共享，为解决全球性问题提供有力支持。

第三，技术公益将深刻改变教育和培训领域。从在线教育到虚拟现实技术，技术公益将为全球教育普及与公平化提供创新解决方案，缩小教育资源的差距，提高教育质量。

第四，技术公益将引导企业和个人树立正确的社会责任观念。通过技术公益项目的实践，企业和个人将更加关注社会问题，积极投身公益事业。在未来，技术公益将成为企业和个人履行社会责任的重要途径，促进企业和社会的和谐发展。

第五，技术公益将不断探索解决社会问题的方法和路径，提供全面且可执行的解决方案。从环境保护到健康医疗，从教育公平到城市规划，技术公益将为社会问题提供可行、有效的解决方案，为实现社会和谐公平贡献智慧。

随着社会发展和技术进步，技术公益将会变得越来越普及和成熟，将会为公益事业的发展和创新带来更多的机遇和挑战。

三、技术公益案例①

（一）技术服务型案例

案例一：“善行贵州·益童乐园”项目数字化建设与管理。

“善行贵州·益童乐园”数字化建设与管理平台通过数字化途径创新公益服务模式，依托“数聚社工”App、“益童乐园 e+”小程序、大数据中台等提升专业成熟度、项目敏捷性和公众信任度，为传统公益向数字化公益转型持续赋能。

在“数聚社工”App 的站点、机构、督导各端口均设有“工作台”及“学习”板块，解决项目管理“规范难”、服务过程“透明难”的问题，同时面向一线社工、机构、志愿者等提供在线课程、流程化服务指引和开放性互动平台。“益童乐园 e+”小

① 本部分（一）中的两个案例和（二）中的第一个案例来自《2022 CCF 技术公益年度案例集》。

程序持续更新项目动态，通过受益人反馈、评价机制促进居民和大众参与，同时提供捐赠渠道，联结捐赠人与被捐赠人关系。大数据中台则通过数据云图对各站点服务数据进行实时更新，运用数据统计与分析，清晰呈现项目投入与产出，提供精细化服务。

截至2022年10月，“善行贵州·益童乐园”项目共有158个站点，37家社会组织已全部入驻“数聚社工”App，累计1 441 965人次受益，服务总时长为167 834.7小时，儿童建档数8 004份，数字化建设与管理平台大大提升了“善行贵州·益童乐园”项目的社会价值与公信力，优化了项目管理、督导等方式，提升了服务质量，保证项目落地高效、服务有效、儿童受益。

案例二：码上公益。

码上公益是由阿里巴巴公益支持、阿里云工程师自发建立的国内首个技术志愿服务平台，在社会组织和技术开发者之间架起桥梁，将公益需求与技术能力对接，为社会组织的数字化发展提供技术支持。截至2024年7月，码上公益平台入驻公益机构390多家，注册爱心极客6 800多名，为100多家需要数字化赋能的社会组织提供系统开发和技术咨询服务，覆盖包括项目管理、数据分析沉淀、流程管理、志愿者管理等多种场景，并生成14个低代码模板，间接受助人达1 000万人。

（二）技术创新型案例

案例一：灵析——月捐管理系统。

灵析是专业专注服务公益组织的信息化解决方案提供方，致力于通过创新设计、技术与数据力量，帮助公益组织解决筹款、传播、活动与数据管理等方方面面的问题，发掘数据背后的更大价值。

灵析通过劝募（传播）渠道二维码生成、月捐数据分析、劝募效果分析等功能，帮助公益机构通过查看不同传播渠道的劝募数据来更高效地做出募捐决策。通过捐赠人自动维护、高级捐赠证书、生日维护、周年维护、电子票据等功能，利用系统内邮件、短信等传播形式轻松触达捐赠人，有效地提高捐赠人对项目、机构的积极认知。通过劝募大使、团队捐、子母项目、月捐配捐、捐赠排行榜等多元劝募方式，以一带一、一带多的分享形式，形成捐赠裂变，并自助形成标签数据，助力公益机构进一步跟进裂变捐赠人。通过亲密代捐（一名月捐人可代多人捐赠月捐项目）、大额月捐等功能，创设更多场景化劝募形式，以更多创新的技术形式提高捐赠上限、推动劝募多样化的发展。

让人人皆可参与公益且受益，是灵析的美好愿景，灵析月捐管理系统面世以来，已经帮助300多个社会组织缓解了人力、财力上的压力，700多个月捐项目实现了可持续筹款管理，提升了社会组织面向公众可持续、可信赖筹款的能力。灵析充分发挥已有数据的力量，发掘捐赠人的价值，提升了从捐赠人到社会大众对公益项目、公益机构，乃至公益行业的积极认知。

案例二：“巡河宝”小程序。

北京守望者环保基金会在2017年启动公众化和互联网化业务战略。通过开发产品和工具降低公众参与门槛，建立公众与河流的联结。保护河流的志愿者、义工协会，共青团组织等，尤其是“民间河长”团队和河流守望者是“巡河宝”的主要受益群体。

针对河流保护场景，河流守望者主要以“巡河宝”微信小程序作为核心平台，发动公众和环保团队参与河流保护。“巡河宝”是专门为“民间河长”团队、河流守望者开发的巡河平台，提供包括巡河、标记、团队管理、互动、数据管理等功能。它能便捷地记录河流信息、分享巡河行动，帮助“民间河长”进行巡河管理，提升“民间河长”团队的管理效率，更好地分析及统计团队成员的巡河成果。

案例三：蔚蓝地图——环境大数据平台。

公众环境研究中心（Institute of Public and Environmental Affairs，IPE）是一家在北京注册的公益环境研究机构。自2006年6月成立以来，IPE致力于收集、整理和分析政府和企业公开的环境信息，搭建环境信息数据库和蔚蓝地图网站、蔚蓝地图App两个应用平台，整合环境数据服务于绿色采购、绿色金融和政府环境决策，通过企业、政府、公益组织、研究机构等多方合力，撬动大批企业实现环保转型，促进环境信息公开和环境治理机制的完善。

该平台以政府部门发布的环境数据为主，其中以生态环境部的数据为主，也包括水利部、国家海洋局、国土资源部、中国气象局等部门的相关信息。2014年以来，该平台将在线监测数据实时公开，积极响应生态环境部主导的环保设施向公众开放，并纳入大量官方平台发布的企业自行监测信息。2016年以来，该平台与住建部、生态环境部黑臭河举报平台互联互通，积极参与中国环境新闻工作者协会主办的“指尖上的环保”公益活动，及时收集来自公众的晒蓝天、举报污染和垃圾分类数据。

2020年绿色供应链CITI指数①的评价范围扩大到540个品牌，苹果、戴尔、华为等中外领先品牌，已经将使用蔚蓝地图数据写入供应链采购标准，成功推动

① 绿色供应链CITI指数由IPE和自然资源保护协会（Natural Resources Defense Council，NRDC）于2014年合作研发。CITI指数重点关注供应链，特别是生产环节对环境的影响，是全球可持续发展议程和主流机制的有益补充。

12 000家供应商企业改善环境表现。

关键术语

社会企业　影响力投资　技术公益　互联网公益

复习思考题

1. 社会企业与传统商业、传统慈善的区别与联系是什么？
2. 社会企业是在什么样的社会背景下发展起来的？
3. 请总结社会企业在国外的发展特点和趋势。
4. 你如何看待社会企业在我国的发展现状和前景？
5. 请陈述技术公益的概念与内涵。
6. 技术公益呈现出哪些发展趋势和特点？
7. 技术公益在中国面临哪些新的发展机遇？

参考书目

1. 尤努斯．穷人的银行家［M］．北京：生活·读书·新知三联书店，2006.

2. 尤努斯，韦伯．企业的未来：构建社会企业的创想［M］．北京：中信出版社，2011.

3. 毛基业，赵萌，等．社会企业家精神：创造性地破解社会难题［M］．北京：中国人民大学出版社，2018.

4. 李健，林志刚，彭建梅．网络慈善［M］．北京：企业管理出版社，2012.

5. 北京市互联网信息办公室，首都互联网协会．互联网公益影响力［M］．北京：同心出版社，2015.

6. 北京市互联网信息办公室，首都互联网协会．互联网＋公益：开启全民公益时代［M］．北京：北京日报出版社，2016.

7. 郑筱婷．互联网＋公益产业链发展报告［M］．北京：经济科学出版社，2017.

8. 陈一丹，吴鹏阳，周子祺，等．中国互联网公益［M］．北京：中国人民大学出版社，2019.

教学支持说明

（教学课件）

中国人民大学出版社政法分社秉承“出教材学术精品，育人文社科英才”的出版宗旨，多年来，出版了大批高质量的法学、教育学、政治学、政治理论公共课教材和学术著作。

我们为本教材制作了相应的PPT教学课件，任何一位采用本书作为授课教材的教师均可免费获得该课件。为了确保该课件仅为授课教师获得，烦请您填写如下材料，并将相关信息通过E-mail发送给我们，我们将在收到相关信息后通过E-mail给您发送该课件。欢迎您加入我们的QQ群（全国政管教师交流二群，群号为648117133），或登录我社官方网站（www. crup. com. cn），注册并认证成为教师会员，以获得更好的服务。

我们的联系方式：

地址：（100872）北京市中关村大街甲59号文化大厦1202室

中国人民大学出版社政法分社

电话：（010）62515383　62514775（传真）

E-mail：ggglcbfs@vip. 163. com

兹证明____________大学/学院__________院/系__________专业__________学年第__________学期开设的________________课程，采用中国人民大学出版社出版的____________________________________（书名、作者）作为本课程教材。授课教师为____________，授课班级共_______个、学生_______人。授课教师需要与本书配套的教学课件。

联 系 人：__________________________

通信地址：__________________________

邮　　编：__________________________

电　　话：__________________________

E-mail：____________________________

系/院主任：__________（签字）

（系/院办公室章）

______年_____月_____日